Alexandra Klei

Wie das Bauhaus nach Tel Aviv kam

**Alexandra Klei** forscht am Institut für die Geschichte der deutschen Juden in Hamburg zum „Jüdischen Bauen zwischen 1945 und 1989 in der Bundesrepublik, der DDR und in Österreich". Daneben arbeitet sie zur Architektur der White City Tel Avivs, zu Rekonstruktionen, Erinnerungsorten sowie zu (Post-)Holocaust Landscapes. Sie ist Kuratorin und Redakteurin für den werkraum bild und sinn e. V., einem unabhängigen Ausstellungsprojekt für Fotografie und Videokunst in Berlin, und gehört der Fachredaktion Theorie und Geschichte des Antisemitismus / der Shoah bei *Medaon* sowie dem Forscherinnenkollektiv „Space in Holocaust Research" an.

Im Neofelis Verlag sind von ihr die Monografie *Jüdisches Bauen in Nachkriegsdeutschland. Der Architekt Hermann Zvi Guttmann* sowie die Sammelbände *8. Mai 1945. Internationale und interdisziplinäre Perspektiven* (hrsg. zus. mit Katrin Stoll und Annika Wienert) und *Leerstelle(n)? Der deutsche Vernichtungskrieg 1941–1944 und die Vergegenwärtigungen des Geschehens nach 1989* (hrsg. zus. mit Katrin Stoll) erschienen.

Alexandra Klei

# Wie das Bauhaus nach Tel Aviv kam

Re-Konstruktion einer Idee in Text, Bild und Architektur

Neofelis

# Inhalt

# I
# Einleitung

Die Meeresbrise ist genauso trotzig. Sie verhunzt die Fassaden der Häuser, alles rostet und korrodiert, nichts darf hier neu bleiben, aber die Leute machen sich nichts daraus, weil es ihnen die Möglichkeit verschafft, sich trotzig zu weigern, irgendetwas auszubessern. Und wenn so ein Nichtwisser aus Europa oder Amerika kommt und sein ausländisches Geld dafür benutzt, das Weiße wieder weiß zu machen und das Löchrige heil, sagt niemand etwas, weil jeder weiß, dass es nur eine Frage der Zeit ist, und wenn es schon bald heruntergekommen aussieht, sind alle wieder glücklich, es atmet sich leichter, wenn sie vorbeigehen, nicht aus Schadenfreude, nicht weil sie nicht das Beste für ihn wollten, wer immer es sei, der nur einmal im Jahr kommt, sondern weil das, wonach die Menschen sich wirklich sehnen, mehr als nach Liebe oder Glück, Zusammenhalt ist.[1]

„Wie das Bauhaus nach Tel Aviv kam", erzählte Ina Rottscheidt 2009 in einem Beitrag für die *Deutsche Welle*[2] und ihr Narrativ begründet sie mit einem in Deutschland entwickelten „Bauhaus-Stil", der mit „jungen europäischen Architekten [...] vor allem nach der Machtergreifung der Nazis in Deutschland 1933"[3] nach Palästina emigriert sei. Architekturgeschichtlich macht diese Darstellung keinen Sinn, gleichwohl findet sie sich in dieser oder abgewandelter Form in unzähligen Publikationen, Artikeln, Dokumentationen und in den Vorstellungen von Tourist:innen und Bewohner:innen, aber auch

---

1 Nicole Krauss: *Waldes Dunkel*. Reinbek: Rowohlt 2018, S. 186–187.
2 Ina Rottenscheid: Wie das Bauhaus nach Tel Aviv kam. In: *Deutsche Welle*, 30.03.2009. http://www.dw.com/de/wie-das-bauhaus-nach-tel-aviv-kam/a-4138786 (Zugriff am 15.06.2018).
3 Ebd.

1

bei Menschen wieder, die nie in der Stadt selbst gewesen sind. (Abb. 1) *Bauhaus* hat sich als Begriff und Zuschreibung für eine Stadtentwicklung und eine Architektur etabliert. Liest man die entsprechenden Artikel, scheint damit ein wohliges Gefühl verbunden zu sein; lässt sich hier doch offenbar eine Geschichte weiter erzählen, die in Deutschland selbst weniger positiv endete: Das Bauhaus musste sich 1933 auflösen, einige der Schüler machten in Nazideutschland Karriere, Lehrer und einige Schüler:innen emigrierten. Jüdische Architekt:innen des Landes konnten bereits ab 1933 ihren Beruf nicht mehr ausüben; sie wurden diskriminiert, vertrieben und ermordet.

Es gab in den vergangenen Jahren für mich viele Gründe, über die Entwicklungen nachzudenken und dieses Buch zu schreiben. Dazu gehört vor allem die Etablierung und genannte nahezu inflationäre Verwendung des Begriffs *Bauhaus*. Die Publikation will, dies liegt an dieser Stelle vermutlich schon nahe, nicht an die Darstellungen des *Deutsche-Welle*-Beitrags anschließen, sondern der Konstruktion der Erzählung nachgehen. Gegen den inflationären Gebrauch des Begriffs wird dieses Buch nicht ankommen. Denn wie etabliert und unreflektiert dieses Narrativ ist, zeigt sich bis in die unmittelbare Gegenwart: Im Oktober 2019 findet im Rahmen der dritten Triennale der Moderne die Ausstellung *Transferumbau* statt, die das sogenannte Ha'avara-Abkommen thematisiert, das zwischen dem Deutschen Reich, der Jewish Agency und der Zionistischen Vereinigung für Deutschland zwischen 1933 und 1939 bestand. Im Ankündigungstext heißt es: „Der Materialtransfer nach Palästina hat in den 1930er Jahren einen Bauboom ausgelöst, aus dem unter anderem die Weiße Stadt in Tel Aviv hervorging." Ergänzt wird diese Darstellung von Aussagen des israelischen Botschafters in Deutschland, Jeremy Issacharoff:

> Die Bauhaus-Bewegung war mehr als nur die Einflussnahme auf Kunst und Handwerk, sondern auch die Erweiterung von menschlichen Perspektiven: Diese Eigenschaft war eine Tatsache, die von den Nazis nicht toleriert werden konnte und die die erste Generation des Bauhauses zur Flucht aus Deutschland zwang. Diese Verfolgung führte dazu, dass Tel Aviv nicht nur die größte Anzahl an Bauhaus-Bauten aufweisen kann, sondern auch eine starke Einflussnahme der Bauhaus-Idee auf Israel über all die Jahre seiner Existenz hinweg.[4]

Es soll allerdings im Folgenden der Versuch unternommen werden, die Bedeutung zu entschlüsseln, die der Begriff *Bauhaus* innerhalb eines deutschen Diskurses zu Tel Aviv einnimmt. Denn in den letzten Jahren ist die Architektur der Stadt besonders auch in Deutschland mit viel Aufmerksamkeit bedacht worden, und die Zunahme an Veröffentlichungen ist beeindruckend; sie beziehen sich mehrheitlich auf die Bauten einer Architekturmoderne, die in den 1930er Jahren entstanden und die heute den Bestand dessen bilden, was sich in den letzten fast vier Jahrzehnten mit dem Topos *White City* als ein erfolgreiches Image der Stadt etablierte. Dazu gehören zahlreiche Ausstellungen und Bildbände, die diese Gebäude unter unterschiedlichen Aspekten in den Blick nehmen, ebenso wie Zeitungs- und Zeitschriftenartikel, Fernsehbeiträge oder -dokumentationen. Und während bereits das eingangs dargestellte Narrativ Anlass für eine Auseinandersetzung sein sollte, muss man zudem nach Leerstellen nicht lange suchen; so fehlt zum Beispiel nach wie vor eine differenzierte Gesamtdarstellung zur (Stadt-)Baugeschichte Tel Avivs.[5] Auch wenn die vorliegende Publikation einzelne historische Momente aufgreifen wird, so ist sie doch weit davon entfernt, diese wissenschaftliche Lücke zu schließen. Denn das Erkenntnisinteresse richtet sich vielmehr auf die jüngste Vergangenheit und Gegenwart, dabei auf die Konstruktion einer Erzählung in Bildern und Publikationen, in Erinnerungszeichen und in der Architektur: Noch in den 1980er Jahren gab es kein Interesse an den Bauten der Moderne,

4  Vgl. Bauhaus Kooperation Berlin Dessau Weimar: 100 Jahre – 100 News | Berlin, Sachsen-Anhalt, Thüringen. Migration des Materials. In: *100 Jahre Bauhaus*, 27.07.2018. https://www.bauhaus100.de/de/heute/180709_Triennale-der-Moderne-2019.html (Zugriff am 29.09.2018).
5  Diese Feststellung, die aufgrund der vielen Veröffentlichungen leicht aus dem Blick geraten kann, wurde mir besonders in den Gesprächen mit Edina Meyer-Maril bewusst. Für diese und zahlreiche andere Denkanstöße bin ich ihr ausgesprochen dankbar.

ihr Zustand war schlecht, sie galten gemeinhin als ‚hässlich' und nicht erhaltenswert. Mit Hilfe von Ausstellungen, Konferenzen, Büchern, Führungen und Zeitungsartikeln wurde dann das Bild einer Stadt hergestellt,[6] das nicht nur ihre eigene Geschichte vermittelt, damit Herkunft und Einordnung ermöglicht, sondern das Bedeutung verleiht. Institutionalisiert wurde es 2003 mit der Anerkennung der White City als „outstanding architectural ensemble of the Modern Movement in a new cultural context"[7] und einem Eintrag in die UNESCO-Weltkulturerbeliste. Gleichzeitig musste die konkrete Architektur der Vorstellung von ihr erst wieder angeglichen werden; ein Prozess, bei dem ein Image auf den tatsächlichen Raum übertragen und erkennbar gemacht wurde. Ich vollziehe im Folgenden nach, wie diese Konstruktion eines Bildes erfolgte, welche Merkmale und Kennzeichen der Architektur mit welchen Folgen zugeschrieben werden. Ferner wird untersucht, in welchem Verhältnis das konstruierte Bild zur städtischen Wirklichkeit steht. Neben der Untersuchung von Fotografien und Texten ist die konkrete Architektur als Medium der Vermittlung historischer Bezüge eingeschlossen.

Im Ausgang des Buchs blicke ich auf die Verwendung des Begriffs *Bauhaus* im deutschen Kontext: Da die Zuschreibung jeder architekturgeschichtlichen Grundlage entbehrt, muss es andere Funktionen geben, die sie übernimmt. Sharon Rotbard schrieb in diesem Zusammenhang davon, dass sie auf die Notwendigkeit eines weißen, europäisch zentrierten Referenzpunktes für die israelische Identität verweise;[8] er bezieht die Bedeutung damit nur auf eine der beiden Seiten. Aber zweifellos muss es für deutsche Institutionen und Personen ebenfalls Sinn machen, immer wieder vom *Bauhaus* in Tel Aviv zu sprechen.

### Tel Aviv. Eine kurze Stadtgeschichte

Viele Darstellungen zur Geschichte Tel Avivs[9] beginnen mit dem 11. April 1909. An diesem Tag sollen 60 Grundstücke an 60 Familien der 1906 gegründeten

6 Untersuchungen zu Stadtbildern waren und sind ein zentrales Thema zum Beispiel in der Kultur- und Wahrnehmungsgeografie, der Stadtgeschichtsforschung oder in der Denkmalpflege. Als Mittel zur Identifikation sind sie Gegenstand von Marketing- und Imagekampagnen von Städten und Regionen. Schließlich spielten und spielen sie in Debatten zur Frage nach der Rechtmäßigkeit von Rekonstruktionen eine zentrale Rolle.

7 UNESCO World Heritage Convention: White City of Tel-Aviv – the Modern Movement, 2003. https://whc.unesco.org/en/list/1096 (Zugriff am 08.08.2018).

8 Sharon Rotbard: *White City, Black City. Architecture and War in Tel Aviv and Yaffa* [hebr. 2005]. London: Pluto 2015, S. 27.

9 Vgl. als Grundlage für die folgende Zusammenfassung Ita Heinze-Greenberg: Tel Aviv. Die erste jüdische Stadt. In: Dies.: *Europa in Palästina. Die Architekten des zionistischen Projekt 1902–1903.* Zürich: gta 2011, S. 105–129. Für einen umfangreicheren Einblick vgl. Joachim Schlör: *Tel Aviv. Vom Traum zur Stadt. Reise durch Kultur und Geschichte.* Frankfurt am Main / Leipzig: Insel 1999.

Baugesellschaft Achusat Bajit verlost worden sein, der Verein selbst war 1907 gegründet worden.[10] Bereits im Kaufvertrag für das Areal war aber der Erwerb angrenzender Gebiete als Möglichkeit angelegt worden. Der Jüdische Nationalfonds engagierte sich hier nicht nur wie sonst üblich, indem er den Kauf des Bodens ermöglichte, sondern stellte überdies Gelder für den Bau von Straßen, Wasserleitungen und Häusern bereit.

Der Name der Gesellschaft gab der neuen Siedlung zunächst für ein Jahr den Namen, bevor sie den Titel der hebräischen Übersetzung von Theodor Herzls (1860–1904) 1902 erschienenem Roman *Altneuland* durch den Dichter und Schriftsteller Nachum Sokolow (1859–1936) übernahm und 1910 in Tel Aviv (dt. Frühlingshügel) umbenannt wurde. Die Mitglieder und ersten Bauherren waren vor allem russische Einwanderer:innen, die zunächst in Jaffa gelebt hatten. Die Entstehung und Entwicklung Tel Avivs ist darüber hinaus eng an die Geschichte und an die Wahrnehmung der arabischen Hafenstadt gebunden.[11] Bereits seit dem Ende des 19. Jahrhunderts existierte ein Jaffa-Bild jüdischer / zionistischer Palästina-Reisender, in dem Vorstellungen von Schmutz, Enge und fehlendem Licht produziert wurden;[12] Elemente eines Narrativs, die bis heute die Darstellungen zur Gründung begleiten. Denn als Vorort mit dem Gedanken einer europäischen Gartenvorstadt geplant,[13] sollten in Achusat Bajit / Tel Aviv nun bessere Lebensbedingungen zur Verfügung stehen als in der beengten Hafenstadt. Dies sollte nicht zuletzt Anreize für die Ansiedlung von Neueinwanderer:innen schaffen. Vorgestellt und geplant war der Bau der Siedlung als jüdisches Projekt, in dem Juden:Jüdinnen nicht nur in einem ihren Ansprüchen genügenden Umfeld leben können, sondern in dem auch die Herstellung des Raums von jüdischen Arbeitern übernommen werden sollte. Um dies zu realisieren, fehlten allerdings die erforderlichen qualifizierten Fachkräfte. Zudem waren arabische Arbeiter billiger und die jüdische Baugesellschaft war darüber hinaus bestrebt, Konflikte mit den arabischen Nachbar:innen zu vermeiden. Das Siedlungsvorhaben befand sich so von Anbeginn in einem Spannungsfeld aus Anspruch und Planung sowie der Realität vor Ort, die ihre eigenen Herausforderungen bereithielt und gleichzeitig Fragen der Gegenwart und des Zusammenlebens stellte und sichtbar machte. Die neue Siedlung wuchs rasch, bereits

---

10 Vgl. Heinze-Greenberg: Tel Aviv, S. 107. Zur Konstruktion der Gründung von Achusat Bajit für eine Erzählung zur Stadtgeschichte sei verwiesen auf Hizky Shoham: Tel Aviv's Foundation Myth. A Constructive Perspective. In: Maoz Azaryahu / S. Ilan Troen (Hrsg.): *Tel Aviv. The First Century. Visions, Designs, Actualities.* Bloomington: Indiana UP 2012, S. 34–59.

11 So der Architekt Amnon Bar Or in einem Interview am 22.05.2017.

12 Vgl. Frank Schlöffel: *Heinrich Loewe: Zionistische Netzwerke und Räume.* Berlin: Neofelis 2018, S. 168–170.

13 Zu dem ersten Bebauungsplan und seinem Architekten sei verwiesen auf Ines Sonder: Wilhelm Stiassny und der Bebauungsplan für Tel Aviv (1909). In: *David*, 09/2003. http://www.david.juden. at/kulturzeitschrift/57-60/58-WS.htm (Zugriff am 15.06.2018).

2

im Oktober 1909 gab es 550 Einwohner:innen.[14] Die Häuser entstanden als Solitäre mit Gärten nach europäischem Vorbild, ein- oder zweigeschossig mit ziegelgedeckten Walmdächern. Zentrum der Anlage war zunächst das erste hebräische Gymnasium. Es wurde nach Theodor Herzl benannt. Das von Joseph Barsky (1876–1943)[15] entworfene Gebäude war mit seinen orientalisierenden Elementen in den Fassaden, die für den Stil eines ‚altneuen Hebräertum‘ stehen sollten, gleichzeitig das auffälligste Bauwerk. (Abb. 2) Für die Einfamilienwohnhäuser ebenso wie für die Gartengestaltung gab es keine Vorgaben, sie wurden nach den finanziellen Möglichkeiten und den ästhetischen Vorstellungen ihrer Bewohner:innen errichtet. In den vier Jahren nach der Gründung verdoppelte sich die Zahl der Wohngebäude. Bebauungspläne hatten vor diesem Hintergrund kaum Bestand.

14  Vgl. zur Entwicklung von Achusat Bajit als Gartenstadt Ines Sonder: Achusat Bajit (1909). Der erste jüdische Gartenvorort in Palästina. In: Dies.: *Gartenstädte für Erez Israel. Zionistische Stadtplanungsvisionen von Theodor Herzl bis Richard Kauffmann.* Hildesheim / Zürich / New York: Olms 2005, S. 114–125.

15  Im Folgenden wurde versucht, die Lebensdaten der Architekt:innen aufzunehmen; bedauerlicherweise waren diese Angaben nicht für jede:n Einzelne:n zu rekonstruieren.

3

Die Darstellungen führen dann in die Zeit nach dem Ersten Weltkrieg, in der sich der Zustrom von neuen Bewohner:innen weiter erhöhte und in der – 1921 – Tel Aviv zur eigenständigen Stadt erklärt wurde. Geprägt wurde das Stadtbild nun bereits zunehmend von Mehrfamilienhäusern in einer eklektizistischen Architektur.[16] (Abb. 3) Parallel unternahm die Stadtverwaltung zwei weitere Versuche, Bebauungspläne zu erstellen. Zunächst beauftragte sie den 1920 aus Frankfurt am Main eingewanderten Architekten und Stadtplaner Richard Kauffmann (1887–1958). Obwohl es ihm gelang, innerhalb von nur zwei Monaten einen Plan auszuarbeiten, wurde er nicht umgesetzt. Das Interesse der Stadt und ihrer Bewohner:innen bestand vor allem darin, dass schnell gebaut wird, und nicht darin, langfristige Planungsverfahren umzusetzen. 1925 beauftragte man dann den schottischen Biologen und Stadtsoziologen Patrick Geddes (1854–1932). Sein Plan, ein hierarchisches Straßensystem mit breiten Haupt- sowie ruhigen Wohnstraßen und Wohnblöcken, die halböffentliche Einrichtungen für eine soziale Infrastruktur der Nachbarschaftseinheiten umschlossen, konnte nicht eins zu eins umgesetzt werden, bildete aber die Grundlage für die heute nach wie vor vorhandene Stadtstruktur.[17] Da Geddes lediglich ein Wachstum auf 100.000 Bewohner:innen andachte, mussten seine Planungen zwangsläufig von den Einwanderungswellen überholt werden: Gab es 1932 60.000 Einwohner:innen, waren es drei Jahre später bereits 120.000. Unter ihnen befanden sich zahlreiche Architekt:innen, die von den Vorstellungen des neuen, modernen Bauens in Europa geprägt waren. Da sie hier die Möglichkeit bekamen, sie umfangreich umzusetzen, entstanden rund 4.000 Bauten in diesem Stil größtenteils in den 1930er, insgesamt aber bis Anfang der 1950er Jahre. Sie besaßen grell-weiße bis beige Fassaden, tiefe Balkone oder Loggien, begehbare Flachdächer, standen teilweise auf Pfeilern in grünen Gärten; ihre Treppenhäuser waren durch auffällige vertikale Fenster betont. Sie nahmen jene fünf Punkte – Stützen, Dachgarten, freie Grundriss- und Fassadengestaltung, Langfenster – auf, die Le Corbusier (1887–1965) in den 1920er Jahren als Merkmale der neuen Architektur definiert hatte,[18] und passten sie an den mediterranen Raum und dessen Anforderungen an: Die Balkone sollten den Bewohner:innen

---

16  Vgl. zu dieser Phase Nathan Harpaz: *Zionist Architecture and Town Planning. The Building of Tel Aviv (1919–1929)*. West Lafayette: Purdue UP 2013.

17  Für eine ausführlichere Darstellung zu Geddes Planungen: Nitza Metzger-Szmuk: *Dwelling on the Dunes. Tel Aviv. Modern Movement and Bauhaus Ideals*, aus d. Hebr. v. Vivanne Barsky. Paris: L'Éclat 2004, S. 29–44. Die Autorin stellt die unterschiedlichen städtebaulichen Elemente dar, legt den Schwerpunkt aber auf die Ideen und weniger auf die Realisierungen.

18  Das Manifest wurde 1923 unter dem Titel „Cinq points de l'architecture moderne" in dem von Amédée Ozenfant, Le Corbusier, Paul Dermée und Michel Seuphor herausgegebenen Magazin *L'Esprit Nouveau* (Paris) veröffentlicht. Vier Jahre später erschien es auf Deutsch: Le Corbusier / Pierre Jeanneret: Fünf Punkte zu einer neuen Architektur. In: *Die Form. Zeitschrift für gestaltende Arbeit* 2 (1927), S. 272–274.

4

Schatten spenden, die Flachdächer ebenso wie die verschatteten Eingangszonen zu halböffentlichen Räumen werden, die auf Stützen gestellten Baukörper eine bessere Durchlüftung der Stadt ermöglichen.[19] (Abb. 4) Diese Gebäude bilden die Grundlage für eine Verknüpfung mit dem Image White City.[20]

Derartige Erzählungen der Stadtgeschichte bilden eine Gradlinigkeit in der Entwicklung ab, in der drei Phasen aufeinander folgten und nicht nur in der Zeit aufeinander bezogen und dabei abgeschlossen sind, sondern sich auch im Raum als gestaffelte, sich zunehmend nach Norden ausdehnende Stadt abbilden. Das Narrativ ordnet so nicht nur die eigene Geschichte und hilft, die unmittelbare Umgebung nachvollziehen zu können, es ermöglicht die Verortung dieser Geschichte, einen Ursprung, die Existenz von ‚Wurzeln' und Beziehungen. Dies ist eine Möglichkeit, die eigene städtische

19 Es existieren verschiedene Veröffentlichungen zur Architektur dieser Epoche. Exemplarisch sei auf den umfangreichen Katalog Metzger-Szmuk: *Dwelling on the Dunes* verwiesen.

20 Die anschließenden Entwicklungen in der Stadt beginnen erst langsam in die öffentliche Wahrnehmung einzufließen. Exemplarisch hervorzuheben ist hierbei der bisher nur auf Hebräisch erschienene Bildband: Jeremie Hoffmann / Hadas Nevo-Goldberst: אפוריה – ארכיטקטורה של 1977–1948 עצמאות. הסגנון הברוטליסטי של תל־אביב-יפו [*Aphoria – Architecture of Independence. The Brutalist Style in Tel Aviv-Yafo 1948–1977*]. Haifa: Technion 2017.

Umgebung zum Bestandteil einer Konstruktion von Identität zu machen und Zugehörigkeiten zu entwickeln. Zusätzliche Bedeutung bekommen die Darstellungen und der konkrete Ort durch die Bezeichnung Tel Avivs als erste jüdische Stadt der Neuzeit. Dies ist nicht nur ein Alleinstellungsmerkmal und ein Gegenbild zum arabisch geprägten Jaffa, hier entsteht zudem Bedeutung für das übergeordnete Narrativ einer jüdischen / zionistischen Identität. Vernachlässigt wird in dieser Sichtweise, dass Jaffa unter Britischem Mandat ebenfalls Stadtmodernisierungsprozessen ausgesetzt war, in deren Rahmen neue Viertel und architekturmoderne Bauten entstanden, Alleen und Parks angelegt wurden. Und schließlich ist diese Gradlinigkeit bei der Darstellung einer Stadtentwicklung eine trügerische, denn zum einen war sie nicht in den ersten Planungen von Achusat Bajit angedacht und -gelegt. Zum anderen – und wichtiger – ist das heutige Tel Aviv räumlich aus ganz unterschiedlichen Siedlungen zusammengesetzt, die wiederum ganz unterschiedliche Entstehungs- und Einwanderungsgeschichten als Kontext besitzen. Einige dieser Siedlungen bestanden bereits seit der Jahrhundertwende, so die 1887 gegründete jüdische Nachbarschaft Neve Tzedek oder das 1906 von jemenitischen Juden:Jüdinnen aufgebaute Viertel Kerem HaTeimanim, um nur zwei der bekanntesten zu nennen. Andere wie das 1871 angelegte Sarona waren von deutschen Templer:innen bewohnt. Das arabische Viertel al-Manshiyya (Menashiya) schloss sich entlang des Mittelmeers nördlich an Jaffa an.

Auch wenn die White City, ihre Geschichte und Architektur sich in den letzten Jahren zu außerordentlich wirkmächtigen Elementen der städtischen Identität entwickelt haben, so sind sie doch nicht die einzigen Marker Tel Avivs: Etabliert haben sich Bilder einer nicht schlafenden Stadt, eines Hot Spot der LBGT- und der Start-up-Szene sowie der Stadt am Mittelmeer.

### Architektur, Rekonstruktion, Gedächtnis. Das Image der White City Tel Aviv

Wer heute aufmerksam durch die Stadt geht, wird sehr schnell die Spuren dieser unterschiedlichen Geschichten und Räume entdecken können. Dies liegt nicht nur an den mittlerweile zahlreichen im öffentlichen Raum situierten Informationstafeln oder den Inhalten in Stadtführern, sondern außerdem an der Architektur: Sie verweist mit ihren Fassaden ebenso wie mit ihren städtebaulichen Konfigurationen auf ganz verschiedene Entstehungskontexte und Bedürfnisse ihrer Bewohner:innenschaft. Die Architektur selbst kann so als Trägerin und Speicher von Erinnerung verstanden werden.[21] Im

---

21 Über das Verhältnis von Architektur und Erinnerung / Gedächtnis habe ich ausführlich geschrieben in Alexandra Klei: Gedächtnis und Erinnerung, Orte und Architektur. In: Dies.: *Der erinnerte Ort. Geschichte durch Architektur. Zur baulichen und gestalterischen Repräsentation der nationalsozialistischen Konzentrationslager.* Bielefeld: Transcript 2011, S. 40–71. Daneben sei auf zwei Texte von Annarita Lamberti hingewiesen, die am Beispiel Tel Avivs von der Stadt

Folgenden wird die Re-Konstruktion der White City vor diesem Hintergrund sowohl in ihrer Entwicklung als auch in den Medien und Strategien, die sie ermöglich(t)en, vorgestellt. Denn obwohl die Architektur selbst natürlich bereits aufgrund ihrer Materialität präsent ist: Ihre Bedeutung und ihre Wahrnehmung als positiv konnotiertes Medium müssen hergestellt und vermittelt werden, um Wirkung zu entfalten.

Architektur verfügt über ein direktes und über ein indirektes Erinnerungspotential: Sie kann Erinnerungen auslösen, herstellen und aufbewahren.[22] Das bedeutet ein:e Betrachter:in kann sich beim Anblick eines Gebäudes zum einen an ein persönliches Erlebnis erinnern. Darauf verweisen sehr eindrucksvoll die Forschungen der britischen Organisation Forensic Architecture, besonders das Projekt *Saydnaya Inside a Syrian Torture Prison*. Hier wurde mit Hilfe der Aussagen der Überlebenden der Grundriss eines syrischen Foltergefängnisses erstellt. Die Männer konnten in den Gesprächen keine visuellen Beschreibungen liefern, da sie von den Wärtern gänzlich abgeschirmt worden waren. Die Rekonstruktion erfolgte daher auf Grundlage der Erinnerungen an Geräusche und den Tastsinn der Überlebenden. Mit der zunehmenden Konkretisierung des architektonischen Raumes kehrten bei ihnen dann immer mehr Erinnerungen zurück.[23] Zum anderen bringen Menschen Architektur mit einem historischen Ereignis oder einer historischen Epoche in Verbindung; dies sind Prozesse, die mit Hilfe von Texten und Bildern auf Informationstafeln, Führungen, Broschüren, Erinnerungszeichen etc. verstärkt werden können. Derartige externe Medien betonen ein Gebäude oder einen Platz außerdem zusätzlich im öffentlichen Raum. Sie laden sie mit Bedeutungen auf und lösen sie so aus der Umgebung heraus. Derartigen Kennzeichnungen muss die (Wieder-)Entdeckung der Geschichte des Ortes durch Akteur:innen vorausgegangen sein, die anschließend Prozesse mit dem Ziel initiierten, eine öffentliche Erinnerung

---

und städtischen Landschaft („Urbanscape") als Phänomene und heuristische Instrumente spricht. „Urbanscape" ist dabei ein geo-historisches Archiv, ein Text und architektonisches Lexikon; „Urban Scaping the Memories of the Recent Past". Vgl. Annarita Lamberti: Preserving the Recent and the Most Recent Memories of Tel Aviv. In: *Linköping University*, 10/2007. http://www.ep.liu. se/ecp/020/019/ecp072019.pdf (Zugriff am 08.04.2017), hier S. 176. Der zweite Artikel ist veröffentlicht als dies.: White City Mediterranean Medina. Tel Aviv. In: Ludovico Micara / Attilio Petrucciolo / Ettore Vadini (Hrsg.): *The Mediterranean Medina. International Seminar*. Rom: Gangemi 2011, S. 427–432.

22 Vgl. Thomas Will: Projekte des Vergessens? Architektur und Erinnerung unter den Bedingungen der Moderne. In: Hans- Rudolf Meier / Marion Wohlleben (Hrsg.): *Bauten und Orte als Träger von Erinnerung. Die Erinnerungsdebatte und die Denkmalpflege*. Zürich: VDF 2000, S. 113–132.

23 Vorgestellt wurde dieses Projekt von Eyal Weizman u. a. bei der Veranstaltung „Forensic Architecture. Violence at the Threshold of Detectability" am 28.12.2017 im Left Bank Cine Club in Tel Aviv. Vgl. auch Forensic Architecture: Saydnaya. Inside a Syrian Torture Prison, 2016. http://www.forensic-architecture.org/case/saydnaya/ (Zugriff am 07.08.2018) und Amnesty International / Forensic Architecture: Saydnaya. Inside a Syrian Torture Prison, 2016. https:// saydnaya.amnesty.org/ (Zugriff am 07.08.2018).

5

und damit eine Sichtbarmachung der Informationen an Außenstehende zu etablieren. (Abb. 5) Architektur dient dann zur Verortung eines Ereignisses und zu dessen Erläuterung. Diese Bedeutung wird konstruiert: Vermittelt wird das, was Akteur:innen über einen Ort und seine Geschichte weitergeben wollen.

Zudem speichert das Gebäude selbst Informationen. Dies geschieht unabhängig davon, ob Betrachter:innen sie wahrnehmen und entschlüsseln können. Es werden zum Beispiel Informationen zu einer historischen Epoche, zu ihren gestalterischen und konstruktiven Leistungen, zu gesellschaftlichen Normen, Bedürfnissen und Ansprüchen in der Architektur aufbewahrt, aber auch – beispielsweise durch An- oder Umbauten – zu deren Veränderungen, zum Verhältnis von öffentlich und privat oder bezogen auf städtische Viertel zu deren Größe oder Grenzen in die Umgebung. Abgeleitet werden können daraus zum Beispiel Aussagen zum Entstehungszeitraum, zu Nutzungen, zum sozialen Status der Bewohner:innen etc. Das bedeutet, und dies ist im folgenden Kontext von besonderer Relevanz, dass, wenn externe Vermittlungsmedien fehlen, sich mit Hilfe der konkret vorhandenen Architektur trotzdem Aussagen treffen lassen. Die Architektur bewahrt diese auf und kann damit der erinnerungsauslösende Hinweis auf eine Vergangenheit und die daran anschließende Wiederentdeckung des Ortes sein. So können Gebäude ebenso wie Leerstellen im Raum Hinweise auf Aspekte einer Geschichte geben, die in anderen Medien der Darstellung – wie Fotobänden, Ausstellungen, Zeitungsartikeln oder Geschichtserzählungen – keine Rolle spielen. Vor diesem Hintergrund kann kaum von einem ‚Vergessen‘ gesprochen werden. Erinnerung und ihre Vergegenwärtigung können auf unterschiedliche Medien innerhalb des Gedächtnisses zurückgreifen. Nur weil also ein bestimmter Aspekt der Geschichte einer Stadt nicht in der offiziellen Darstellung einiger Akteur:innen abgebildet wird, bedeutet dies nicht, dass er nicht existent und erinnerbar ist. Bisher nicht ausgewertete Dokumente in Archiven, unveröffentlichte biografische Texte und Fotografien bewahren Informationen auf und können als Hinweise auf neue Aspekte ebenso entdeckt werden wie Gebäude, die aus einer Epoche erhalten geblieben sind. Grundsätzlich existieren in der Regel eher zu viele Medien, welche die Erinnerung an eine Epoche oder an ein Ereignis speichern können.

Neben den Prozessen der Wiederentdeckung von Architekturen und ihrer Kenntlichmachung musste in Tel Aviv die umfangreiche Wiederherstellung der tatsächlichen Architektur erfolgen. Denn als mit dem Beginn der 1980er Jahre die Architektur der Moderne in Tel Aviv zunehmend in ihrer Geschichte wahrgenommen wurde, befanden sich die Bauten selbst in einem sehr schlechten Zustand. Das Weiß der White City war im tatsächlichen Raum kaum mehr aufzufinden. Die Gebäude waren grau und den veränderten Ansprüchen ihrer Bewohner:innenschaft angepasst worden, die zum Beispiel oft die Balkone mit Hilfe von Fenstern geschlossen hatten, um in ihren Wohnungen zusätzlichen Raum zu schaffen, etwas, das im Kontext stetig steigender Mieten und einer zunehmenden Gentrifizierung besondere Bedeutung erlangte. Daneben war die Bausubstanz aufgrund der Qualität der verwendeten Materialien ebenso wie aufgrund der Witterungseinflüsse ausgesprochen schlecht. (Abb. 6)

Die ab den 1990er Jahren einsetzenden Sanierungen (Abb. 7) können hier als Rekonstruktionen verstanden werden, da es nicht nur ihr Ziel war, die Bauten vor dem weiteren Verfall zu schützen, sondern es den unterschiedlichen Akteur:innen darum ging, den „ursprünglichen Zustand" wiederherzustellen und nachzubilden, also etwas Vergangenes „in seinen Einzelheiten [zu] erschließen und genau wieder[zu]geben, dar[zu]stellen".[24] Das Ergebnis eines solchen Prozesses ermöglicht es in der Konsequenz beispielsweise, etwas nachvollziehbar zu machen, ein Bild zu vermitteln, einen Erkenntnisgewinn zu erzielen.

24  Vgl. rekonstruieren. In: *Duden*. http://www.duden.de/rechtschreibung/rekonstruieren (Zugriff am 04.08.2018). Synonyme sind u. a. nachbilden, nachformen, nachgestalten, wieder errichten, aufleben lassen, wiedergeben. Ebd.

6

Rekonstruktionen in der Architektur haben in Deutschland seit den 1990er Jahren Hochkonjunktur. Zunächst noch umstritten gilt der Wiederaufbau von im Zweiten Weltkrieg oder in dessen Folge zerstörten Bauten mittlerweile als legitime Antwort auf städtebauliche (Identitäts-)Probleme, wie, von einigen wenigen kritischen Stimmen abgesehen, die erfolgreich vermittelte Notwendigkeit eines Wiederaufbaus des Berliner ,Stadtschlosses' und die anschließende Realisierung zeigen. Rekonstruktionen[25] entstehen in zeitlicher Distanz zur Zerstörung der baulichen Objekte und werden so vom

25  Für einen Überblick: Manfred F. Fischer: Rekonstruktionen. Ein geschichtlicher Überblick. In: Deutsches Nationalkomitee für Denkmalschutz (Hrsg.): *Rekonstruktion in der Denkmalpflege. Überlegungen, Definitionen, Erfahrungsberichte.* Bonn: Deutsches Nationalkomitee für Denkmalschutz 1998, S. 7–15; Jan Friedrich Hanselmann: Vorwort. In: Ders. (Hrsg.): *Rekonstruktion in der Denkmalpflege. Texte aus Geschichte und Gegenwart.* Stuttgart: Deutsches Nationalkomitee für Denkmalschutz 2009, S. 5–18, hier S. 5. Grundsätzlich befürwortet werden Rekonstruktionen durch den Architekturhistoriker Winfried Nerdinger, der u. a. argumentiert, dass sie zu allen Zeiten stattfanden. Vgl. Winfried Nerdinger: Zur Einführung. Konstruktion und Rekonstruktion historischer Kontinuität. In: Ders. (Hrsg.): *Geschichte der Rekonstruktion – Konstruktion der Geschichte.* Ausstellungskatalog Architekturmuseum. München / Berlin / London / New York: Prestel 2010, S. 10–14. Für die Beziehung von Rekonstruieren und

## 7

Wiederaufbau unterschieden.[26] Obwohl als Quellen zur Wiederherstellung wissenschaftliche Auswertungen von „Wort-, Bild- und Schriftquellen" herangezogen werden,[27] sind die Neubauten dann doch nur in einzelnen Bereichen historisch genau. Denn unter anderem beziehen sich Rekonstruktionsforderungen und -umsetzungen in der Regel auf ein äußeres und oft nur auf das der Straße zugewandte Erscheinungsbild. Neben rückwärtigen Fassaden wird das historische Raumgefüge ebenso vernachlässigt wie vormalige Funktionen.[28] Die beiden letztgenannten Aspekte kennzeichnen

Nationenbildung, hier allerdings auf Beispiele aus Osteuropa beschränkt: Arnold Bartetzky (Hrsg.): *Geschichte bauen. Architektonische Rekonstruktion und Nationenbildung vom 19. Jahrhundert bis heute.* Köln / Weimar / Wien: Böhlau 2017.

26  Vgl. exemplarisch Fischer: Rekonstruktionen, S. 7–15.

27  Vgl. u. a. Hanselmann: Vorwort, S. 5.

28  Ursula Baus: Facetten einer Begriffsgeschichte. Rekonstruktion. In: Dies. / Michael Braum (Hrsg.): *Rekonstruktionen in Deutschland. Positionen zu einem umstrittenen Thema.* Basel / Berlin / Boston: Birkhäuser 2009, S. 98–105, hier S. 105. Günter Abel sieht den Begriff aus der Perspektive der Philosophie „als Übersetzungs- und Interpretationskonstrukt". Vgl. Günter Abel: Das Prinzip Rekonstruktion. In: Uta Hassler / Winfried Nerdinger (Hrsg.): *Das Prinzip Rekonstruktion.* Zürich: VDF 2010, S. 64–75, hier S. 68.

auch den Umgang mit der modernen Architektur in Tel Aviv. Gleichwohl erfüllt die Wiederherstellung der White City ein wesentliches Kriterium von Rekonstruktionen nicht: Die Bauten waren nicht gänzlich zerstört worden, als städtisches Bild allerdings nur dem architekturhistorisch sehr geübten Auge zugänglich. Es war nicht nur die Erscheinung als minimalistische, strahlend weiße Architektur verlorengegangen; das Wissen um ihre Geschichte und Besonderheiten fehlte ebenfalls. Erst die Prozesse von Wiederherstellung und Bedeutungserzeugung ließen die Gebäude wieder sichtbar werden.

Rekonstruktionen sind schließlich immer das Ergebnis einer Auswahl. So soll nicht jedes Gebäude wiedererrichtet oder -hergestellt werden, nicht jede Zeitschicht seiner Geschichte erhalten bleiben. Daneben wird die Bedeutung auf historische Ereignisse bezogen oder in einer Bestimmung als besonders herausragendes Baudenkmal einer Epoche konstruiert. Rekonstruktionen müssen in eine Erzählung passen, um in der Argumentation der Akteur:innen[29] eine Notwendigkeit zur Wiederherstellung nach sich zu ziehen. Sie sind so als erinnernde Zugriffe auf historische Ereignisse / Epochen zu verstehen. Für Tel Aviv geschah dies zunächst offensichtlich für die Architektur der 1930er/40er Jahre, die unter dem Terminus White City zusammengefasst wurde, bevor andere Zeitschichten in den Blick gerieten.

Ordnet man diese Prozesse in die gedächtnistheoretischen Ansätze der vergangenen Jahrzehnte ein, so können architektonische Rekonstruktionen und Wiederherstellungen mit Blick auf den Übergang vom kommunikativen zum kulturellen Gedächtnis[30] als Medien des letzteren gesehen werden: Wie durch Archive oder Denkmale sollen ausgewählte Aspekte der Geschichte in eine dauerhaftere Form der

29  Zur Motivation von Rekonstruktionsbefürworter:innen vgl. Uwe Altrock / Grischa Bertram / Henriette Horni: Bürgergesellschaftliches Engagement als Katalysator für Rekonstruktionen. In: Nerdinger (Hrsg.): *Konstruktion und Rekonstruktion*, S. 148–157. Zuletzt erregte der Architekturtheoretiker Stephan Trüby Aufmerksamkeit, als er am Beispiel der „Altstadt" in Frankfurt am Main nachzeichnete, dass sich die „Rekonstruktionsarchitektur [...] in Deutschland derzeit zu einem Schlüsselmedium der autoritären, völkischen, geschichtsrevisionistischen Rechten [entwickelt]." (Stephan Trüby: Wir haben das Haus am rechten Fleck. In: *Frankfurter Allgemeine Zeitung*, 16.04.2018. https://www.faz.net/aktuell/feuilleton/neue-frankfurt-altstadt-durch-rechtsradikalen-initiiert-15531133.html (Zugriff am 06.02.2019).)

30  Grundlegend dazu: Jan Assmann: *Das kulturelle Gedächtnis. Schrift, Erinnerung und politische Identität in frühen Hochkulturen.* München: Beck 2013; Aleida Assmann: *Erinnerungsräume. Formen und Wandlungen des kulturellen Gedächtnisses.* München: Beck 2006. Die von Aleida und Jan Assmann publizierte Literatur ist umfangreich – und dabei von zahlreichen Wiederholungen im Inhalt und der Argumentation geprägt. An ihre Forschungen schlossen sich Auseinandersetzungen mit unterschiedlichen Formen des Gedächtnisses und seiner Medien an. Zu den Forschungstendenzen vgl. Gregor Feindt / Félix Krawatzek / Daniela Mehler / Friedemann Pestel et al.: Entangled Memory. Toward a Third Wave in Memory Studies. In: *History and Theory* 53,1 (2014), S. 24–44.

Aufbewahrung übertragen werden, um für kommende Generationen erfahrbar zu sein. Analog zu Debatten, die um die Errichtung von Denkmalen und Monumenten geführt werden, kann für architektonische Rekonstruktionen gefragt werden, woran sie wie erinnern (sollen) oder aber was sie bezogen auf die Öffentlichkeit des gebauten Raums ausblenden. Der Begriff der Rekonstruktion wäre so mit Blick auf Aspekte von Auswahl und Bedeutungszuschreibung und ihre Übersetzung in Architektur in einem Prozess der baulichen Wiederherstellung auf die White City von Tel Aviv anzuwenden. Er kann – im Sinn eines Erkenntnisinteresses operativ und diskursanalytisch sowie im Kontext der Beziehung zwischen Architektur und Gedächtnis verstanden – dazu dienen, zu fragen, welche Informationen über eine Zeit, ein Ereignis, eine Architektur eingelagert und abrufbar gespeichert werden. So können Fragen nach der Konstruktion von Bildern und Vorstellungen und nach ihrer Übertragung in einen konkreten architektonischen Raum sowie seine Vermittlung und Lesbarkeit betrachtet werden. Diese Prozesse sind als rekonstruierende Verfahren zu verstehen, bei denen die mentalen und ideellen Konstruktionen einzubeziehen sind. Im Sinn einer *Wieder-Herstellung* wären Rekonstruktionen dann sowohl auf die Konstruktion eines Bildes als auch auf Gebäude oder städtische Ensembles anwendbar und nicht auf Fragen einer zeitlichen Distanz zum Moment ihrer Zerstörung oder einer Abhängigkeit von anderen Quellen zu beschränken. Vor diesem Hintergrund ist von *Re-Konstruktion* zu sprechen, um den Begriff vom Bezug auf den bloßen Prozess einer Rekonstruktion nicht mehr vorhandener Architektur abzugrenzen und auf die Mechanismen, Strategien und Verfahren einer Realisierung von rekonstruierten Architekturen hinzuweisen. Gleichzeitig kann so auf die Funktion der konstruierenden Aspekte, also auf die Auswahl und Herstellung in den Prozessen und Bauten hingewiesen werden.

# II
## Phasen und Medien
## Die Entwicklung der White City vom Bild zur Stadt

Erste Hinweise auf ein beginnendes Interesse an dem baulichen Erbe der Architektur-moderne lassen sich vereinzelt bereits für die 1970er Jahre finden. So berichtet die Kunst- und Architekturhistorikerin Edina Meyer-Maril,[31] dass sie nach ihrer Einwan-derung in Israel 1972 über mehrere Jahre Vorträge zum Bauhaus in verschiedenen Einrichtungen hielt. Obwohl sich diese nicht konkret auf die Architektur des Landes bezogen, sondern die Schulen in Weimar und Dessau in ihrer Geschichte und Wir-kung ins Zentrum stellten, können sie doch aufgrund des Interesses, dass sich seitens der israelischen Zuhörer:innen zeigte, als ein Rahmen gesehen werden, der erste Annä-herungen und später die Herstellung von Bezügen ermöglichte. Gleichzeitig zeigt sich hier eine Beziehung, die in der Wahrnehmung und Vermittlung in den kommenden Jahrzehnten bestehen bleiben sollte: die Bedeutung der europäischen, besonders der deutschen Architekturschulen der 1920er Jahre für die Entwicklungen im Mandats-gebiet Palästina und besonders für Tel Aviv. Zugleich gibt es seit den 1970er Jahren eine künstlerische Auseinandersetzung mit der Geschichte der Stadt; zunächst in der Literatur, dann in bildnerischen Darstellungen, in der Architektur, im Kino und in zeitgenössischen Kunstinstallationen.[32]

Die Verwendung des Begriffs *White City* geht allerdings weiter zurück: 1960 schrieb die Songwriterin und Sängerin Naomi Schemer (1930–2004) von der *Ir Levana / A White City*[33] und machte den Terminus so in der Populärkultur bekannt. Doch

---

31 Vgl. Interview mit Edina Meyer-Maril, 05.04.2017.

32 Lamberti: Preserving the Recent and the Most Recent Memories of Tel Aviv, S. 180.

33 Prominent gesungen von Arik Einstein (1939–2013) auf der 1984 veröffentlichten LP *Good Old Eretz Israel*. Für den Text vgl. Aura Levin Lipski: Ir Levana. In: *Hebrew Songs*. http://www.hebrewsongs.com/?song=irlevana (Zugriff am 04.08.2018).

8

er war zu dieser Zeit nicht gänzlich neu, denn schon in der frühen, vor dem Ersten Weltkrieg veröffentlichten Literatur erfolgte die Herstellung einer Beziehung zwischen Weiß und der (zu errichtenden) Stadt.[34] Zwar waren bereits bei den ersten Bauten Fassaden oft weiß gestrichen worden,[35] das Bild rekurrierte aber von Beginn an zugleich auf eine Erzählung zur Stadtgeschichte: Die auf Sand gebaute erste moderne hebräische Stadt, der Neuanfang auf einem unbewohnten Stück Land, der immer ein Gegenbild zu der Enge und Unübersichtlichkeit von Jaffa bedeutete. Als Image in der Architektur konnte sich das Bild dann mit den Bauten ab dem Beginn der 1930er Jahre verfestigen: Der überwiegende Teil der Gebäude erhielt strahlend weiße Fassaden – ein Charakteristikum moderner Architektur.

*White City* ist jedoch kein Begriff, der allein mit Tel Aviv assoziiert wird. Bei der „Weißen Stadt" im Berliner Stadtteil Reinickendorf handelt es sich zum Beispiel um ein zwischen 1929 und 1931 nach Plänen von Wilhelm Büning (1881–1958),

34  Ines Sonder: Bauhaus Architecture in Israel. De-Constructing a Modernist Vernacular and the Myth of Tel Aviv's "White City". In: Eliezer Ben-Rafael / Julius H. Schoeps / Yitzhak Sternberg / Olaf Glöckner (Hrsg.): *Handbook of Israel. Major Debates*. Berlin: de Gruyter Oldenbourg 2016, S. 87–101, hier S. 93.
35  Ebd., S. 95.

9

Otto Rudolf Salvisberg (1882–1940), Martin Wagner (1885–1957) und Bruno Ahrends (1878–1948) ausgeführtes soziales Wohnhausprojekt.[36] Die drei- bis fünf-geschossige Block(rand)-Bebauung zeichnet sich durch strenge kubische Formen und weiße, klar geführte Fassaden aus, die wiederum ein hohes Maß an Einheit-lichkeit vermitteln. (Abb. 8) Rund 30 Kilometer nördlich in Oranienburg liegt die nächste Siedlung, der aufgrund ihrer weißen Fassaden der Name „Weiße Stadt" ver-liehen wurde. Sie entstand allerdings 1937/38 als Werkssiedlung der Ernst Heinkel Flugzeugwerke[37] und damit unter gänzlich veränderten politischen Vorzeichen. Dies zeigt sich in den Formen der Gebäude – vor allem dem Walmdach – und der stilistischen Nähe zu einer als Heimatschutzstil gepriesenen Architektur. (Abb. 9) Federführender Architekt war hier Herbert Rimpl (1902–1978), der im National-sozialismus unter anderem für zahlreiche Industrieplanungen verantwortlich war,

36  Die Siedlung wurde gemeinsam mit fünf weiteren in Berlin 2008 in die Liste des UNESCO-Weltkulturerbes aufgenommen. Vgl. UNESCO. World Heritage Centre: Berlin Modernism Housing Estates, 2008. http://whc.unesco.org/en/list/1239/documents (Zugriff am 04.08.2018).
37  Vgl. Norbert Rohde: *Historische Militärobjekte der Region Oberhavel*, Bd. 1: Das Heinkel-Flugzeugwerk Oranienburg. Legende und Wirklichkeit. Velten: Veltener Verlagsgesellschaft 2006, S. 155–157.

II  Phasen und Medien

27

darunter Projekte, welche die Verlagerung der Rüstungsindustrie in unterirdische Anlagen zum Beispiel beim KZ Mittelbau-Dora umsetzten.[38] „White City" wird außerdem ein Areal in London genannt, auf dem Anfang des 20. Jahrhunderts zahlreiche große Messen und Sportveranstaltungen abgehalten wurden,[39] die 1893 in Chicago durchgeführte Weltausstellung erhielt aufgrund der weißen Fassaden ebenso diesen Beinamen. Algier heißt aufgrund seiner in der Kolonialzeit errichteten Jugendstilhäuser „Weiße Stadt". Und schließlich prägt weiße Architektur grundsätzlich das Bild vieler Städte und Dörfer im Mittelmeerraum. Beispielsweise finden sich auf den griechischen Kykladen-Inseln seit Jahrhunderten streng geometrische Häuser ohne Ornamente und mit Flachdächern, die enge Gassen ausbilden. Es ließen sich zahlreiche weitere architektonische Beispiele nennen; ganz offensichtlich ist die Zuschreibung „White City" nicht ausschließlich mit der Architektur der Moderne verknüpft. Allerdings gelang keinem anderen Ort eine derart prominente Verbindung: „Weiße Stadt Algier" führt etwa bei einer Suche auf google.de zu 152 Ergebnissen; „Weiße Stadt Tel Aviv" zu ungefähr 16.400 (Stand: 26.04.2019).

Anfang der 1980er Jahre,[40] etwas mehr als 70 Jahre nach Gründung Tel Avivs also, setzte eine intensive Auseinandersetzung mit seinem baulichen Erbe und seiner eigenen (Entstehungs-)Geschichte ein. Im Zentrum standen dabei nicht die Bauten der unmittelbaren Gründungsära, sondern diejenigen, die in den 1930er Jahren im International Style[41] entstanden. So wurde die Architekturmoderne zu einem Auslöser und Gegenstand für eine Annäherung, gleichzeitig aber auch zu einem Medium für ein erfolgreiches und nachhaltiges Branding der Stadtmarke „White City Tel Aviv".[42] Die Gründe dafür sind vielfältig. (1) Mehr als 4.000 Bauten aus dieser Zeit sollen in der Stadt errichtet worden sein.[43] Sie sind damit bereits quantitativ ein

---

38  Vgl. u. a. Jo Sollich: *Herbert Rimpl (1902–1978). Architekturkonzern unter Hermann Göring und Albert Speer. Architekt des Deutschen Wiederaufbaus.* Berlin: Reimer 2013.

39  Vgl. Alexander C. T. Geppert: London 1908. Imre Kiralfy and the Franco-British Exhibition. In: Ders.: *Fleeting Cities. Imperial Expositions in Fin-de-Siècle Europe.* Basingstoke: Macmillan 2010, S. 101–133.

40  Vgl. u. a. Interview mit Edina Meyer-Maril, 05.04.2017.

41  Bei *International Style* handelt es sich um einen Oberbegriff für die moderne und funktionalistische Architektur der 1920er und 1930er Jahre, der von Philip C. Johnson und Henry-Russell Hitchcock im Rahmen der von ihnen kuratierten Ausstellung *Modern Architecture. International Exhibition* (MOMA New York 1932) und des begleitend herausgegebenen Buchs *The International Style. Architecture since 1922* (Norton 1932) entwickelt wurde.

42  Stadtmarketing ist in den letzten 40 Jahren zu einem gängigen Instrument der Stadtplanung und -entwicklung geworden. Auf einen Überblick zur Geschichte und den Mitteln wird hier verzichtet. Aufgrund ihres Beitrags zu einer methodischen Auseinandersetzung sei verwiesen auf Annika Mattissek: *Die neoliberale Stadt. Diskursive Repräsentationen im Stadtmarketing deutscher Großstädte.* Bielefeld: Transcript 2008.

43  Zur Verwendung und Funktion der Zahl vgl. Kap. „Geschichte finden", S. 109–110.

Alleinstellungsmerkmal, da es weltweit kein zweites derart umfangreiches Erbe moderner Bauten in einer Stadt gibt. Darüber hinaus beschränkt es sich hier nicht auf Einzelbauten oder auf Siedlungen, die einen historischen Stadtkern erweitern, wie es zum Beispiel in deutschen und europäischen Städten der Fall ist. Vielmehr bestimmt es in Tel Aviv große Teile des städtischen Raums der Innenstadt. (2) Die Bauten bieten Anknüpfungspunkte an eine europäische Architekturgeschichte und damit die Möglichkeit einer Internationalisierung der Aufmerksamkeit und Bedeutung. Besonders in Deutschland wurde und wird diese Verbindung seit Mitte der 1980er Jahre in Forschungsbeiträgen, Ausstellungen und Zeitungsartikeln thematisiert,[44] öffentlich wirksam zelebriert und immer wieder erneuert. So wird nicht nur die Geschichte Tel Avivs betont, es bleibt zudem die Frage relevant, wie sich die Architektur außerhalb Europas nach der Machtübernahme der Nationalsozialisten 1933 bzw. dem Beginn des Zweiten Weltkriegs 1939 entwickelte und veränderte.[45] (3) Die Architektur ermöglicht es, die Geschichte der Stadt zu erzählen, sie im öffentlichen Raum zu verorten und damit sichtbar zu machen. (4) Die Gebäude befanden sich Anfang der 1980er Jahre in einem schlechten Zustand, der Entscheidungen zum weiteren Umgang mit ihnen notwendig werden ließ.[46] Dies traf zwar ebenso auf andere, frühere Schichten der Stadtentwicklung zu, diese ließen sich aber weniger mit Bedeutung verknüpfen als die architekturmodernen Bauten. (5) Mehr als 70 Jahre nach ihrer Gründung benötigte die Überlieferung einer Geschichte, die im kommunikativen Gedächtnis auf drei Generationen begrenzt ist, andere Medien der Speicherung, um Informationen bewahren zu können. Zu den von Jan Assmann bestimmten Medien einer Archivierung und Kommunikation – Museen, Archive, Rituale[47] – lässt sich auch die Architektur zählen. Denn bezogen auf das Gedächtnis einer Stadt und seiner Bewohner:innen muss entschieden werden, welche Informationen zu ihrer Geschichte, also welches architektonische Erbe, erhalten und als Bestandteil der eigenen Erzählung und Identität in der Gegenwart sichtbar gemacht werden sollen. (6) In Europa hatte mit dem

---

44 Vgl. hierzu u. a. S. 32–35.

45 Vgl. Regina Göckede: Das Bauhaus nach 1933. Migrationen und semantische Verschiebungen. In: Anja Baumhoff / Magdalene Droste (Hrsg.): *Mythos Bauhaus. Zwischen Selbstfindung und Enthistorisierung.* Berlin: Reimer 2009, S. 276–291, bes. S. 285–290. Dabei ist die Bedeutung einer (erzwungenen) Migration aus Europa für die Entwicklung der Architektur generell in der Wahrnehmung und Forschungsliteratur noch unterpräsentiert. Dies stellte eines der zentralen Themen in meinem Gespräch mit Marina Epstein-Pliouchtch am 28.03.2017 dar.

46 Dies lässt sich mit dem Umgang mit Bauten aus der Gründerzeit in Deutschland vergleichen. In den ersten Nachkriegsjahrzehnten stark vernachlässigt wurden sie im Zuge des Denkmalschutzjahres 1975 wiederentdeckt, u. a. nachdem die schlechte Bausubstanz Entscheidungen über Abriss oder Erhalt notwendig machte.

47 Vgl. u. a. Jan Assmann: Kollektives Gedächtnis und kulturelle Identität. In: Ders. / Tonio Hölscher (Hrsg.): *Kultur und Gedächtnis.* Frankfurt am Main: Suhrkamp 1988, S. 9–19.

Denkmalschutzjahr 1975 die verstärkte Hinwendung zum Konzept der Altstadt als (erhaltenswertem) Bezugspunkt und Identifikationsort begonnen – eine Veränderung, die in Israel zur Kenntnis genommen worden sein dürfte.[48] (7) In Tel Aviv bietet sich über das Bild der White City für eine Gesellschaft, die derart stark auf Einwanderung (hebr. Alija) aufbaut, zudem die Möglichkeit, eine gemeinsame Identität und Geschichte zu entwickeln und Jüdischsein nicht allein mit Religion und Diaspora, sondern aktualisiert mit der gemeinsamen Gegenwart zu verknüpfen. Die Architektur bot damit rund 35 Jahre nach der Gründung des Staates Israel eine Chance, eine positive Geschichte des Zionismus und Aufbaus zu präsentieren. (8) Und nicht zuletzt dürfte der Erfolg der Wiederentdeckung der Architektur darin begründet sein, dass mit dem Künstler Dani Karavan (1930–2021), den Kunst- und Architekturhistoriker:innen Edina Meyer-Maril, Michael Levin und Marina Epstein-Pliouchtch, der Architektin Nitza Szmuk oder den späteren Gründer:innen des Bauhaus Centers Shlomit und Micha Gross zunehmend (wieder) Akteur:innen nach Israel gekommen waren, die nicht zuletzt aufgrund ihrer Aufenthalte und teilweisen Ausbildung in Europa die Bedeutung des Architekturerbes erkannten und die Auseinandersetzung mit dem Thema zu forcieren begannen.[49]

Einteilen lässt sich der Prozess der Wiederentdeckung und Wiederherstellung bis in die Gegenwart grob in drei Phasen: Den Beginn einer öffentlich wahrnehmbaren Auseinandersetzung stellt die 1984 eröffnete Ausstellung *White City. International Style Architecture in Israel* dar, die im Tel Aviv Museum of Art präsentiert wurde. Sie zeigte Aufnahmen der US-amerikanischen Fotografin Judith Turner von als charakteristisch verstandenen Details an Bauten in Tel Aviv, Jerusalem, Haifa und Rechovot.[50] Damit war, obwohl der Fokus nicht allein auf die Stadt Tel Aviv gerichtet war, der 75. Jahrestag ihrer Gründung der erste, der offensiv mit der modernen Architekturgeschichte in Verbindung gebracht wurde.[51] Während früherer Jahrestage war zwar an die Anfänge

---

48 Auch der Transfer von Ideen und Konzepten in der Architektur und Stadtplanung nach der Staatsgründung Israels stellt ein Desiderat in der Forschung dar. Allerdings kann u. a. aufgrund der Kontakte, die israelische Architekt:innen hatten, davon ausgegangen werden, dass dieser selbstverständlich stattfand.

49 Dies wurde in den Interviews und Gesprächen mit den genannten Protagonist:innen deutlich.

50 Vgl. Michael Levin: *White City. International Style Architecture in Israel. A Portrait of an Era*. Ausstellungskatalog. Tel Aviv: Tel Aviv Museum 1984; ders. / Judith Turner: *White City. International Style Architecture in Israel. Photographs*. Ausstellungskatalog. Tel Aviv: Tel Aviv Museum 1984. Zu dieser und den im Folgenden genannten Ausstellungen siehe das Kap. „Das Bild entwickeln".

51 Einzelne Publikationen liegen für Haifa und Jerusalem vor: Gilbert Herbert / Saul Sosnowsky: *Bauhaus on the Carmel and the Crossroads of Empire. Architecture and Planning in Haifa During the British Mandate*. Jerusalem: Yad Izhak Ben-Zvi 1993; Ulrich Knufinke: *Bauhaus Jerusalem. Ein Wegweiser zur modernen Architektur (1918–1948)*. Tel Aviv: Bauhaus Center 2012. In Haifa

erinnert worden, Ines Sonder zufolge aber ausschließlich mit einem nostalgischen Blick auf die ersten Tage.[52] Bereits vier Jahre später, 1988, eröffnete nach rund zehn Jahren der Realisierung im Edith Wolfson Park östlich der Innenstadt von Tel Aviv und auf einem Hügel, der zugleich der topografisch höchste Punkt der Stadt ist, die von Dani Karavan entwickelte Skulptur Kikar Levana[53] (Abb. 10), ein begehbares Denkmal, das unter anderem aus einer Pyramide, einem Turm, einem Kanal mit Wasser und einer

sind – trotz zunehmender Kennzeichnung im öffentlichen Raum – zahlreiche der Gebäude in einem schlechten Zustand. Seit einigen Jahren rückt die Stadt in den Fokus deutscher und israelischer Forscher:innen. Vgl. Anja Siegemund (Hrsg.): *Deutsche und zentraleuropäische Juden in Palästina und Israel. Kulturtransfers, Lebenswelten, Identitäten. Beispiele aus Haifa.* Berlin: Neofelis 2016, sowie das Projekt „Erfurt – Haifa. Architekturen der Moderne in dialogischen Bildern" am Lehrstuhl Juniorprofessur Architekturtheorie, Prof. Ines Weizman im Wintersemester 2017/18 an der Bauhaus-Universität Weimar. Für eine kurze Beschreibung: Lehre Wintersemester 2017/18. Erfurt – Haifa, 25.09.2017. https://www.uni-weimar.de/de/architektur-und-urbanistik/professuren/architekturtheorie/lehre/wintersemester-201718/erfurt-haifa/ (Zugriff am 27.07.2018). Als ein Ergebnis wurde ab September 2018 eine Ausstellung mit Fotografien gezeigt.

52  Sonder: Bauhaus Architecture, S. 95–96.

53  Interview mit Dani Karavan, 09.08.2017.

Halbkugel besteht, in deren Mitte ein Olivenbaum wächst. Alle Objekte sind streng raumgeometrische, aus Beton gefertigte, weiße Körper, die sich aufgrund ihrer Lage und durch das sie umgebende Grün der Landschaft deutlich abheben. Während die Skulptur in ihrer Beziehung zur White City im Raum kaum nachzuvollziehen und ihre Existenz heute unter den Bewohner:innen der Stadt nicht unbedingt Allgemeinwissen ist, liegt ihre Bedeutung auf anderen Ebenen: Karavan übersetzte ein Vokabular der Stadt in eine künstlerische Form und widmete sie ihren Gründer:innen. Zudem verweist die Skulptur auf den Künstler als einen der prominentesten Unterstützer der White City und ihrer Vermittlung. Deutlich wird mit ihr nicht zuletzt, dass Karavans Engagement zu einem vergleichsweise frühen Zeitpunkt – immerhin sieben Jahre vor der 1984 eröffneten Ausstellung – begann, er somit zu den Wegbereitern der Wiederentdeckung gezählt werden kann. Im Gegensatz zu den Ausstellungsmacher:innen von 1984 konzentrierte er sich nur auf Tel Aviv.

Die erste Phase ist so vor allem davon gekennzeichnet, dass auf die Architektur mit Hilfe von Fotografien, Ausstellungen, Kunst und den sich daran anschließenden Diskussionen aufmerksam gemacht wurde. Es standen noch nicht die konkreten Bauten im Fokus. Vielmehr wurden als charakteristisch angesehene Details und Formen vermittelt und das Thema erfolgreich in der öffentlichen Wahrnehmung etabliert, ohne dass dabei ausschließlich auf Tel Aviv fokussiert wurde. Die zweite Phase führte zu einer Verstetigung der öffentlichen Wahrnehmung und Debatte, zu einer verstärkten internationalen Aufmerksamkeit und Anerkennung sowie zu einem Interesse an den konkreten Bauten als materiellen Objekten und ihrer Baugeschichte. Zeitlich gefasst wird die Phase vom Wirken Nitza Szmuks, die ab 1990 die modernen Bauten Tel Avivs dokumentierte und mit ihrer Arbeit die erfolgreiche Aufnahme in die UNESCO-Weltkulturerbeliste 2003 ermöglichte. Szmuk richtete daneben zum Beispiel 1990 eine Denkmalschutzabteilung in der Stadtverwaltung von Tel Aviv ein und stand dieser bis 2002 vor. Ihre erste umfangreichere Veröffentlichung erschien 1994 auf Hebräisch: *Houses from the Sands. International Style Architecture in Tel Aviv 1931–1948*;[54] 2004 folgten die englisch- und französischsprachigen Übersetzungen des Buches als *Dwelling the Dunes* sowie die Ausstellung *Tel Aviv's Modern Movement. The White City of Tel-Aviv. A Heritage Site* im Helena Rubinstein Pavilion for Contemporary Art in Tel Aviv. Szmuk rückte mit ihrem Wirken konkrete Architektur ins Zentrum, sie ermöglichte ihre Erfassung und wesentliche Schritte einer Erforschung konkreter Baugeschichte.[55] Dies geschah nicht nur zur

---

54  Nitza Szmuk: *Houses from the Sands. International Style Architecture in Tel Aviv 1931–1948.* Tel Aviv: MOD 1994.

55  Seit dem Ende der 1980er Jahre entstanden zahlreiche baugeschichtliche Abschlussarbeiten an israelischen Universitäten und Hochschulen, die das Leben und Wirken von Architekt:innen der Moderne in Palästina erforschten (vgl. Interviews mit Marina Epstein-Pliouchtch (2017) und Edina Meyer-Maril (2017)). Besonders soll hier auf die Forschungen von Sigal Davidi zu jüdischen

Dokumentation und als Grundlage für den Antrag bei der UNESCO, vielmehr dienten das so gewonnene Material sowie die aus ihm resultierenden bauhistorischen Erkenntnisse ebenfalls der Vermittlung an die (nationale und internationale) Öffentlichkeit. Bereits ab 1993 hatte ein anderes Ausstellungsprojekt deren Interesse am Thema verdeutlicht: Eine durch das Institut für Auslandsbeziehungen in Stuttgart und das Architekturmuseum der Technischen Universität München konzipierte und zunächst in Stuttgart (Forum für Kulturaustausch, Institut für Auslandsbeziehungen, 9. Juni bis 25. Juli 1993), Berlin (Bauhaus-Archiv, Museum für Gestaltung, 28. September bis 28. November 1993) und Bonn (Ifa-Galerie, 4. Mai bis 11. Juni 1994) gezeigte Ausstellung mit dem Titel *Tel Aviv. Neues Bauen 1930–1939 / Tel Aviv. Modern Architecture. 1930–1939* tourte in den folgenden acht Jahren durch 16 weitere Länder, darunter die USA (Austin, New York, 1998), Frankreich (Grenoble, Saint-Etienne, 1998), Belgien (Leuven, 1996), Israel (Tel Aviv, 1994), Estland (Tallinn, 1999) und – als letzte Station 2001 – die Türkei (Ankara).[56] Die Grundlage bildeten zwischen 1988 und 1990 aufgenommene Bilder der Aachener Fotografin Irmel Kamp, die einzelne Bauten in den Mittelpunkt stellten und dabei auch den zum Teil schlechten Zustand dokumentierten.[57] Dies verweist darauf, dass das Thema der Architekturmoderne in Tel Aviv von der deutschen Architekturgeschichtsforschung als relevant angesehen und sehr schnell und erfolgreich international vermittelt wurde. *Tel Aviv. Neues Bauen 1930–1939* war die zweite wichtige Präsentation zur White City; allerdings nicht die erste zur Architekturgeschichte Palästinas / Israels, die von deutscher Seite geplant und durchgeführt wurde. Die Architektin und Bauhistorikerin Myra Warhaftig (1930–2008) veröffentlichte aus Anlass des 75. Jahrestages der Gründung Tel Avivs im Jahr 1984 einen ersten Artikel in einer deutschen Zeitschrift,[58] dem weitere folgten. Im Zentrum ihrer Forschungen stand das Wirken deutsch-jüdischer Architekt:innen. 1996 legte sie hierzu ihre erste umfangreiche Publikation *Sie legten den Grundstein. Leben und Wirken deutschsprachiger jüdischer Architekten in Palästina 1918–1948* vor[59] und initiierte eine gleichnamige

Architektinnen hingewiesen werden, veröffentlicht u. a. als Sigal Davidi: Architektinnen aus Deutschland und Österreich im Mandatsgebiet Palästina. In: Mary Pepchinski / Christina Budde / Wolfgang Voigt / Peter Cachola Schmal (Hrsg.): *Frau Architekt. Seit mehr als 100 Jahren: Frauen im Architekturberuf.* Ausstellungskatalog Deutsches Architekturmuseum. Tübingen: Wasmuth 2017, S. 49–58.

56 Diese Daten verdanke ich einer E-Mail von Stefanie Alber, Ifa-Galerie Stuttgart, 08.10.2014.

57 Winfried Nerdinger (Hrsg.): *Tel Aviv – Neues Bauen, 1930–1939.* Ausstellungskatalog Architekturmuseum TU München. Tübingen: Wasmuth 1993. Eine englische Ausgabe erschien bereits ein Jahr später.

58 Myra Warhaftig: Berlin 750 – Tel Aviv 75. In: *Bauwelt* 47 (1984), S. 2012–2013.

59 Myra Warhaftig: *Sie legten den Grundstein.* Tübingen: Wasmuth 1996. Die Ausstellung wurde vom 17.11.1998 bis zum 16.01.1999 am Deutschen Architekturzentrum in Berlin gezeigt.

Ausstellung, 2005 erschien ihr Buch *Deutsche jüdische Architekten vor und nach 1933 – Das Lexikon. 500 Biographien;* Ergebnis jahrzehntelanger Forschung.[60] Doch die Beiträge von Warhaftig hatten noch Vorläufer: Bereits 1980, im Zusammenhang mit der 275-Jahrfeier von Berlin-Charlottenburg, wurde eine Ausstellung eröffnet, die das Wirken von jüdischen Architekt:innen verfolgte, die ihre Ausbildung am Bauhaus in Dessau oder an der Technischen Hochschule in Charlottenburg genossen oder der Akademie der Künste angehört hatten, bevor sie Deutschland verlassen mussten. Der Katalog[61] vermittelt einen Einblick in ihr Wirken in Palästina / Israel bis in die 1970er Jahre, nimmt zusätzlich aber auch Biografien von Architekt:innen auf, die in Palästina geboren worden waren. Seit den 1980er Jahren forschte zudem Ita Heinze-Mühleib (heute Heinze-Greenberg) zum Wirken von Erich Mendelsohn (1887–1953) in Palästina. Ihre Dissertation konnte sie 1986 veröffentlichen.[62] Es folgten zahlreiche weitere Beiträge zu Mendelsohn, zu Alexander Baerwald (1877–1930) und Richard Kauffmann sowie allgemein zum Baugeschehen in Palästina.

Mit all diesen Publikationen zeigt sich, dass es gleichzeitig zu den Entwicklungen in Tel Aviv / Israel in Deutschland[63] ein beginnendes Interesse an jüdischer Architekturgeschichte vor 1933 gab. Dieses wurde hier über die Biografien jüdisch-deutscher Architekt:innen aufgebaut. Die Forschung und öffentliche Repräsentation betonte in der Folge nicht nur ein deutsch-jüdisches Erbe, sondern ermöglichte eine positive Erzählung deutsch-jüdischer/israelischer Beziehungen. Damit waren die Einflüsse aus Deutschland stammender Architekt:innen und Architekturauffassungen für die israelische Architekturgeschichte von Beginn an ein Gegenstand, der die (Wieder-)Herstellung des Images der White City und ihre Einbindung in die Stadtgeschichte begleitete. Während in Israel zunächst eine allgemeine Erzählung und visuelle Vermittlung erfolgte, war der Beginn in Deutschland von architekturhistorischen und biografischen Forschungen geprägt. Dies ist ein Ansatz, der sich bis in die Gegenwart verfolgen lässt. Neben Publikationen zu aus Deutschland stammenden

---

60  Myra Warhaftig: *Deutsche jüdische Architekten vor und nach 1933 – Das Lexikon. 500 Biographien*. Berlin: Reimer 2005.

61  Fritz Monke: *Schüler des Bauhauses, der Technischen Hochschule, der Akademie der Künste und ihre Einflüsse auf die Architektur und Stadtplanung in Israel*. Ausstellungskatalog. Berlin (West): Technische Hochschule / Akademie der Künste 1980.

62  Ita Heinze-Mühleib: *Erich Mendelsohn. Bauten und Projekte in Palästina (1934–1941)*. München: Scaneg 1986.

63  Für einen Überblick vgl. Ita Heinze-Greenberg: Publikationen. In: *gta*. https://www.gta. arch.ethz.ch/personen/ita-heinze-greenberg/curriculum/publikationen (Zugriff am 04.08.2018). Für einen Einblick in aktuelle Forschungsthemen: Ronny Schüler / Jörg Stabenow (Hrsg.): *Vermittlungswege der Moderne. Neues Bauen in Palästina 1923–1948. / The Transfer of Modernity. Architectural Modernism in Palestine 1923–1948*. Berlin: Gebr. Mann 2018.

jüdischen Architekt:innen[64] verweist darauf zum Beispiel die zwischen November 2011 und Mai 2012 am Bauhaus Dessau gezeigte Ausstellung *Kibbuz und Bauhaus*. In ihr wurde dem Wirken von jüdischen Architekten:innen nachgegangen, die eine (temporäre) Ausbildung am Bauhaus genossen hatten und anschließend im Mandatsgebiet Palästina beim Auf- und Ausbau von Kibbuzim tätig geworden waren.[65] Um an dieser Stelle kurz einen Vergleich anzuregen: In Polen zum Beispiel begann erst in der jüngsten Vergangenheit eine Auseinandersetzung mit dem Erbe jüdischer emigrierter Architekt:innen, so wurde 2016 eine erste Dokumentation veröffentlicht, die eine Auswahl von Biografien vorstellt.[66]

In Israel bzw. in Tel Aviv erfolgte spätestens Mitte der 1990er Jahre der Versuch, der Architektur eine weitere, nun nationale und übergeordnete Bedeutung zu geben. Auf der im Mai 1994 von der Stadt und der UNESCO organisierten „World Conference on the International Style in Architecture"[67] sprach der vormalige Minister- und spätere Staatspräsident Shimon Peres (1923–2016) bei der Eröffnung wie folgt:

> "[The] modesty and restrained architecture of the Bauhaus style" represented an authentic Israeli "national achievement" and the renewed interest in its principles might serve as a "new age of openness in a land of sun."[68]

Die Architektur wurde so nicht allein mit der Stadt und einem Bild verknüpft, vielmehr sollte sie nun für ein gesamtisraelisches Erbe stehen, das es zu schützen gelte.

---

64  Exemplarisch dazu: Wolfgang Hocquél / Peter Leonhardt / Ulrich Knufinke / Loreen Schiede: *Wilhelm Haller. Ein Leipziger Architekt in Tel Aviv. / Wilhelm Ze'ev Haller. Modern Architecture between Leipzig and Tel Aviv*. Leipzig: Kulturstiftung Leipzig 2009.

65  Für eine Beschreibung durch die Kurator:innen: Bauhaus Dessau: Kibbuz und Bauhaus, 2011. http://www.bauhaus-dessau.de/kibbuz-7.html (Zugriff am 04.08.2018). Der dritte Teil der Ausstellung ging zurück auf den israelischen Beitrag „Kibbutz – An Architecture Without Precedents" auf der Architekturbiennale 2010 in Venedig. Hier wurde anhand von Bild- und Planmaterial sowie von Möbeln gezeigt, wie die moderne Planung und Architektur dem sozialistischen und zionistischen Gesellschaftsmodell des Kibbuz eine bauliche Gestalt verlieh.

66  Bogna Świątkowska (Hrsg.): *Adrichalim / Architekci. Leksykon pochodzących z Polski architektów działających w Palestynie i Izraelu w XX wieku*. Warschau: Fundacja Nowej Kultury Bęc Zmiana 2016. Zwischen September 2019 und Februar 2020 zeigte das POLIN Museum in Warschau die Ausstellung *Gdynia – Tel Awiw*, die sich der Architekturmoderne in beiden Städten widmete und dabei u.a. polnisch-jüdische (Architektur-)Beziehungen thematisierte. Vgl. Artur Tanikowski (Hrsg.): *Gdynia – Tel Awiw*. Ausstellungskatalog. Warszawa: Muzeum Historii Żydów Polskich POLIN 2019.

67  Die Eröffnungsrede des damaligen Direktors der UNESCO, Federico Mayor, ist einzusehen unter: Federico Mayor: Address. In: *UNESCO Digital Library*, 22.05.1994. http://unesdoc.unesco.org/images/0009/000973/097383E.pdf (Zugriff am 27.07.2018).

68  Zit. n. Sonder: Bauhaus Architecture, S. 95.

Im Rahmen der Veranstaltung wurden zahlreiche Ausstellungen gezeigt, darunter erneut die aus dem Jahr 1984 stammende *White City. International Style Architecture in Israel*. Außerdem gab es organisierte Führungen und Besichtigungen für die Konferenzteilnehmer:innen. Die Architektur selbst wurde so als materielle Trägerin einer Erzählung präsentiert und für die Bewohner:innen aus der alltäglichen Nutzung – bei häufiger Ablehnung und nicht wenigem Unverständnis – gehoben. Die Tagung bedeutete nicht nur erneute öffentliche Aufmerksamkeit und nahm eine Einordnung in eine nationale Erzählung des Staates vor, vielmehr rückte sie die konkrete und materielle Architektur in das Zentrum der Aufmerksamkeit und zeigte sie den Bewohner:innen der Stadt jenseits ihres Gebrauchs und ihrer Präsentation in geschlossenen Ausstellungsräumen. 1996 wurde die Architektur – nicht nur aufgrund ihres Umfangs und ihrer Bedeutung, sondern auch aufgrund ihres Zustands – dann auf die *Watch List* des World Monuments Fund gesetzt.[69] Und 2000 eröffnete mit dem Bauhaus Center eine auf private Initiative gegründete Institution in zentraler Lage, die bis heute Einheimischen und Tourist:innen mit Führungen und Ausstellungen, der Veröffentlichung eigener Publikationen sowie dem Verkauf von Designprodukten und thematischen Büchern Zugang zur Architektur der Stadt bietet. Bereits zu Beginn der 1990er Jahre erfolgten die ersten Sanierungen, mit denen Einzelbauten nicht nur erhalten, sondern oft wieder in ihren ursprünglichen Zustand versetzt wurden.

Höhepunkt dieser zweiten Phase war 2003 der bereits genannte Eintrag in die Weltkulturerbeliste der UNESCO als *White City of Tel-Aviv – The Modern Movement*. Damit erfolgte die offizielle Würdigung des baulichen Erbes, spätestens jetzt setzte sich seine Anerkennung in einer nichtakademischen Öffentlichkeit zunehmend durch. Dies bedeutete zudem den Eintritt in eine dritte Phase, die durch umfassende Auswirkungen auf die konkrete Architektur gekennzeichnet ist. So wurden innerhalb der Stadt drei Bereiche als Schutzzonen A, B und C entsprechend ihres Entstehungszeitraums deklariert,[70] 2.000 Gebäude standen nun insgesamt unter Denkmalschutz,[71] bei 180 waren jegliche baulichen Veränderungen untersagt.[72] Das heißt, dass – nach öffentlich kaum nachvollziehbaren Kriterien – eine Auswahl und die Festlegung von besonders schützenswerten Bauten erfolgte sowie drei städtische Areale definiert und damit hervorgehoben wurden. Nun setzte eine umfangreiche Sanierung und die Wiederherstellung der Gebäude ein. Das Bild der White City sollte

---

69 Vgl. Word Monuments Fund: The White City, 1996. https://www.wmf.org/project/white-city (Zugriff am 04.08.2018).

70 Vgl. UNESCO. World Heritage Centre: White City of Tel-Aviv – the Modern Movement, 2003. https://whc.unesco.org/en/list/1096 (Zugriff am 08.08.2018).

71 Vgl. Bundesministerium des Innern, für Bau und Heimat (BMI): The White City Center. Start. https://www.whitecitycenter.org/startseite (Zugriff am 06.02.2019).

72 Vgl. UNESCO. World Heritage Centre: White City of Tel-Aviv.

auf die konkrete Architektur übertragen werden. Allerdings wurde und wird damit nicht allein ein historischer Zustand wiederhergestellt und die marode Bausubstanz vor einem weiteren Verfall gerettet, sondern die Mehrzahl der Bauten wurde/wird um mehrere Geschosse aufgestockt – einerseits um neuen Wohnraum zu gewinnen, andererseits um den Eigentümer:innen die Möglichkeit zu geben, die Sanierungen sowie die Um- und Rückbauten zu finanzieren. (Abb. 11) Daneben, aber auf den ersten Blick weniger offensichtlich, lassen sich Beispiele finden, bei denen die rückwärtigen Teile von Gebäuden entfernt und diese zusätzlich um ein mehrfaches des ursprünglichen Volumens erweitert wurden. Damit blieben lediglich die zur Straße gerichtete und die beiden seitlichen Fassaden erhalten und geben dem Gebäude einen historischen Bezug und Anschein.

Um die Anerkennung als UNESCO-Weltkulturerbe zu feiern, wurde im Juni 2003 die *White Night in Tel Aviv* zum ersten Mal veranstaltet und in den kommenden Jahren etabliert. Als Kunst- und Kulturfestival ursprünglich in Sankt Petersburg anlässlich der „Weißen Nächte" im Juni – also der Zeit im Jahr, in der die Sonne hier nur für eine kurze Dauer untergeht – ins Leben gerufen, wurde die Idee als „Nuit Blanche" 2001 in Paris übernommen, dann von Tel Aviv und in den folgenden Jahren von zahlreichen Städten weltweit. Im Unterschied zu ihnen ist das Ereignis in seiner

Idee in Tel Aviv mit der Architektur verknüpft, eine Verbindung, die aufgrund der Termini *White City / White Night* verstärkt wird.

Dauerhafte Ausstellungen präsentieren die frühe Stadtgeschichte und ihre Architektur an unterschiedlichen Orten. So stellt das Bauhaus Center, unterbrochen von temporären Sonderausstellungen, Gebäude der Architekturmoderne vor, die saniert wurden. Im Shalom Meir Tower, 1965 am vormaligen Standort des Herzl-Gymnasiums fertiggestellt, zeigen Ausstellungen Modelle der ersten Häuser und der Anlage von Achusat Bajit, Bild- und Texttafeln sowie ein Stadt-Modell der bereits genannten Ausstellung *Tel-Aviv's Modern Movement*. In dem in den 1970er Jahren im ehemaligen Rathaus in der Bialik St. eingerichteten Stadtmuseum ist die Stadtentwicklung anhand privater Fotografien dargestellt. Viele öffentliche und geschäftliche Einrichtungen zeigen in ihren Eingangsbereichen historische Aufnahmen ihres Gebäudes, ihrer Straße und/ oder der Erbauer:innen. Und schließlich wurde/wird die Architektur selbst zum permanenten Ausstellungsgegenstand: Zunehmend werden Informationstafeln an Gebäuden angebracht, die neben einer fotografischen oder zeichnerischen Darstellung der historischen Straßenfassade eine kurze Beschreibung der Geschichte in Hebräisch, Englisch und Arabisch beinhalten. (Abb. 12) Darunter sind die Logos UNESCO, World Heritage, Stadt Tel Aviv und White City Tel Aviv / World Heritage Site 2002 aufgedruckt.[73] Allerdings sind diese offiziellen Tafeln ausschließlich an bereits sanierten Bauten zu finden, womit auf dieser Ebene kaum ein Bewusstsein für die Architekturgeschichte selbst und für den notwenigen Erhalt von Bauten geschärft wird. Da unsanierte Gebäude von dieser Strategie der Kennzeichnung und Vermittlung ausgeschlossen sind, wird als Wert allein ein wiederhergestelltes Haus vermittelt. Ferner beziehen die Tafeln nicht allein Bauten der Architekturmoderne ein: Gekennzeichnet und dadurch dem UNESCO-Erbe der Moderne zugerechnet, sind häufig sanierte Objekte des Eklektizismus.[74] Mit dieser Zuordnung wird deutlich, dass die Wahrnehmung für andere, frühere Schichten der Stadtgeschichte in dieser Phase zu steigen begann und sie in der Gegenwart als Bestandteil der Stadterzählung etabliert sind. Neben den eklektizistischen Bauten rückten städtische Viertel, die vor der Gründung von Achusat Bajit existierten, in den Fokus: Sarona, eine 1871 errichtete Siedlung deutscher Templer:innen, wurde ab 2006 renoviert und der Öffentlichkeit als Einkaufs- und Ausgehviertel zugänglich gemacht, ebenso wie HaTachanah, ein Areal, auf dem sich ab dem Ende des 19. bzw. dem Beginn des 20. Jahrhunderts der erste

---

73  Einige wenige Tafeln besitzen historische Fotografien statt Zeichnungen, zudem ist in sehr seltenen Fällen lediglich das Logo der Stadt abschließend verwendet. Vgl. hierzu auch das Kap. „Geschichte finden", S. 115.

74  Ein Interview mit Jeremie Hoffmann, Leiter der Denkmalschutzbehörde in Tel Aviv, am 04.05.2017 brachte keine Aufklärung über dieses Vorgehen.

Bahnhof und eine von Templer:innen betriebene Ziegelfabrik befanden. In beiden Fällen werden die Bauten jetzt für Restaurants und Läden genutzt, sie sind aber ebenfalls jeweils mit Hilfe von Tafeln in ihrer Geschichte ausgestellt. In der American Colony im südlichen Tel Aviv, die 1866 zunächst von amerikanischen Christ:innen gegründet und aufgebaut, wenige Jahre später aber von deutschen Templer:innen bezogen wurde, erfolgte eine Sanierung der noch erhaltenen Holzbauten, die – neben einem von der Church's Ministry among Jewish People betriebenen Mission, Hostel und Nachbarschaftszentrum – heute mehrheitlich als Hotels genutzt werden. Die Vermittlung der Geschichte erfolgt hier in einem kleinen, auf private Initiative entstandenen Museum.[75]

Die Nachbarschaft von Neve Tzedek war bereits seit den 1980er Jahren saniert worden, hier gibt es allerdings kaum Tafeln zu ihrer Geschichte. Und in Kerem HaTeimanim finden zwar seit einigen Jahren weitreichende Gentrifizierungs- und Hipsterisierungsprozesse statt, aus der offiziellen Erzählung der Stadtgeschichte und besonders aus ihrer Markierung im Raum ist das Quartier aber bisher noch vollständig ausgeschlossen.

75 Jean Holmes / Reed Holmes: Yaffa American Colony. In: *Jaffa American Colony*. https://www.jaffacolony.com (Zugriff am 06.02.2019).

Dabei sind beide Nachbarschaften fester Bestandteil aller Empfehlungen für Sehenswürdigkeiten in der Stadt.[76]

Einen Höhepunkt in dieser Phase stellte das Jahr 2009 dar, in dem der 100. Jahrestag der Gründung Tel Avivs gefeiert wurde. Neben wissenschaftlichen Veröffentlichungen[77] rückte das Wirken von Fotografen in den Fokus, die den Aufbau der Stadt und des Landes generell in ihren Arbeiten thematisiert hatten,[78] so dass sowohl der Blick als auch die Erzählung der Stadtgeschichte erneut erweitert wurde. Und schließlich erfolgten weitere Schritte zu einer Institutionalisierung der Auseinandersetzung mit dem baulichen Erbe der Architekturmoderne: 2008 eröffnete ein Bauhaus-Museum und 2013 etablierte die deutsche Bundesregierung das Projekt *Netzwerk Weiße Stadt*, das als Zentrum für denkmalgerechtes Bauen in Tel Aviv dienen und als ein deutsch-israelisches „Kompetenznetzwerk" unterschiedlichste Expert:innen zusammenbringen soll. Eingerichtet ist es im *Max Liebig Haus*, einem von Dov Karmi (1905–1962) 1936 entworfenen, unweit dem ehemaligen Rathaus gelegenen Gebäude.[79] Ebenfalls 2013, im Mai, fand die von der Heinrich-Böll-Stiftung und der Bauhaus Stiftung Dessau organisierte Tagung *Greening the White City* in Tel Aviv statt. Spätestens hier zeigt sich, dass ein Engagement von deutscher Seite nicht mehr auf die Vermittlung von Vorstellungen und Bildern beschränkt bleibt, sondern die aktive Teilnahme an den Diskursen beinhaltet. Insgesamt wird deutlich, dass die Etablierung und Re-Konstruktion der White City und ihres baulichen Erbes keine ‚innerisraelische' Angelegenheit war, sondern von Beginn an unter internationaler Beteiligung stattfand. So begleiteten beispielsweise Künstler:innen, Wissenschaftler:innen, Journalist:innen und (politische) Institutionen aus Deutschland die Entwicklungen seit den 1980er Jahren nicht nur, sondern waren aktiv an der Herstellung und Vermittlung von Bildern beteiligt und setzten zudem eigene Akzente.

---

76  Vgl. exemplarisch El Al: *Sehenswürdigkeiten und Interessantes in Tel Aviv*. https://www.elal.com/de/Elal-Destinations/Israel/Tel-Aviv/Pages/Attractions.aspx (Zugriff am 27.07.2018).

77  Besonders soll in diesem Zusammenhang auf die von der International Working Party for Documentation and Conservation of Buildings, Sites and Neighbourhoods of the Modern Movement (Docomomo) herausgegebene Zeitschriftenausgabe *Tel Aviv. A Century of Modern Buildings* (*Docomomo Journal* 40 (2009)) hingewiesen werden.

78  Vgl. Kap. „Das Bild entwickeln", S. 67–74.

79  Vgl. Bundesministerium des Innern, für Bau und Heimat (BMI): The White City Center. Start. https://www.whitecitycenter.org/startseite (Zugriff am 06.02.2019).

# III
## Das Bild entwickeln
## Fotografien und Ausstellungen

Ausstellungen tragen ein Thema in den öffentlichen Raum und machen es für ein fachkundiges und für ein fachfremdes Publikum zugänglich. Die frühen Ausstellungen zur Architektur[80] von Tel Aviv präsentierten etwas, das den Alltag der Menschen umgab, die in der Stadt selbst lebten, und etwas, das von ihnen zunächst wenig geschätzt wurde. Fotografien, Texte und Modelle zeigten ihnen nun den sie umgebenden gebauten Raum, den sie sich auf vielfältige Weise aneigneten, unter neuen Gesichtspunkten, in veränderten Maßstäben, übersetzt in andere Medien und als Bestandteil einer größeren Geschichte. Derartige Präsentationen, die immer auch eine Anerkennung bedeuteten, verdeutlichten nicht nur, dass der gebaute Raum ihres Alltags ausstellungs-*wert* ist. Sie hoben vielmehr die Bauten aus ihrer Wahrnehmung heraus und eröffneten so für die Betrachter:innen und Bewohner:innen die Möglichkeit, etwas Neues zu lernen und ihre Umgebung anders zu bewerten, das heißt – zumindest der Hoffnung der Kurator:innen nach – schätzen zu lernen.

Die Architekturmoderne benötigte besondere Strategien der Vermittlung, denn in den 1980er Jahren – und dies kann zum Teil bis in die Gegenwart gelten – fehlte es an Anerkennung und positiver Bezugnahme. Informationen öffentlich zugänglich zu machen und weiterzugeben, war daher notwendig, um Akzeptanz und Identität zu schaffen. Dass dies für Architektur nicht per se mit derart viel Aufwand betrieben werden muss, zeigt der Blick zu den Bauten des Eklektizismus in Tel Aviv: Sie sind heute fester Bestandteil des Narrativs der Stadtentstehung, werden aufwendig saniert und

---

80  Zur Geschichte, Theorie und Praxis von Architekturausstellungen vgl. Carsten Ruhl / Chris Dähne (Hrsg.): *Architektur ausstellen. Zur mobilen Anordnung des Immobilen.* Berlin: Jovis 2015.

gelten vielen Bewohner:innen generell als ‚schön‘, ohne dass ihre (Bau-)Geschichte zuvor Gegenstand von Ausstellungen oder Publikationen werden musste.

Ausstellungen kommt im Zusammenhang mit der Konstruktion eines Images der White City eine herausragende Rolle zu: Mit ihrer Hilfe wurden die Architektur und ihre Geschichte zunächst überhaupt erst an ein größeres Publikum herangetragen. Ferner halfen und helfen sie, die Aufmerksamkeit – national und international – zu halten und auszubauen. Fotografien standen im Vermittlungsprozess stets im Zentrum der Präsentation. Zwar gab und gibt es Texte und vereinzelt Modelle sowie Grundrisse und (Architektur-)Zeichnungen, aber insgesamt waren die Fotografien das Medium, das am nachhaltigsten für die Herstellung des Images verantwortlich ist. Mit Hilfe der Bilder wurden Vorstellungen von der Architektur, ihrer Geschichte und der Erzählung der Stadt erzeugt. Dies geschah während der 1980er und 1990er Jahre zunächst in einer Zeit, in der die Bauten und ihre besonderen Merkmale im öffentlichen Raum kaum nachvollziehbar waren. Sie befanden sich, dies ist bereits betont worden, nicht nur in einem schlechten Zustand, sondern Umbauten besonders im Bereich der Balkone und Dächer erschwerten es, ihre Charakteristika überhaupt zu erkennen.

Im Folgenden wird der Frage nachgegangen, welche Bilder von Tel Aviv in welchem Zeitraum durch Fotografien erzeugt wurden, wie deren Motivwahl, Blickwinkel und Ausschnitte gebraucht wurden, um jeweils eine bestimmte Geschichte zu erzählen. Untersuchungsgegenstand sind Kataloge, wenn Ausstellungen nicht mehr besichtigt werden können, sowie im Bauhaus Center und im Shalom Meir Tower gezeigte Dauerausstellungen.

### Bilder der Stadt I. Die Architektur

Wie bereits gesagt, kann die Ausstellung *White City. International Style Architecture in Israel* als erster wichtiger Schritt zur Entwicklung des Images und zu einer Etablierung der Architektur innerhalb der Stadtgeschichte gesehen werden. Diese Feststellung ist allerdings eine, die aus dem Blick der Gegenwart resultiert: Denn inwieweit es die Intention der Akteur:innen jener Jahre war, derartige Entwicklungen zu befördern, ist kaum mehr festzustellen; die heute mögliche Erzählung resultiert aus der Erinnerung und damit aus einer nachträglichen Rekonstruktion.[81] Daneben dürfte es zum damaligen Zeitpunkt zunächst kaum gegeben gewesen sein, die Erfolgsgeschichte selbst vorherzusehen. Der verantwortliche Kurator Michael Levin äußerte, dass er von dem großen Interesse überrascht gewesen sei, und sieht es ursächlich in einer Nostalgie begründet, die etwas sehr Israelisches sei. Begünstigend könnte dabei gewesen

---

81 Interview mit Michael Levin, 27.04.2017.

sein, dass historische Aufnahmen einbezogen worden waren.[82] Allerdings muss man gleichzeitig bedenken, dass die Ausstellung von Anfang an prominent platziert war: als ein Beitrag zum 75. Jahrestag der Stadtgründung und mit dem Tel Aviv Museum of Art an einem der wichtigsten Ausstellungsorte für Kunst in Israel. Sie wurde anschließend in New York und Berkeley gezeigt und erhielt daraufhin Rezensionen in der US-amerikanischen Presse. Levin zufolge sei so die Bedeutung der Architektur und der Ausstellung erst hervorgehoben worden.[83]

Begleitend zu der Ausstellung in Tel Aviv erschien ein zweibändiger Katalog,[84] bei dem der Fotoband 64 Schwarz-Weiß-Aufnahmen der in New York ansässigen Fotografin Judith Turner abbildet. Michael Levin begründet die Entscheidung für eine Zusammenarbeit zweifach: Zum einen habe Turners Blick auf die Architektur über die Details ermöglicht, dass der schlechte Zustand der Bauten ausgeblendet bleibe, zum anderen habe ein Katalog entstehen können, der einen künstlerischen Zugang zu den Bauten eröffne.[85] Turner versteht sich selbst weder als Architekturfotografin noch erhebt sie den Anspruch, Architektur zu dokumentieren, vielmehr fasziniere sie Licht und

> specifically what light does to architecture. It transforms architecture, different materials absorb, reflect or transmit light in different ways, affecting our reading of form. [...] Rather, I am a photographer who uses architecture as subject matter.[86]

Neben den oft strengen und klaren Beziehungen zwischen Hell und Dunkel, zwischen Licht und Schatten, fällt bei ihren Aufnahmen die Ausschnitthaftigkeit auf, mit der Details produziert werden und eine große Nähe der Fotografin zum architektonischen Objekt suggeriert wird, die sich wiederum auf den:die Betrachter:in überträgt. Diese Charakteristika kennzeichnen auch die in dem Katalog veröffentlichten Aufnahmen, die Turner in den Jahren 1981 bis 1983 fotografiert hat. Ihr grundsätzlicher Anspruch sei gewesen:

82 Ebd.

83 Ebd.

84 Vgl. Turner: *White City*.

85 Interview mit Michael Levin, 27.04.2017.

86 Judith Turner: Statement. In: *PhotoArts*, o. D. http://www.photoarts.com/gallery/judithturner/turnerbio.html (Zugriff am 19.04.2017).

13

I photographed in various cities to illustrate how wide spread the International Style
was in the country. The photos were selected to convey the variety and richness of
design in the architects work.[87]

Als ein weiteres offensichtliches Merkmal lassen die Bilder mehrheitlich die Körnig-
keit des Films erkennen. (Abb. 13) Ergänzt werden sie lediglich um den Namen des
Architekten – wobei der Vorname nur mit dem Anfangsbuchstaben abgekürzt ist –,
die Adresse des Gebäudes und eine Jahreszahl, mutmaßlich die der Fertigstellung des
Gebäudes. Die Angaben verhelfen zu seiner Lokalisierung im Raum und in der Zeit,
erstere wäre sonst nur für diejenigen möglich, die über eine ausgesprochen gute Orts-
kenntnis verfügen. Die Schrift ist klein und blass und den Bildern deutlich nachgeordnet. Die Aufmerksamkeit wird allein auf sie gelenkt. Drei weitere Aspekte sind auffällig: (1) Einbezogen sind Gebäude aus Tel Aviv, Haifa, Jerusalem und Rechovot. Der
Anspruch war, dies zeigt bereits der Titel, den Blick nicht allein auf die White City zu
lenken, sondern vielmehr das architektonische Erbe des Landes selbst zu thematisieren,
das sich unter völlig unterschiedlichen Voraussetzungen – in bestehenden Städten wie
Haifa und Jerusalem ebenso wie in den Kibbuzim – entwickelte.[88] Bereits der Blick auf
die Titelbilder verdeutlicht dieses Anliegen: Bei dem Fotoband zeigt die Aufnahme
den Ausschnitt eines Treppenhauses, das zu einem von Alexander Friedmann in

87  Judith Turner in einer E-Mail an die Autorin, 20.04.2017.
88  Interview mit Michael Levin, 27.04.2017.

Jerusalem entworfenen Gebäude gehört. Das Cover des Bandes mit den Textbeiträgen bildet das 1932 entworfene *Teltsch Hotel* von Leopold Krakauer (1890–1954) in Haifa ab. Der Schwerpunkt des Fotobandes liegt mit 32 Aufnahmen jedoch auf Tel Aviv. (2) Ferner konzentrierte sich die Fotografin auf jene Details, die als typisch für die Architektursprache dieser Epoche angesehen werden: die vertikalen Betonungen der Treppenaufgänge, die mit Hilfe der Fensterbänder erzeugten horizontalen Linien, die Balkone, welche den Fassaden zu Dreidimensionalität und Unverwechselbarkeit verhelfen, die halböffentlichen Zonen in den Eingangsbereichen, die funktional und minimalistisch an Industriearchitektur erinnernden Treppengeländer. Dabei betonen die gewählten Darstellungen durch extreme Fokussierung, Unter- und Schrägsichten und/oder die Wahl grafischer Ausschnitte nicht nur das jeweilige Detail, sie dramatisieren zudem. Gleichzeitig stehen die Aufnahmen so in einer Distanz und im Gegensatz zur minimalistischen Schlichtheit der Gesamtfassaden. (3) Abgebildet sind drei Gebäude von Erich Mendelsohn, einem Architekten, dessen Bauten in Palästina heute eher separiert vom allgemeinen Baugeschehen wahrgenommen oder in einer Opposition zur Architektur der White City von Tel Aviv verstanden werden[89] und dessen Kritik an den hier realisierten Gebäuden immer wieder kolportiert wird.[90] Die Fotografien von Turner verweisen insgesamt also auf eine Bandbreite des Baugeschehens, die in den kommenden Jahren und Präsentationen vernachlässigt werden wird. Die Perspektive verschob sich schnell weiter Richtung Tel Aviv.

Insgesamt dokumentieren die Aufnahmen nicht die Bauten selbst. Die Abbildungen sind in ihrem Anspruch eindeutig als künstlerische Annäherungen zu identifizieren, sie werten und inszenieren streng ausgewählte Teile der Fassaden. Damit sind sie dem Alltag enthoben, in dem zumindest die meisten der Bewohner:innen die Bauten wenig wertschätzend wahrgenommen haben. Ein neuer Zugang soll für sie über die Betonung des Details hergestellt werden. Gleichzeitig deutet sich hier bereits etwas an, dass für die folgenden Jahre ebenso wie für die verschiedenen Medien charakteristisch ist: Nicht das einzelne Gebäude in seiner vielschichtigen Erzählung aus Architektur, Geschichte und Aneignung steht im Fokus, sondern das Verallgemeinerbare als der Verweis auf grundlegende Merkmale. Das Bild der Stadt wird über einzelne

---

89 Vgl. Alona Nitza-Shiftan: Contested Zionism – Alternativ Modernism. Erich Mendelsohn and the Tel Aviv Chug in Mandate Palestine. In: Haim Jacobi (Hrsg.): *Constructing a Sense of Place. Architecture and the Zionist Discourse.* Aldershot: Ashgate 2004, S. 17–51.

90 Vgl. Heinze-Greenberg: Tel Aviv, S. 125–126. Mendelsohns Ausspruch „Ich und Le Corbusier", den er beim Anblick der neuen Architektur Tel Avivs getätigt habe, fand Eingang in Artikel der Tagespresse, so u. a. Doris Kleilein / Martina Priessner: Bauen für ein neues Land. Eine Ausstellung in Berlin würdigt den Architekten Erich Mendelsohn. In: *Jungle World,* Dschungel 10, 03.03.2004. https://jungle.world/artikel/2004/10/bauen-fuer-ein-neues-land (Zugriff am 06.02.2019).

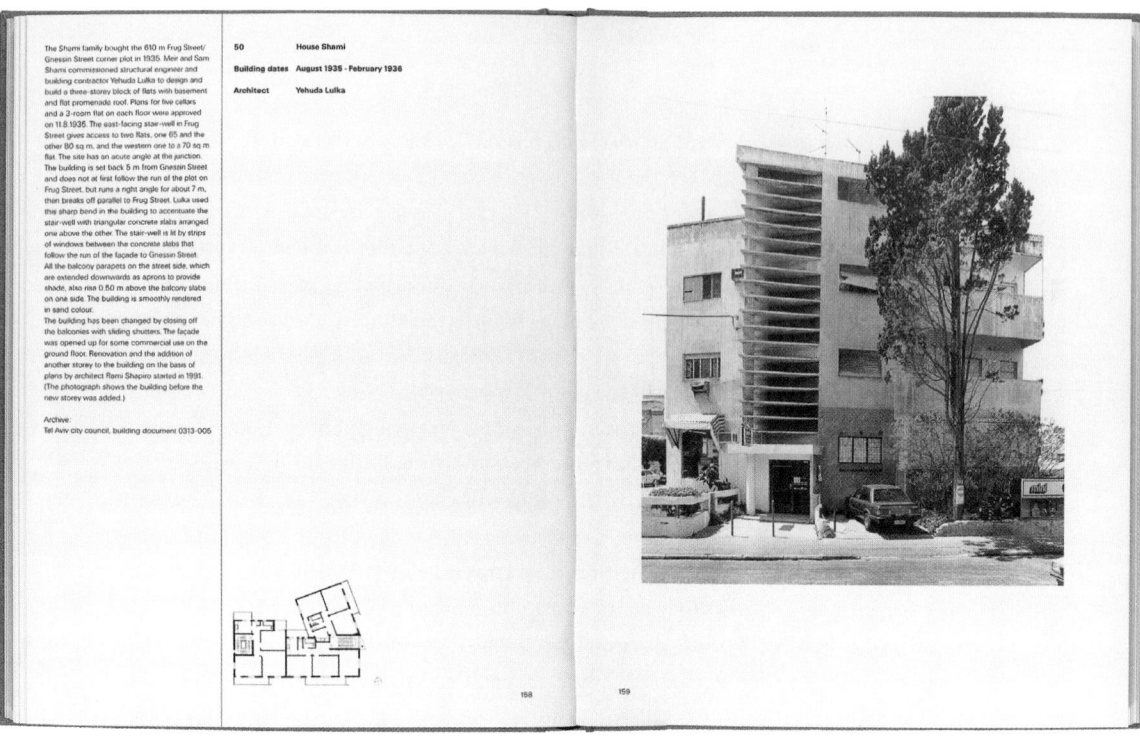

The Shami family bought the 610 m Frug Street/
Gnessin Street corner plot in 1935. Meir and Sam
Shami commissioned structural engineer and
building contractor Yehuda Lulka to design and
build a three-storey block of flats with basement
and flat promenade roof. Plans for five cellars
and a 3-room flat on each floor were approved
on 11.8.1935. The east-facing stair-well in Frug
Street gives access to two flats, one 65 and the
other 80 sq m, and the western one to a 70 sq m
flat. The site has an acute angle at the junction.
The building is set back 5 m from Gnessin Street
and does not at first follow the run of the plot on
Frug Street, but runs a right angle for about 7 m,
then breaks off parallel to Frug Street. Lulka used
the sharp bend in the building to accentuate the
stair-well with triangular concrete slabs arranged
one above the other. The stair-well is lit by strips
of windows between the concrete slabs that
follow the run of the façade to Gnessin Street.
All the balcony parapets on the street side, which
are extended downwards as aprons to provide
shade, also rise 0.50 m above the balcony slabs
on one side. The building is smoothly rendered
in sand colour.
The building has been changed by closing off
the balconies with sliding shutters. The façade
was opened up for some commercial use on the
ground floor. Renovation and the addition of
another storey to the building on the base of
plans by architect Rami Shapiro started in 1991.
(The photograph shows the building before the
new storey was added.)

Archive:
Tel Aviv city council, building document 0313-005

| 50 | House Shami |
| --- | --- |
| Building dates | August 1935 - February 1936 |
| Architect | Yehuda Lulka |

14

ausgewählte Details der Architektursprache als klar und streng minimalistisch, sachlich konstruiert, allerdings ohne das dem Titel *White City* innewohnende Weiß auf
dieser Ebene der Präsentation explizit zu betonen.

Der Katalog der vom Institut für Auslandsbeziehungen in Stuttgart und dem
Architekturmuseum der TU München konzipierten Ausstellung *Tel Aviv. Neues Bauen
1930–1939 / Tel Aviv. Modern Architecture. 1930–1939* zeigt – begleitet von sechs kurzen Aufsätzen und 66 biografischen Artikeln zu Architekt:innen – Aufnahmen der
deutschen Fotografin Irmel Kamp.[91] Sie verfolgte in den Jahrzehnten ihres Schaffens
mehrere langjährige Projekte, bei denen die Architektur der 1920er und 1930er Jahre
in Europa im Zentrum steht. Ihre Schwarz-Weiß-Fotografien stellen jeweils das einzelne Gebäude in den Mittelpunkt, sie verzichtet vollständig auf dramatisierende Ausschnitte oder Annäherungen und bleibt in Distanz zu ihrem Sujet. (Abb. 14) Zwischen
1987 und September 1990 nahm Kamp mehr als 600 Bauten in Tel Aviv auf:

[N]ach der Rückreise von Tel Aviv Ende September 1987 [...] habe ich mich ausschließlich bis 1993 auf die Architektur des Neuen Bauens in Tel Aviv konzentriert.
In Aachen habe ich zuerst versucht, mich theoretisch vorzubereiten und bin nun auf

91  Nerdinger (Hrsg.): *Tel Aviv – Neues Bauen.*

die [...] Publikation von Michael Levin „The White City" gestoßen und habe auch direkt zu ihm schriftlichen Kontakt beim Tel Aviv Museum aufgenommen. Für mich stellte sich die Frage, sind die Israelis mit einer Dokumentation ihrer Architektur in Tel Aviv von mir als Nicht-Israelin, sowie deutscher Nicht-Jüdin einverstanden? [...] Obwohl ich aus Tel Aviv noch keine Antwort erhalten hatte, machte ich im April 1988 meine erste Arbeitsreise nach Tel Aviv. Bei einer systematischen Begehung der Stadt in den Bereichen, wo das Neue Bauen flächendeckend zu finden ist, entstanden ca. 1500 Farbfotografien mit der Kleinbildkamera. Zur Probe machte ich einige wenige S/W-Aufnahmen mit der Mittelformatkamera. Wieder in Aachen, entstand die Zuordnung der einzelnen Bauten zu ihren Adressen, also den Straßen. Gleichzeitig bemühte ich mich um eine grobe Vorauswahl der zu fotografierenden Gebäude. [...] Während meiner fotografischen Arbeit wuchs mein Interesse an einer wissenschaftlichen Arbeit zu Bauten und Architekten in Tel Aviv. [...].[92]

Der Katalog stellt schließlich eine Auswahl von 83 Gebäuden vor. Dies geschieht mit Hilfe von zumeist einer, in einigen wenigen Fällen mehreren Fotografien, einem beschreibenden Text, Angaben zur Adresse, dem Zeitraum der Errichtung und dem:der Architekt:in sowie einem kleinen, manchmal nur schematischen Grundriss. Die Darstellungen sind um Nüchternheit und Strenge bemüht, Eindrücke, die sich noch dadurch verstärken, dass die einzelnen Aufnahmen jeweils allein auf eine weiße Seite gesetzt sind. Die Fotografien zeigen die zur Straße ausgerichteten Fassaden. Dies zieht nach sich, dass mit den Abbildungen deutlich auf den zum Teil schlechten Zustand von Gebäuden verwiesen wird. Darstellungen von Details bzw. von Fassadenausschnitten sind die Ausnahme, die eher den Begrenzungen der möglichen Blickwinkel geschuldet sein dürften. Der Fotografin gelang es, durch die Wahl ihres Standpunkts die Gebäude jeweils aus ihrer Umgebung herauszulösen und mehrheitlich den Einzelbau – trotz der teilweisen Enge der städtischen Anlage – in den Mittelpunkt zu stellen. Räumliche Kontexte und Beziehungen werden überwiegend außen vor gelassen. Die Bilder schaffen so eine Vorstellung von Reinheit und Eindeutigkeit in der Architektur. Dies korrespondiert mit jener Erzählung der Stadtgeschichte, die in drei aufeinanderfolgenden Epochen – Gründung nach Gartenstadtprinzip, Eklektizismus, Neues Bauen – aufgeteilt ist.

92  E-Mail von Irmel Kamp, 06.05.2017. Vgl. auch das Interview am 17.06.2017.

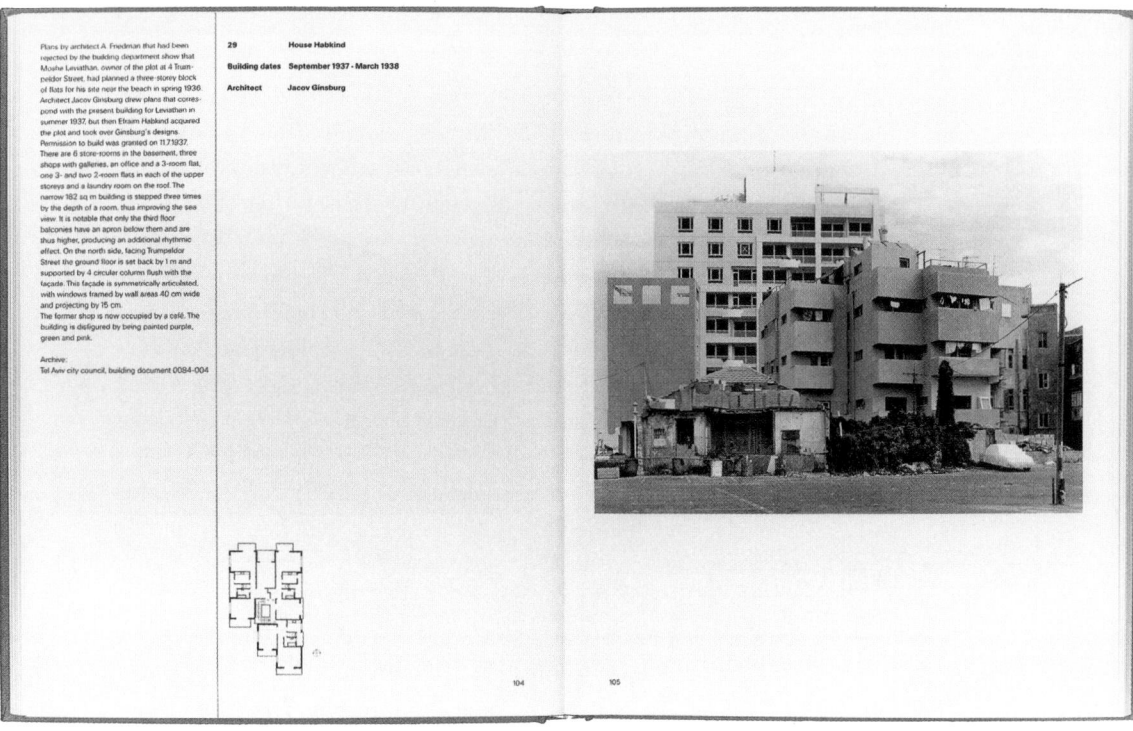

15

Lediglich drei Aufnahmen[93] geben einen Einblick in die unterschiedlichen Schichten städtischer Entwicklung. Dabei zeigt beispielsweise die Aufnahme des *Hauses Habkind* (1937–1938, Jacov Ginsburg,) in der Trumpeldor St. 4 neben dem architekturmodernen Gebäude ein eingeschossiges, offenbar unbewohntes Haus mit Zeltdach, das wahrscheinlich vor 1920 entstand, und einen Neubau aus den 1980er Jahren. (Abb. 15) *Haus Habkind* ist heute nicht mehr erhalten; beispielhaft verdeutlicht es, dass Bauten mit Hilfe der Fotografie und ihrer Auswahl für eine Veröffentlichung Bedeutung beigemessen wird, die in der konkreten politischen, planerischen und ökonomischen Entwicklung der Stadt keine Relevanz hat. Von dieser Entwicklung sind weitaus prominentere und für das kommunikative / kulturelle Gedächtnis der Stadt relevantere Bauten ebenfalls nicht ausgeschlossen: So wurde Anfang Oktober 2017 in der Allenby St. 58 das *Haus Shlosburg / Rimon Cinema* zerstört, das ab 1934

93  Haus Habkind (1937–1938, Jacov Ginsburg), Trumpledor St. 4. In: Nerdinger (Hrsg.): *Tel Aviv – Neues Bauen*, S. 104–105; Haus Tik (1935–1936, Jacov Palnitzki (Palni)), Chelenov St. / HaCongress St. In: Ebd., S. 186–187; Tel Aviv Central Market (1938, Jacov Shifman, Itzchak Reich), Ha'Aliya St. / Chelenov St. / Wolfsohn St. In: Ebd., S. 218–219.

von Shlomo Gepstein (1882–1961) errichtet wurde.[94] (Abb. 16 & 16a) Kamp stellte Ende 2018 bei einer erneuten Recherche zu den von ihr Ende der 1980er Jahre fotografierten Gebäuden fest, dass sieben weitere abgerissen worden waren.[95] So zeigt sich, dass allein die Zugehörigkeit zu einem Image und eine Relevanz für die Architekturgeschichtsschreibung keine Werte darstellen, die sie schützen.

Die Fotografin zeigt in dem Katalog rund 30 Bauten, die sich außerhalb der heute als White City wahrgenommenen Bereiche im Zentrum der Stadt befinden. Damit bezog sie Gebäude ein, die in Florentin liegen oder in dem Areal, das ab 1909 zu Achusat Bajit[96] gehörte. Sie wählte des Weiteren mehrere Bauten aus, die am Rand des Viertels Neve Sha'anan[97] stehen, einer Anfang der 1920er Jahre gegründeten Siedlung nördlich der Central Bus Station, die heute in weiten Teilen vernachlässigt ist und keinen guten Ruf hat, etwas, das vor allem mit der hohen Zahl an migrantischen Bewohner:innen, schlechten sozialen Bedingungen und einer großen Armut in Zusammenhang gebracht wird. Schließlich hat Kamp noch mehrere Bauten im südwestlichen Teil der Stadt, der historisch von der Bahnlinie nach Jerusalem sowie von Florentin und Neve Sha'anan gerahmt ist,[98] aufgenommen sowie ein einzelnes Haus aus Ramat Gan,[99] einer Stadt,

---

94 Zum beginnenden Abriss vgl. whitecitytelaviv. In: *Instagram*, 17.10.2017. https://www.instagram.com/p/BaXU7ivD6u4/ (Zugriff am 27.07.2018). Zur Geschichte des Gebäudes: Noam Dvir: The Party Is Over. In: *Haaretz*, 15.02.2011. https://www.haaretz.com/israel-news/culture/1.5122626 (Zugriff am 27.07.2018). Kamp widmet diesem Gebäude – als einem von nur wenigen – drei Bilder. Vgl. Nerdinger (Hrsg.): *Tel Aviv – Neues Bauen*, S. 90–93.

95 Die Aufnahmen von 2018 wurden ab April 2019 im Rahmen einer Ausstellung in der Architektenkammer NRW in Düsseldorf gezeigt. Vgl. E-Mail von Irmel Kamp, 20.01.2019. Daneben seien 45 Gebäude „als Baukörper unversehrt erhalten [...], meist nur etwas schlechter im Zustand als vor 30 Jahren" und „manchmal eingezwängt in nahe stehende Hochhäuser. [...]. 8 Bauten sind aufgestockt und damit auch nicht mehr vorhanden. Von diesen wurden 7 gleichzeitig restauriert, 1 nur aufgestockt. 16 Bauten sind restauriert und erhalten, 3 werden gerade restauriert, 1 ist restauriert und verändert, 2 sind verhüllt, und noch eins ist erhalten, aber von Bäumen verdeckt."

96 So u.a. die ehemalige Synagoge „Talmud Temple" (1933–1934/37, Philip Hütt, Eliyahu Wolman) in der Yehuda HaLevi St. 13, vgl. Nerdinger (Hrsg.): *Tel Aviv – Neues Bauen*, S. 118–119, oder das Haus Goodman (1935, Philip Hütt) an der Kreuzung Herzl St. / Lilienblum St., vgl. ebd., S. 120–121.

97 Haus Amir – Calamaro – Errera (1935, Arieh Cohen) an der Ecke Rosh Pina St. / Ayelet Hahashar St. In: Ebd., S. 78–79; Haus Brushek – Ephraty – Marmor (1937 Itzchak Klevansky), Hagra St. 27. In: Ebd., S. 142–143; Haus Levy (1934–1935, Shimon Hamadi Levy), Levanda St. 56. In: Ebd., S. 144–147. Metzger-Szmuk: *Dwelling on the Dunes*, S. 178, gibt Arieh Cohen als Architekten an.

98 Exemplarisch Haus Vilozni (1936–138, Pinchas Biezunski), Mikveh Yisrael / Hachashmal St. In: Nerdinger (Hrsg.): *Tel Aviv – Neues Bauen*, S. 66–67.

99 Mutmaßlich erfolgte die Auswahl aufgrund der Prominenz des Architekten; Haus Saslawsky wurde 1938 von Josef Neufeld realisiert und befindet sich in der Allonim St. 5. Vgl. ebd., S. 180–181.

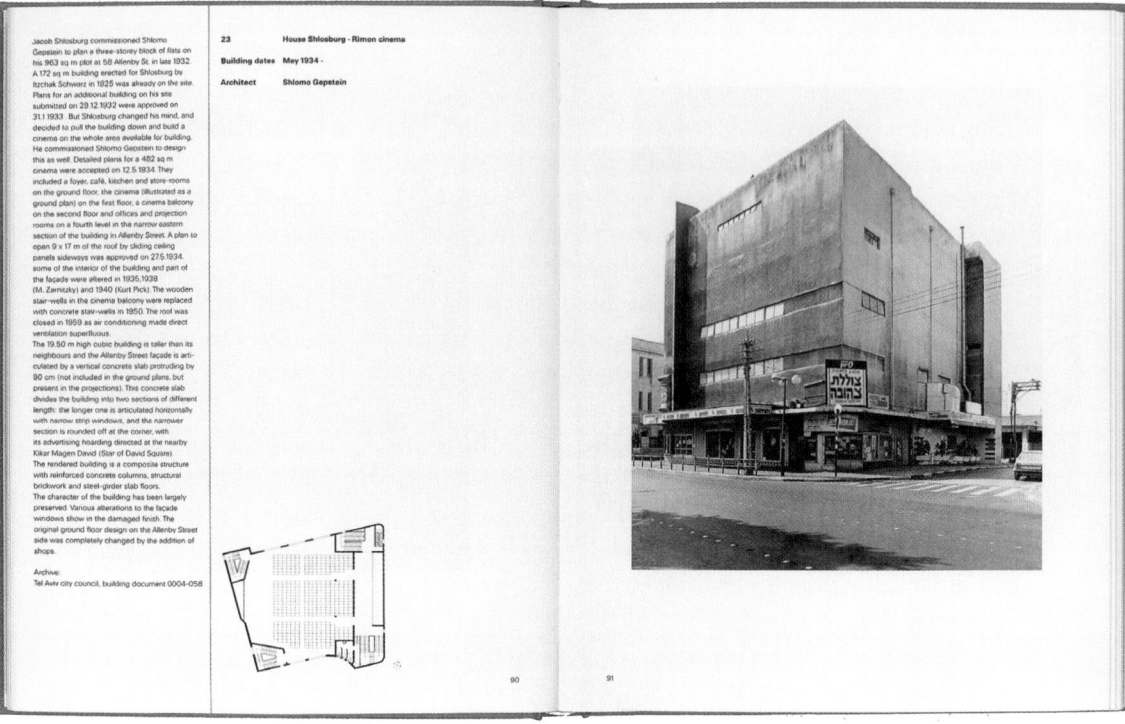

16

die aus einem 1921 gegründeten Moschaw entstand. Kamp macht deutlich, dass die Architekturmoderne nicht nur die Entwicklung der Stadt nach Norden kennzeichnet, sondern dass sie vielmehr das Baugeschehen und damit das Erscheinungsbild anderer Viertel ebenfalls beeinflusste. Die Fotografien zeigen, dass es neben den freistehenden Baukörpern, die ein Charakteristikum der nördlich gelegenen Regionen sind, weitere bauliche Lösungen gab, die zum Beispiel in Florentin zu ihrer Einbindung in eine Blockrandbebauung führten.[100] Die genannten Aspekte spielen in den im Folgenden noch zu besprechenden Veröffentlichungen keine Rolle mehr. Kamps Arbeit ermöglicht einen Blick auf die Vielfalt baulicher Lösungen und auf die Verbreitung der modernen Architektur. Ihre Auswahl widerspricht einer Lesart der Stadtgeschichte, welche die Stringenz der Entwicklung nur in den Epochen sieht und in der planerischen Ausdehnung der Stadt nach Norden im Kontext des Geddes-Plans.

Die Texte zu den einzelnen Gebäuden zeigen, dass nicht nur das Bild der Fassaden, sondern zudem die frühe Baugeschichte zum Gegenstand wurde. Die Darstellung der

100  Beispielhaft sei verwiesen auf Haus Ehrlich (1933–1934, Ze'ev Haller, H. Weinstein), Herzl St. / Florentin St. In: Nerdinger (Hrsg.): *Tel Aviv – Neues Bauen*, S. 112–113, das Haus Carasso (1938–1939, Arieh Cohen) in der Jaffa St. 34, vgl. ebd., S. 80–81, oder das an der südlichen Grenze zu Giv'at Herzl und Shapira gelegene Fabrikgebäude Haus Halpern (1937, Alexander Penn) in der Salameh St. 56, vgl. ebd., S. 190–191.

Bedeutung des Neuen Bauens erfolgt nun nicht mehr über als stilprägend angesehene Details, sondern über Fassaden und Informationen zur Entstehung der Bauten und den daran beteiligten Architekt:innen. Die Schwarz-Weiß-Abbildungen vermitteln einerseits eine Zeitlosigkeit und schärfen den Blick für die Form; andererseits zeigen die einzelnen Bauten das Verstreichen der Zeit seit ihrer Entstehung – die Bilder verweisen auf Alltagsspuren, Verfall und Aneignungen des Raums durch die Bewohner:innen. Gleichzeitig erheben die Fotografien – anders als die von Turner – den Anspruch, dokumentarisch zu sein. Mit dem Katalog als Sammlung von Aufnahmen wird der Eindruck einer Bestandsaufnahme der städtischen Architektur erweckt, die offen auf die Probleme aufmerksam machen will. Der Blick aus Deutschland verweist so auch auf die Bedrohung und mahnt – indirekt – ein Eingreifen zur Rettung an.

Die abschließend im Buch veröffentlichten Biografien von Architekt:innen und Ingenieuren lassen den modernen Aufbau Tel Avivs vor allem als zionistisches Projekt erscheinen: Ihre überwiegende Mehrzahl war (zum Teil Jahre) vor 1933 in Palästina eingewandert, einige waren hier geboren und für eine Ausbildung nach Europa zurückgekehrt. Die Ausbildungsstätten befanden sich vor allem in osteuropäischen Ländern, daneben in Paris, Brüssel, Gent und Rom.[101] Zumindest in der Auswahl

101  Ebd., S. 236–245.

Kamps sind diejenigen, die in unmittelbarer Folge des Machtantritts der National-sozialisten emigrierten, deutlich in der Unterzahl. Dies muss vor allem deshalb betont werden, da in deutschen Veröffentlichungen die Architekturmoderne Tel Avivs (und anderer Städte im heutigen Israel) häufig als direkte Folge der Emigration jüdischer Architekt:innen aus Deutschland vermittelt wird.[102] Denn dass die Auswahl immer eine Frage des gesetzten Schwerpunkts ist, zeigt die erwähnte Veröffentlichung von Myra Warhaftig. Sie führt 29 Architekt:innen auf, die 1933 oder kurz danach von Deutschland nach Palästina geflohen waren. Von ihnen bauten mindestens neun in Tel Aviv, darunter nichtjüdische Architekten, die mit ihren jüdischen Ehepartnerinnen emigriert waren.[103]

Kamps Engagement geht auf eine Einzelinitiative zurück zu einer Zeit, in der die Bedeutung der Architektur noch lange nicht etabliert war und die Sanierung der Bau-ten eine Ausnahme darstellte.[104] Und während es der Ausstellung von 1984 zu verdan-ken ist, dass sie den Anfang machte, sich der Architektur wieder anzunähern, stellte die knapp zehn Jahre später gezeigte Ausstellung in ihrem Umfang und mit Blick auf die Forschungen zur Baugeschichte eine Pionierleistung dar. 2017 wurden Kamps Fotografien in einer Ausstellung in Berlin gemeinsam mit Bildern ihres Projekts „Les Années Trente" gezeigt,[105] das sie 1996 und 1997 zur modernen Architektur der 1930er Jahre in Brüssel realisierte.[106] So wird die Architektur Tel Avivs mit den in der Präsen-tation der Bilder innewohnenden Vorstellungen vom städtischen Raum in die Gegen-wart transportiert und gleichzeitig der Moderne einer europäischen Stadt – über die man in Deutschland mutmaßlich weniger weiß – gegenübergestellt. Die Bauten in Tel Aviv werden so in eine allgemeine Geschichte der Architekturmoderne eingeordnet, bei der unterschiedliche Facetten deutlich werden. Gleichzeitig verweist die Ausstel-lung noch auf eine weitere Verbindung: In Brüssel bzw. Belgien befanden sich wichtige Ausbildungsstätten von Architekt:innen, die ab den 1920er Jahren unter anderem in Palästina tätig wurden.

102 Vgl. hierzu auch Kap. „White City beschreiben".
103 Vgl. Warhaftig: *Sie legten den Grundstein*, S. 164–375.
104 So wurde das bereits genannte *Haus Levy* 1990 saniert. Vgl. Nerdinger (Hrsg.): *Tel Aviv – Neues Bauen*, S. 144.
105 Thomas Fischer: Irmel Kamp. Neues Bauen in Tel Aviv and Brussels, 2017. http://www.galeriethomasfischer.de/exhibitions/irmel-kamp-neues-bauen-in-tel-aviv-and-brussels (Zugriff am 21.04.2017). Thomas Fischer schulde ich meinen Dank für seine Unterstützung.
106 Zum Konzept der Ausstellung schrieb Thomas Fischer in einer E-Mail vom 04.05.2017: „Wir haben die Arbeiten sehr stark nach der Fotografie, also nach dem Bild ausgesucht. Dazu haben wir Bilder versammelt, die zusammen im Raum gut funktionieren. Es gibt keinen didaktischen Faden. Ausser dass im ersten Ausstellungsraum Bruessel zu sehen ist und im zweiten und dritten Tel Aviv. Es sind ja immer auch Portraits von Staedten."

Parallel zur Ausstellung *Tel Aviv. Neues Bauen 1930–1939 / Tel Aviv. Modern Architecture. 1930–1939* begann die Architektin Nitza Szmuk Anfang der 1990er Jahre mit der Erfassung der Bauten, die eine Entwicklung von Kategorien zu ihrer Systematisierung nach sich zog. Es wurde dabei eine Ordnung hergestellt, die bestimmte Bauten als bedeutsamer für die Epoche erscheinen lässt. Dies geschah über die Namen einzelner Architekt:innen und anhand bautypologischer Gestaltungsmerkmale.

Aus der Arbeit Szmuks folgte 2003 der Eintrag in die Liste als Weltkulturerbe der UNESCO und die Ausstellung *Tel-Aviv's Modern Movement*. Sie wurde zwischen Mai und August 2004 im Helena Rubinstein Pavilion for Contemporary Art in Tel Aviv zum ersten und nach Stationen in Kanada, Österreich, Deutschland, der Schweiz und Russland zwischen Februar und April 2014 als *The White City – Tel Aviv's Modern Movement* im Finnischen Architekturmuseum in Helsinki zum – vorerst – letzten Mal gezeigt. Einzelne Fotografien, ein Modell und ein kurzer Film sind bis heute permanent im Shalom Meir Tower in Tel Aviv zu sehen. Schließlich resultieren aus ihrem Wirken zwei Publikationen, die ebenfalls 2004 veröffentlicht wurden. Parallel zur gleichnamigen Ausstellung erschien *Tel Aviv's Modern Movement. The White City of Tel Aviv. A World Heritage Site*.[107] Das Buch beinhaltet den Antrag zur Aufnahme in die UNESCO-Liste und stellt 60 – der 180 – Bauten vor, die nach den strengen Auflagen des Denkmalschutzes in ihre ursprüngliche Form zurückgeführt werden müssen. Weder die Auswahl der ursprünglich 180 noch die der davon hier gezeigten 60 wird erläutert. Abgebildet werden die zur Straße ausgerichteten Fassaden, als charakteristisch angesehene Details sowie kleine Grundrisse. Dargelegt werden zentrale bauliche Merkmale des Originalzustands der Gebäude. Einbezogen sind Bauten, die in den 1950er Jahren errichtet wurden.[108]

Außerdem erschien die englisch/französische Veröffentlichung *Dwelling on the Dunes. Tel Aviv. Modern Movement and Bauhaus Ideals*,[109] die als die umfangreichste zu bezeichnen ist und in ihrem Titel eine starke Verbindung zum deutschen Bauhaus herstellt. Sie typologisiert die Bauten nach öffentlich, halböffentlich, genossenschaftlich und privat, ferner anhand ihrer Gestaltungselemente, so unter anderem in symmetrische und asymmetrische Fassaden oder L- und U-förmige Grundflächen. Jeder dieser Kategorien ist ein einführender Text gewidmet. Verwendet worden sind Schwarz-Weiß- und vereinzelt Farb-Fotografien, neben zeitgenössischen Aufnahmen historische. Letztere erinnern an die strahlende Klarheit der ursprünglichen Bausubstanz, an das Bild,

---

107 Municipality of Tel Aviv-Yafo (Hrsg.): *Tel-Aviv's Modern Movment. The White City of Tel-Aviv. A World Heritage Site*. Tel Aviv: Selbstverlag 2004.

108 Die Dokumentation findet sich ebd., S. 72–136. Das letzte hierbei aufgenommene Gebäude (ebd., S. 136) entstand 1959 nach Plänen von Dov Karmi in der Zlocisti St.

109 Metzger-Szmuk: *Dwelling on the Dunes*. Die verwendeten Fotografien stammen von 15 verschiedenen Fotografen.

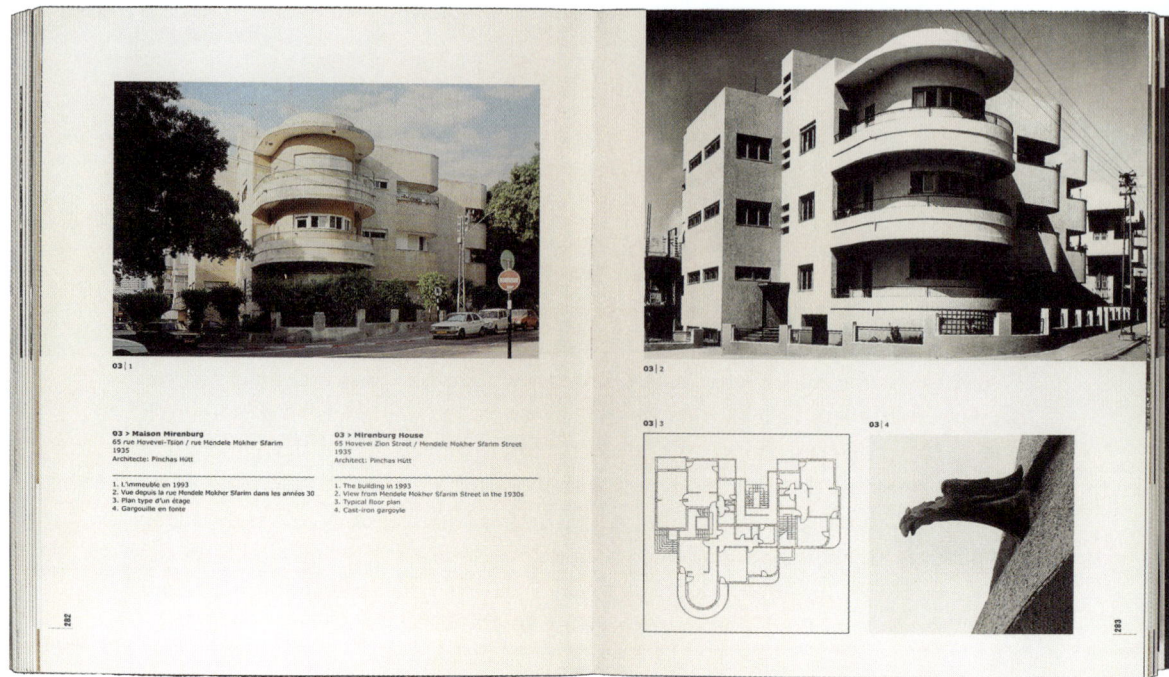

03 | 1

03 | 2

03 | 3

03 | 4

**03 > Maison Mirenburg**
65 rue Hovevei-Tsion / rue Mendele Mokher Sfarim
1935
Architecte: Pinchas Hütt

1. L'immeuble en 1993
2. Vue depuis la rue Mendele Mokher Sfarim dans les années 30
3. Plan type d'un étage
4. Gargouille en fonte

**03 > Mirenburg House**
65 Hovevei Zion Street / Mendele Mokher Sfarim Street
1935
Architects: Pinchas Hütt

1. The building in 1993
2. View from Mendele Mokher Sfarim Street in the 1930s
3. Typical floor plan
4. Cast-iron gargoyle

17

das es wieder herzustellen gilt. Insgesamt liegt der Schwerpunkt der Darstellung auf den Fotografien. (Abb. 17) Die überwiegende Zahl der Bauten wird in mehreren Abbildungen gezeigt, das heißt neben Fassaden aus verschiedenen Perspektiven gibt es Aufnahmen von Treppenhäusern, Eingangssituationen, Balkonen, Brunnen und Fliesen zu sehen. Ergänzt werden die Abbildungen um den Titel des Hauses, den Namen des Architekten oder der Architektin und um das Baujahr. Allerdings wurden die Bauten unterschiedlich gewichtet: Während einige jeweils nur mit einem Schwarz-Weiß-Bild vorgestellt werden, bekommen andere mehrere Fotografien und sind zum Teil um Grundrisse und kleine Texte erweitert. Letztere beschränken sich auf Beschreibungen gestalterischer Merkmale und verzichten auf Ausführungen zur Baugeschichte. Ferner gibt es Texte zur allgemeinen Einführung, die auf die frühe Stadtplanung und -entwicklung sowie die europäisch geprägte Architektursprache eingehen, und zu den Biografien von 22 Architekten und einer Architektin.

*Dwelling on the Dunes* thematisiert ebenfalls den Faktor Zeit, die bautypologischen Merkmale und die Details, ordnet die beiden letztgenannten aber Kategorien zu, innerhalb derer die einzelnen Bauten dann als Beispiele dienen. Die Bedeutung der White City wird so nicht über den Einzelbau und seine Besonderheiten, sondern über den Bestand mit seinen vielfältigen Lösungen herausgearbeitet. Szmuk konzentriert sich mit der Auswahl der Beispiele und Bilder auf die unmittelbaren innerstädtischen Areale beginnend nördlich des Rothschild Blvd. bzw. in dem Gebiet zwischen HaRakevet St. und Marmorek St. Nur sieben Ausnahmen lassen sich finden, darunter das *Calamaro Haus*,[110] das *Citrus Haus*[111] und das *Shimon Levi Haus*[112] – drei Bauten, die auch bei Kamp abgebildet sind. Lediglich zwei Gebäude außerhalb der Stadt Tel Aviv werden gezeigt: Das von Erich Mendelsohn 1936 in Rechovot gebaute Haus für den Chemiker und späteren ersten israelischen Staatspräsidenten Chaim Weizmann (1874–1952) wird als erster Bau in der Kategorie „Town Houses" mit zahlreichen Abbildungen und einem Text vorgestellt.[113] Das zweite Beispiel ist das *Cohen Zedek Haus* in Bnai Brak, das 1938 nach Plänen von Heinz Rau (1896–1965) entstand.[114] Szmuk hat in ihre Veröffentlichung zudem gleichfalls das bereits genannte, mittlerweile abgerissene *Rimon Cinema* aufgenommen.[115]

Die Fotografien in Szmuks Publikation verdeutlichen die Diskrepanz zwischen der historischen Bausubstanz, die dem Idealbild der klassischen Moderne mit ihrer weißen, klaren und minimalistischen Architektursprache entspricht, und dem Zustand, in welchem sich die tatsächliche Architektur nach jahrelanger Vernachlässigung der Bausubstanz, nach Umbauten aufgrund gestiegenen Platzbedarfs und infolge der schlechten Baumaterialien befand. Der Wert des Architekturerbes wird über die Abbildung seines ursprünglichen Zustands hergestellt; die jeweils aktuellen Bilder zeigen – ebenso wie die Aufnahmen von Irmel Kamp es 1993 bereits taten – einerseits die Notwendigkeit, die Bauten zu sanieren, um sie in ihrem Bestand zu retten, andererseits legen sie nahe, Umbauten rückgängig zu machen, da nur der verlorene historische Zustand dem Ideal, dem eigentlichen Wert der White City entspricht.

Aufbau, Inhalt und Anordnung beider Veröffentlichungen erinnern an eine sehr frühe Auseinandersetzung und Vermittlung der Architekturmoderne Tel Avivs: Die 1937 erschienene Sonderausgabe der *L'architecture d'Aujourd'hui*, die der aus Deutschland stammende Architekturkritiker und -historiker Julius Posener (1904–1996) gemeinsam mit dem im Mandatsgebiet Palästina tätigen Architekten Sam Barkai (1898–1975) produzierte, stellte neben allgemeinen Texten zur Geschichte der Stadt einzelne Bauten mittels Fotografien, Grundrissen und kurzen Beiträgen vor. Sie nahmen grundlegend eine Unterteilung in Bauaufgaben vor: Wohnen in Mehrfamilien-, Genossenschafts- und Einzelhäusern, Geschäftsbauten, öffentliche Bauten. Die Verbreitung der in Paris herausgegebenen Zeitschrift dürfte zu den ersten Versuchen gehört haben,

---

110 Rosh Pina St. 26, Arieh Cohen, 1935. In: Ebd., S. 238.
111 Menahem Begin Road 19, Carl Rubin, 1935. In: Ebd., S. 389–391.
112 Levanda St. 56, Arieh Cohen, 1934–1935. In: Ebd., S. 178. Kamp-Bauder gibt Shimon Hamadi Levy als Architekten an, vgl. Nerdinger (Hrsg.): *Tel Aviv – Neues Bauen*, S. 144.
113 Metzger-Szmuk: *Dwelling on the Dunes*, S. 332–337.
114 Ebd., S. 351.
115 Ebd., S. 440–441.

das Baugeschehen in Palästina und besonders in Tel Aviv einem größeren Publikum in Europa bekannt zu machen. Das Neue Bauen zu diskutieren und zu vermitteln, war zudem ein Anliegen jener Architekten, die 1932 in Tel Aviv den Chug (dt. Ring) gründeten: Zwischen Dezember 1934 und Sommer 1937 gaben sie zunächst zehn Ausgaben einer Zeitschrift mit dem Namen *Habinyan Bamisrach Hakarov* heraus, zwischen August 1937 und August 1938 dann drei Ausgaben von *Habinyan. A Magazine of Architecture & Town Planning*. Dabei wurden, ebenfalls nach Bauaufgaben getrennt, Gebäude unter anderem mit Hilfe von Fotografien vorgestellt.[116]

Insgesamt verbindet die Kataloge von Turner, Kamp und Szmuk, dass sie mit den in ihnen veröffentlichten Fotografien die White City visuell sowohl aus dem Kontext der Geschichte als auch aus ihrer Umgebung herauslösen. Die White City wird ohne Vorgeschichte und als eigentlicher Bestand, als wesentlicher Kern und Charakteristikum der Stadt inszeniert. In diesem Zusammenhang fand eine zunehmende Verengung des Blicks im städtischen Raum statt: Während Judith Turner und Michael Levin Bauten außerhalb Tel Avivs einbezogen, zeigt Irmel Kamp einzig Gebäude in Tel Aviv, allerdings im gesamten Stadtgebiet inklusive seiner südlichen Regionen. Durch Nitza Szmuk erfolgt dann die weitgehende Verengung auf den innerstädtischen Teil Tel Avivs. Die drei Publikationen verbindet, dass sich mit den fotografischen Darstellungen auf die Außenansichten der Gebäude konzentriert wird. Wenn Kamp oder Szmuk Grundrisse zeigen, sind diese maßstabslos und zu klein, um aussagekräftige Informationen zu vermitteln. Bilder der Innenräume fehlen – bis auf einzelne Treppenhäuser – gänzlich. Mit anderen Worten: Die Auseinandersetzung mit und die Vorstellung der Architektur erfolgen über die der öffentlichen Straße zugewandten Fassaden. Bedingungen für die Bewohner:innen, inwieweit der zur Verfügung stehende Wohnraum zum Beispiel eine Veränderung gegenüber den Bedingungen in Europa darstellte – immerhin waren soziale Verbesserungen wesentlicher Bestandteil der Vorstellungen vom Neuen Bauen – oder inwieweit die halböffentlichen Räume der Dachterrassen und der Übergänge von Innen und Außen zu den gewünschten Kommunikationsmöglichkeiten und Interaktionen führten, werden weder untersucht noch erwähnt. Menschen sind – mit Ausnahme einiger weniger Aufnahmen von Irmel Kamp – abwesend. Den offensichtlichsten Hinweis auf die Möglichkeit ihrer Anwesenheit stellen an den Straßenrändern abgestellte Autos dar. Die Bedeutung Tel Avivs als erste moderne jüdische Stadt mit einem öffentlichen und urbanen Leben spielt für die hier untersuchten Medien keine Rolle. Jene sowie die Vorgeschichte der White City zu vermitteln, mussten andere Darstellungen übernehmen.

---

116 Vgl. Ines Sonder: „Habinyan Bamisrach Hakarov". Der Bau im Nahen Osten. Die erste hebräische Architekturzeitschrift im Lande Israel (1934–1938). In: *David*, 2011. http://davidkultur.at/artikel/8222habinyan-bamisrach-hakarov8220-8211-der-bau-im-nahen-osten (Zugriff am 25.01.2019); Ronny Schüler: The Transfer of Media Strategies. Habinyan Bamisrach Hakarov. In: Schüler / Stabenow (Hrsg.): *Vermittlungswege der Moderne*, S. 181–205.

## Bilder der Stadt II. Das Bild in der Stadt

Für die Errichtung des Shalom Meir Tower im Jahr 1965 wurde das Herzl-Gymnasium, Mittelpunkt der Siedlung Achusat Bajit, abgerissen. Gleichwohl markiert seine nicht mehr vorhandene physische Existenz einen Fixpunkt in jeder Erzählung zur Entstehung des heute hier situierten Gebäudes. Dieses ist ein öffentlicher Ort mit städtischen Einrichtungen, privaten Büros und Geschäften. In zwei Eingangsbereichen sowie in den ersten folgenden Geschossen werden mehrere Ausstellungen gezeigt, die im Wesentlichen unterschiedliche Aspekte der (frühen) Stadtgeschichte zeigen, darunter die erwähnte Ausstellung *Tel Aviv's Modern Movement*. Zu ihr gehören ein kurzer Film über die Architektur Tel Avivs, ein großes städtebauliches Modell, Fotografien und Tafeln. Auf ihnen werden allgemeine Informationen zur Stadtgeschichte gegeben, so zum Beispiel zum Geddes-Plan, sowie einzelne Bauten mit Fotografien und kurzen Texten vorgestellt. Es sind Gebäude einbezogen, die in den 1950er Jahren errichtet wurden, darunter das 1957 eingeweihte *Mann Auditorium* von Dov Karmi und Ze'ev Rechter (1899–1960). Verwendet werden historische Schwarz-Weiß-Aufnahmen, mit denen die Häuser in ihrem Originalzustand gezeigt werden. Bei der Auswahl der Bauten konzentrierten sich die Akteur:innen – analog zum Anlass der Präsentation – auf die städtischen Bereiche, die von der UNESCO als Kerngebiete bestimmt wurden. Das Modell präsentiert die White City im Wortsinn als „weiß",[117] die Bauten sind dabei auf Sand gesetzt. Damit wird die Geschichte der Stadt als Ergebnis einer Urbarmachung der Ödnis und Unwirtlichkeit präsentiert, gleichwohl sind die südlichen Stadtgebiete einbezogen. Da das Modell vom Anfang der 2000er Jahre stammt, spiegelt es einen Zustand wider, der heute in einigen Teilen der Stadt kaum noch aufzufinden ist. Es könnte damit selbst als ein Medium betrachtet werden, das einen Zustand und damit Informationen zu einer Geschichte aufbewahrt, die bereits wenige Jahre später obsolet geworden ist und mit einer Architektur, die weiterhin verändert und dabei zum Teil zerstört wird. Denn wer die heutige städtische Situation zum Beispiel entlang des Strandes gut kennt, wird mit Hilfe des Modells sehr schnell feststellen, dass nahezu auf allen Grundstücken die historische Bebauung abgerissen und durch Hotels und Appartement(hoch)häuser ersetzt wurde. Indirekt wird so hier die bereits bei Kamp angesprochene Frage nach dem Wert und der Bedeutung des Einzelbaus weiterhin gestellt.

Angrenzend gibt es Präsentationen zur Stadt in den 1920er Jahren, in der eklektizistische Architektur als Einzelbau und in einzelnen Straßenzügen gezeigt wird. Dies geschieht mit Hilfe von historischen Schwarz-Weiß-Aufnahmen sowie mit den Modellen einzelner Häuser. Hier erreicht die Fokussierung auf die Straßenfassaden eine neue Ebene: Die Modelle zeigen lediglich diese; die Bauten haben kein Volumen, keine Tiefe, das heißt keinen Innenraum mehr. Ergänzend werden mit einer Ausstellung

---

117 Ausnahmen bilden Gebäude der jüngeren Geschichte, in der Regel Hochhäuser.

18

von Fotografien, die Ze'ev Aleksandrowicz (1905–1992) in der ersten Hälfte der 1930er Jahren aufnahm, Menschen und urbanes Leben in die Erzählungen zur Stadtgeschichte eingebunden. Ergänzend finden sich entlang der Büroflure Schwarz-Weiß-Fotografien, die als Einzelaufnahmen in Bilderrahmen aufgehängt sind. (Abb. 18) Es handelt sich wiederum um historische Aufnahmen, bei denen die zur Straße ausgerichtete Fassade abgebildet und der Einzelbau aus seiner Umgebung gelöst ist.

Mittels dieser und weiterer Ausstellungen auf anderen Geschossen und in angrenzenden Bereichen ist die Architektur der White City eingebunden in die Präsentation einer größeren Erzählung. Sie ist hier eine Ebene der Entwicklung, die eine Vor- und eine – wenn auch deutlich weniger komplex dargestellte – Nachgeschichte hat. Der Bogen wird von der Gründung von Achusat Bajit bis zum Bau des Shalom Meir Tower in den 1960er Jahren gespannt. Die Bauten und die Geschichte der White City sind nur ein Aspekt, wenngleich aufgrund des Umfangs und des städtischen Modells ein prominenter. Gleichwohl ist die Erzählung zu den ersten zwei Jahrzenten in ihren Zugängen und in ihren Medien vielfältiger: Hier werden nicht nur die Bauten in ihren Fassaden ausgestellt, sondern Hinweise auf die Entstehung des städtischen Lebens und die technische, soziale und urbane Entwicklung gegeben: So thematisiert eine kleine Ausstellungssektion die ersten Cafés in der Stadt. Und das prominent im

Eingangsbereich angebrachte Mosaik von Nahum Gutman (1898–1980) zeigt in vier Sektionen Aspekte der frühen Stadtgeschichte. Damit wird eine dezidiert künstlerische Übersetzung und Interpretation in die Erzählung integriert.[118]

Das Modell zu Achusat Bajit ermöglicht einen besseren Blick auf die Details und die Verschiedenheit der ersten Bauten; das Modell zur White City zielt dagegen auf einen Überblick und den Eindruck von Masse und Quantität. Es korrespondiert mit einer Erzählung, die die Bedeutung der Stadt über den Umfang der architekturmodernen Bauten herstellt. Insgesamt werden diese Ausstellungen, indem sie in ein öffentliches Gebäude integriert sind, in das alltägliche Leben der Menschen eingebunden: Hier sind auch Bewohner:innen mit der Geschichte konfrontiert, die sich nicht explizit entschieden haben, eine Ausstellung aufzusuchen.

Anders im Bauhaus Center: Es zeigte[119] zwischen 2003 und 2015 unter anderem als wiederkehrende Dauerausstellung die Präsentation *Revival of the Bauhaus in Tel Aviv*.[120] Ihre Etablierung stand in engem Zusammenhang mit der Anerkennung als Weltkulturerbe durch die UNESCO. Im Unterschied zu den oben genannten Präsentationen wurde hier die Vermittlung der Architektur mit der Renovierung einzelner Bauten verknüpft. Dies ist bemerkenswert, da zu diesem Zeitpunkt zwar bereits ein Bewusstsein für den schlechten Zustand vorherrschte, ihre Sanierung allerdings nur in Einzelfällen erfolgt war.[121] Die Ausstellung kann daher als Versuch verstanden werden, Lösungen für anstehende Aufgaben aufzuzeigen. Auffällig ist, dass Bauten aufgenommen wurden, die erst um die Jahrtausendwende entstanden waren – ein Novum mit Blick auf alle hier behandelten Medien. Mit diesen Beispielen wurde die Wiederkehr von Elementen, Details und gestalterischen Ansätzen thematisiert – eine

118  The Mosaics of Migdal Shalom (Shalom Tower) Tel Aviv. In: *Israel in Photos*, o. D. http://www.israelinphotos.com/2012/11/the-mosaics-of-migdal-shalom-shalom.html (Zugriff am 03.02.2018).

119  Für einen Überblick zu den Ausstellungen: Bauhaus Center Tel Aviv: Bauhaus Center Gallery: Exhibitions. http://www.bauhaus-center.com/gallery/ (Zugriff am 06.08.2018).

120  Vgl. Shmuel Yavin: *Revival of the Bauhaus in Tel Aviv. Renovation of the International Style in the White City*. Ausstellungskatalog. Tel Aviv: Bauhaus Center 2007. Die folgenden Darstellungen gehen zurück auf eine Besichtigung im Juni 2013. Im Juni 2015 eröffnete eine überarbeitete Version, begleitet wiederum von einem Katalog. Beide tragen den Titel: *Preservation and Renewal. Bauhaus and International Style Buildings in Tel Aviv* und wurden von Micha Gross herausgegeben und kuratiert. Auffällig ist bei dem Titel, dass sowohl das Bauhaus als auch der International Style als Zuordnungskategorien genannt werden. Die Ausstellung wird auch außerhalb Israels gezeigt, so vom 01.03.2018 bis 13.04.2018 im Lettischen Architekturmuseum in Riga.

121  So heißt es in einer Beschreibung des Bauhaus Center: „Conservation of the White City had just begun then, and seemed relevant mainly to professionals in the field." (Bauhaus Center Tel Aviv: Preservation and Renewal: Bauhaus and International Style Buildings in Tel Aviv, 2015. https://www.bauhaus-center.com/gallery-art-exhibition/preservation-renewal-bauhaus-international-style-tel-aviv/ (Zugriff am 23.04.2017).)

Auseinandersetzung um die Wirkung und den Einfluss der Architektur bis in die Gegenwart, die bedauerlicherweise bisher in anderen (fotografischen) Projekten nicht weiter verfolgt wurde.

Die Ausstellung umfasste 25 Tafeln, auf denen je ein Gebäude vorgestellt wurde. Jeweils rund zwei Drittel der Tafel wurden von einer Farbfotografie eingenommen. Sie zeigte eine der Außenfassaden, in einigen Fällen ergänzt um kleinere Detailaufnahmen. Auffällig ist, dass die Fotografien insgesamt keine Systematik oder eine formale, verbindende fotografische Sprache erkennen ließen. Deutlich sichtbar ist lediglich das Bemühen, einen möglichst großen Teil der Fassade abzubilden. Ergänzt wurden diese Fotografien von Architekturzeichnungen mit Ansichten und Perspektiven, die mutmaßlich von den originalen Entwürfen stammten, sowie in einigen Fällen von Lageplänen. Zudem gab es – jeweils in englischer und hebräischer Sprache – zwei Textfelder. Im oberen fanden sich Angaben zur Adresse, zum Baujahr, zum Namen des Gebäudes und zu seinen Architekt:innen. Daran schlossen sich Name, Adresse und Kontaktdaten des Büros an, dass die Sanierung durchgeführt hat. Das zweite Feld beschrieb knapp das originale Gebäude und – oft etwas umfangreicher – die Maßnahmen zu seiner Sanierung, dem teilweise erfolgten Rückbau, der eine Angleichung an die historische Fassadengestaltung nach sich zog, und zu den erfolgten Aufbauten, die die Addition von bis zu drei Geschossen bedeuteten.

Die Ausstellung betonte mit der Zusammenstellung der Bilder und Bauten bestimmte Merkmale der Architektur, etwa ihre Gradlinigkeit, die Dynamik der Balkone, Symmetrien ebenso wie Asymmetrien in der Anlage oder die hervorgehobenen Ecklösungen an Straßenkreuzungen. Dabei war die Aufmerksamkeit für die Gestaltung der Dächer und Eingangszonen deutlich nachgeordnet. Eine thematische Schwerpunktsetzung oder Kriterien einer Auswahl waren nicht erkennbar. Bestenfalls könnte man sagen, dass ein Spektrum baulicher Lösungen für Sanierungen und Aufbauten gezeigt wurde; aber auch hier ist kaum ein systematischer Ansatz herauszulesen. Außerdem war nicht die Etablierung der Stadt als White City das Ziel; die Bilder der Fassaden verwiesen vielmehr auf die Nuancen und Möglichkeiten der Farbgebung. Unklar blieb der Bezug der Bauten zum Bauhaus, der im Titel der Ausstellung betont wurde. Der historische Zusammenhang konnte mit Hilfe der gezeigten Inhalte nicht nachvollzogen werden; der Titel generierte lediglich allgemeine Aufmerksamkeit, ein Label und eine (vermeintliche) Zuordnung.

Verbindend war allerdings, dass die Bauten aus einem vergleichsweise engen städtischen Radius ausgewählt worden waren. Bis auf sehr wenige Ausnahmen befinden sie sich südlich der Zamenhof St., westlich der Ibn Gabirol St., nördlich der Maze St. und östlich der Hess St. Dies könnte den Schluss nahelegen, dass nur in diesem städtischen Bereich bis zu diesem Zeitpunkt Sanierungen erfolgt waren; allerdings ist dies sehr unwahrscheinlich. Unabhängig von den Gründen betonte die Ausstellung auf diese Weise ein bestimmtes Areal und verknüpfte es mit einer Architektur, damit einer städtischen Geschichte und ihrer Beziehung zu Europa. Der Einzelbau stand im Vordergrund. Zwar war es nicht Anliegen der Ausstellung, den ihn umgebenden öffentlichen Raum einzubeziehen; auffällig ist das Fehlen jeglicher Bezüge zur Umgebung allerdings vor dem Hintergrund, dass so ein Bild erzeugt wurde, das losgelöst von der tatsächlichen räumlichen Situation ist, trotzdem.

Das eigentliche „Bild in der Stadt" zeigt sich – eine banale Feststellung – natürlich in der Stadt selbst. Mit der materiellen Realität der Bauten, ihren wiederhergestellten ebenso wie vernachlässigten Fassaden, mit den alten und neuen Umbauten, den Umgebungen und Beziehungen, den genutzten ebenso wie den verlassenen Räumen entsteht eine Erzählung, die den Bruch mit den unterschiedlichen Darstellungen offensichtlich werden lässt. Hier unterscheidet sich Komplexität städtischer Wirklichkeit und Entwicklung von einer konstruierten Erzählung, die sich aus der Auswahl an Bauten, Perspektiven und Zeiträumen ergibt. Die Stadt wird die durch die Fotografien erzeugte Gradlinigkeit und Eindeutigkeit nie abbilden können. Umso notwendiger ist die von Medien erzeugte Erzählung zur Konstruktion einer nachvollziehbaren und allgemein zugänglichen Bedeutung. Hier kommt im öffentlichen Raum angebrachten oder aufgestellten Tafeln also die Aufgabe zu, zwischen dem tatsächlichen städtischen Raum und der Erzählung zu vermitteln. Die Darstellungen dienen nicht nur Tourist:innen und gelegentlich auch Einwohner:innen zur Orientierung. Neben der den Tafeln innewohnenden Funktion, einen Ort mit einer Geschichte zu verbinden und ihn so aus seiner Umgebung zu heben, wird ihm bereits aufgrund der simplen Tatsache seiner Kennzeichnung Bedeutung verliehen. (Abb. 5, 12) Darüber hinaus vermitteln die in Tel Aviv etablierten Markierungen sanierter Bauten[122] der 1920er und 1930er Jahre eine Vorstellung von den Gebäuden mit Hilfe reiner, reduzierter Abbildungen von Straßenansichten. Gezeigt wird der bauzeitliche Zustand, also ein historisches Abbild. Dieses wird – bis auf wenige Ausnahmen – in der Darstellung als Zeichnung abstrahiert und so noch einen weiteren Schritt von der Gegenwart entfernt.


## Bilder der Stadt III. Der Blick aus Deutschland

Dass die White City und ihre Architektur(-geschichte) in Deutschland mit eigenen Beiträgen verfolgt werden, zeigte sich bereits mit dem Ausstellungsprojekt des Instituts für Auslandsbeziehungen und des Architekturmuseums München sowie anhand der Fotografien von Irmel Kamp. Nach 2000 wurde das Sujet erneut prominent von Fotografen aufgenommen und führte unter anderem zu drei Veröffentlichungen. Den Anfang machte der Maler, Bildhauer und Fotograf Günther Förg. Anlässlich seiner

---

122  Vgl. hierzu Kap. „Phasen und Medien", S. 38–39.

19

Anfang 2002 im Schillermuseum in Weimar gezeigten Ausstellung von rund 40 großformatigen Schwarz-Weiß-Aufnahmen erschien der Katalog *Bauhaus Tel Aviv – Jerusalem*[123] mit rund 110 Bildern aus Tel Aviv und rund 70 aus Jerusalem. Hier zeigen sich mehrere grundsätzliche Unterschiede zu den bisher vorgestellten Veröffentlichungen: Zunächst fällt auf, dass es keine umfangreichen einführenden Texte zur Geschichte der Stadt und ihrer (baulichen) Entwicklung gibt. In den zwei vorangestellten Beiträgen sind lediglich einige wenige Aussagen zur Architektur zu finden, die sich vor allem auf den mitteleuropäischen Ursprung beziehen und die Namen einiger prominenter Vertreter:innen nennen. Jeder Aufnahme ist nahezu die gesamte Seite gewidmet, auf einem schmalen, zur Buchmitte angeordneten Streifen stehen in der Regel nur der Name der Stadt und der Straße sowie in einigen Fällen des Architekten. Hausnummern fehlen. Eine genaue Lokalisierung des Gebäudes ist so auf den ersten Blick nicht

123  Politischer Club Colonia Köln / Weimar (Hrsg.): *Günther Förg. Bauhaus Tel Aviv – Jerusalem*. Ostfildern-Ruit: Hatje Cantz 2002. Die Ausstellung wurde im November und Dezember 2002 im Tel Aviv Museum of Art gezeigt, einzelne Fotografien später sowohl als Einzelpräsentation, so u. a. zwischen dem 12.03. und dem 24.04.2004 in der Frankfurter Galerie Bärbel Grässlin oder in diversen Werkausstellungen des Künstlers. Für einen Eindruck der Präsentation: Galerie Grässlin: Current. Günther Förg. Fotografien. Bauhaus Tel Aviv – Jerusalem 2001. http://galerie-graesslin. de/exhibitions/fotografien-bauhaus-tel-aviv-jerusalem-2001-guenther-foerg/131/images (Zugriff am 27.07.2018).

möglich und demnach nicht Ziel der Präsentation. Förg beschränkt sich ebenfalls auf die zur Straße ausgerichtete Fassade. Auffällig ist die Ausschnitthaftigkeit vieler Abbildungen. Zudem zeigt er eine Fassade häufig mehrmals, wobei sich Blickwinkel und/oder Abstand nur um wenige Zentimeter verschoben haben dürften. (Abb. 19) Dieses Verfahren hat etwas Tastendes, und in der Folge wird der Eindruck von Dichte und Nähe, den bereits das einzelne Bild ausstrahlt, noch verstärkt. Daneben scheint Förg auf diese Weise den:die Betrachter:in selbst durch die Straßen laufen zu lassen.

Es entsteht ein Spannungsverhältnis zwischen dem Schwarz-Weiß der Aufnahmen, das Zurückgenommenheit und Ruhe verspricht, und den dramatischen Linien der Balkone, die Förg durch die gewählten Ausschnitte, Blickwinkel und die Untersicht produziert. Obwohl er mit rund 30 Bauten von Tel Aviv nur einen ausgesprochen kleinen Teil der vorhandenen Bausubstanz in der Publikation präsentiert, bekommen seine Abbildungen durch die Wiederholungen allgemeingültige Aussagen, mit denen eine Bandbreite von baulichen Lösungen vor allem für Balkone, Fenster und Treppenhausaufgänge präsentiert wird. Förg konzentriert sich – ausgenommen das *Citrus Haus* und das *Shimon Levi Haus* – auf jene Bereiche, die von der UNESCO als Kernregionen des schützenswerten Bestands definiert wurden. Seine Arbeit erhebt insgesamt nicht den Anspruch, zu dokumentieren oder baugeschichtliche Erkenntnisse zu vermitteln. Deutlicher als bei den Büchern von Kamp und Szmuk ist der Wille, Eindrücke und Emotionen zu erzeugen, erkennbar.

2011 unternahm der Politologe, Publizist und Fotograf Johannes Peter mit der Publikation *Bauhaus Tel Aviv. Mythos und Wirklichkeit* den – so viel schon vorab – gewagten Versuch, den Begriff *Bauhaus* gegen den des Internationalen Stils für die Architektur Tel Avivs zu untermauern.[124] Seine Ausführungen sind von großformatigen farbigen Abbildungen begleitet. Gezeigt werden (Ausschnitte von) Außenfassaden. Daneben bildet er Teile von Treppen sowie von einer Eingangssituation ab. Die Aufnahmen verbindet ihre extreme Farbigkeit und deutliche Kontraste. Ein weiteres Merkmal sind radikal untersichtige Perspektiven. Alle drei Stilmittel betonen, schärfen und überhöhen die Gradlinigkeit und das Weiß der Bauten, das in den Fotografien an Reinheit und Makellosigkeit kaum zu überbieten sein dürfte. Die ausgewählten Bauten gehen auf einige wenige namhafte Architekten und eine bekannte Architektin zurück. Vorgestellt werden Gebäude von Oskar Kaufmann (1873–1956), Shani Steinbock (1901–1956), Genia Averbouch (1909–1977), Dov Karmi, Richard Kauffmann, Ze'ev Rechter, Arieh Sharon (1900–1984). Am Ende des Buchs will Peter dann sein Thema noch einmal erweitern: Er zeigt Bauten, die nach 1950 entstanden sind, und lenkt zudem den Blick auf den schlechten Zustand von architekturmodernen Gebäuden, indem er drei nicht

124 Johannes Peter: *Bauhaus Tel Aviv. Mythos und Wirklichkeit*. Berlin: Artshop 2011.

Shani Steinbock
142 Rothschild Blvd
1934

Dov Karmi
9 Gordon St.
1935

20

saniertе Bauten vorstellt, darunter das 1933 errichtete *Haus Engel* von Ze'ev Rechter, dessen Renovierung erst 2019 abgeschlossen wurde.

Insgesamt ist der Ansatz Peters bei der Entscheidung für Abbildungen ein extrem fokussierter, der keinen Anspruch darauf erheben kann, eine Aussage zur Entstehungsgeschichte der Bauten zu machen. (Abb. 20) Die Auswahl lässt die Stadt als Ensemble weniger spektakulärer Bauten erscheinen. Da er neben seinen allgemeinen Ausführungen auf baugeschichtliche Texte ebenso verzichtet wie auf biografische Angaben bleiben seine Fotografien auf die Vermittlung des Visuellen beschränkt.

Während weder Förg noch Peter den Versuch unternehmen, die Komplexität der Stadt abzubilden, ermöglichen die 2012 unter dem Titel *Tel Aviv – The White City*[125] erschienenen Fotografien von Stefan Boness andere Zugänge. Boness, der in seiner Karriere zahlreiche Porträts von Städten schuf,[126] erzeugt mit seiner Arbeit das lebendigste Bild von Tel Aviv. In einigen der farbigen Aufnahmen sind Menschen zu sehen, nicht alle Bilder sind auf einen Einzelbau konzentriert; vielmehr wird zum Teil die unmittelbare

125  Jochen Visscher / Carsten Hueck / Stefan Boness: *Tel Aviv. The White City*. Berlin: Jovis: 2012. Bereits 2014 erschien eine zweite Auflage. Gezeigt wurde die gleichnamige Ausstellung u. a. im September und Oktober 2013 im Bauhaus Center Tel Aviv.
126  Dazu gehören u. a. Asmara in Eritrea, Manchester in Großbritannien und das sächsische Hoyerswerda in Deutschland. Vgl. Stefan Boness: Stories. http://www.iponphoto.com/en/topic/10.reportage.html (Zugriff am 27.07.2018).

21

Umgebung, also die Einbindung in den Stadtraum sichtbar gemacht. (Abb. 21) Die Aufnahmen sind nicht durchgängig nach demselben Muster gestaltet; in kurzer Abfolge variieren die Blickwinkel ebenso wie die abgedruckten Bildformate. Auf diese Weise entsteht eine Abwechslung, die den Anschein von steten Perspektivwechseln evozieren kann.

Boness konzentriert sich auf die Straßenfassaden, Balkone, Fenster und Treppenaufgänge von Bauten nördlich des Rothschild Blvd., nimmt dabei aber Ausnahmen auf, so zum Beispiel das bereits bekannte *Haus Levy* in der Levanda St., hier gemeinsam mit der angrenzenden Bebauung in der Rosh Pina St. 28,[127] oder eine Straßenkreuzung im südlichen Teil von Florentin.[128] Boness zeigt zudem den Fassadenausschnitt eines Gebäudes in Jaffa – ein Novum in allen hier vorgestellten Publikationen. Die Gebäude werden zunächst nur als Bild vorgestellt, erst ein Anhang am Ende des Buchs gibt die Adresse sowie vereinzelt die Namen der Architekt:innen und das Baujahr preis.[129] Dem Sujet *White City* werden insgesamt keine neuen bauhistorischen oder stilistischen

127 Visscher / Hueck / Boness: *Tel Aviv*, S. 24–25, 71.

128 Ebd., S. 68–69.

129 Dabei gibt es allerdings Fehler: So lokalisiert er ein Gebäude in der „57 Israel Mislant St.", das sich an dieser Stelle nicht befindet (ebd., S. 92; zum Gebäude ebd., S. 50–51). Wenig später ordnet er die Max Pine Schule dem Architekten Erich Mendelsohn zu (ebd., zum Gebäude ebd., S. 54–55).

III Das Bild entwickeln

Erkenntnisse, sondern in erster Linie eine weitere fotografische Herangehensweise hinzugefügt. Doch diese ermöglicht es, den Blick auf die Stadt zu erweitern. Ihre Architektur wird stärker in ihrem Gebrauch abgebildet, die Aufnahmen überhöhen nicht, sondern haben eher etwas Alltägliches, Beiläufiges. Dazu passt, dass Boness drei Seiten den Türklinken, Lampen und Briefkästen widmet. Er spannt so den Bogen von den – oft übersehenen – Details zu einigen Aufnahmen, die aus deutlich erhöhten Perspektiven Blicke über die Stadtlandschaft ermöglichen. Der Band schließt mit einer Aufnahme, die über ein Flachdach lediglich eine schmale Silhouette der Stadt sichtbar werden lässt. Damit wird nicht nur das Flachdach als Merkmal der modernen Bauten gezeigt, sondern ebenso eine Beziehung zwischen Einzelbau und Stadt hergestellt. Der Fotograf erschließt insgesamt die Architektur über eine Vielzahl von Zugängen; es entsteht der Eindruck, dass sie nicht nur ein Abbild von Geradlinigkeit, Eindeutigkeit und (verlorener) Reinheit ist. Vorangestellt ist den Fotografien ein Text des Autors und Journalisten Carsten Hueck, in dem dieser, das Bild von der auf Sand errichteten Stadt bemühend, einen Bogen von der Entstehung bis in die jüngste Gegenwart mit ihren hohen Immobilienpreisen spannt.[130]

Deutsche Fotografen waren in der Vergangenheit nicht die Einzigen, für die die Stadt zum Gegenstand ihrer Auseinandersetzung wurde: Ran Erde publizierte zum Beispiel 2009 seine aktuellen Aufnahmen der Stadt neben Fotografien aus Avraham Soskins (1881–1965) 1926 erschienenen *Ansichten von Tel Aviv*. Es scheint auf den ersten Blick so, als wären die Bilder beider Fotografen von einem Ort jeweils nebeneinander gestellt worden – ein Mittel, mit dem die Entwicklungen der Stadt aufgezeigt werden könnten. Allerdings hat Erde nur in einigen Fällen die gleiche Perspektive wie Soskin eingenommen; die einzelnen Orte sind so nicht nur in der Zeit versetzt, sondern auch in ihrer Darstellung im Raum. Zudem wurden Abbildungen in eine Beziehung zueinander gestellt, die gänzlich unterschiedliche Orte in der Stadt zeigen. Und schließlich werden mehrere Fotografien von Soskin gezeigt, denen eine Abbildung aus der Gegenwart fehlt. Die Kriterien der Auswahl und geänderten Perspektiven werden ebenso wenig erläutert wie das Vorgehen.[131]

In der zeitgenössischen Fotografie gerieten weitere Aspekte in den Blick, die gegenwärtig das Image Tel Avivs bestimmen. So entstanden Bildbände zur Street Art,[132] mit denen die Stadt als jung, bunt, subkulturell präsentiert werden konnte.

---

130 Carsten Hueck: Ein Kosmos, auf Sand gebaut. In: Visscher / Hueck / Boness: *Tel Aviv*, S. 6–13 (engl./dt.).

131 Ran Erde: *Tel Aviv Views. Photos by Avraham Soskin and Ran Erde 1909–2009*. Tel Aviv: Bauhaus Center 2009.

132 Als eine der ersten Leora Cheshin: *Befriend Your Demon*. *Tel Aviv Street Art*. Jerusalem: Bajit HaOmanim 2009.

## Bilder der Stadt IV. Fotografien des Aufbaus

Ebenfalls seit Anfang der 2000er Jahre ist das Wirken von Fotografen verstärkt in den Blick geraten, die die Aufbaujahrzehnte in Palästina / Israel in Bildern festhielten.[133] Veröffentlicht wurde im Zuge dessen – in Kombination mit Ausstellungen – eine Reihe von Katalogen. Für die Auswahl und Vorstellung im Folgenden war entscheidend, ob bzw. dass sich in ihnen eine signifikante Anzahl von Fotografien zur Geschichte Tel Avivs befindet.

Der in Weißrussland geborene und im Baltikum (Libau District, heute Liepāja) ausgebildete Fotograf Avraham Soskin emigrierte 1904 oder 1905 nach Palästina. Er gehörte zu den frühen Einwanderer:innen der zweiten Alijah, die ihren Zionismus mit sozialistischen Idealen verbanden und infolge antisemitischer Pogrome aus diversen Regionen Osteuropas flohen. 1914 eröffnete Soskin sein Studio in der Herzl St., im Zentrum der neuen Stadt. Seine Aufnahmen wurden bereits in diesen ersten Jahren in Ausstellungen gezeigt und in Publikationen veröffentlicht. In den 1980er Jahren folgten weitere Ausstellungen in Israel. Der Katalog *Soskin. A Retrospektive. Photographs. 1905–1945*[134] erschien 2003 im Zuge einer zweiteiligen, im Tel Aviv Museum of Art und in dem im Norden Israels gelegenen Museum of Photography im Industriepark von Tel Hai gezeigten Ausstellung. Die Bilder wurden im Kontext der Verleihung des Weltkulturerbestatus für die White City Tel Avivs der israelischen Öffentlichkeit (erneut) präsentiert. Einem deutschen Publikum wurden Soskins Arbeiten unter anderem in Frankfurt am Main 2009 anlässlich des 100. Geburtstags von Tel Aviv oder 2005 im Rahmen der Ausstellung *Die neuen Hebräer* im Martin Gropius Bau Berlin gezeigt.

*Soskin. A Retrospektive. Photographs. 1905–1945* ist in neun Kapitel gegliedert, das zweite ist Tel Aviv gewidmet und umfasst 95 Aufnahmen, wobei einige so klein sind, dass sie in ihrem abgebildeten Inhalt kaum detailliert erfasst werden können. Daneben gibt es einzelne Fotografien der Stadt in anderen Kapiteln, so in „Schools", „Industry" oder in „Cemeteries and post-mortem photographs". Insgesamt wird keinem anderen Ort eine derart große Aufmerksamkeit zuteil. So versammelt das erste Kapitel „Eretz Israel" zwar Aufnahmen zum Aufbau aus dem gesamten Land, allerdings werden die landwirtschaftlichen Siedlungen lediglich mit maximal je fünf Aufnahmen vorgestellt. Soskin konnte den Aufbau der Stadt seit ihrer Gründung dokumentieren und dies im

133 Stefan Schweizer: Mythenbildung im Medium der Fotografie. Die „White City" von Tel Aviv und ihre architekturfotografische Inszenierung. In: Hubert Locher / Rolf Sachsse (Hrsg.): *Architektur Fotografie. Darstellung – Verwendung – Gestaltung.* Berlin / München: Deutscher Kunstverlag 2016, S. 210–224. Schweizer stellt Fotografen vor, die in den 1930er und 1940er Jahren den Blick auf die Architektur der Stadt geprägt haben, so Isaac Kalter und seinen Bruder Ya'acov Benor, Alfred Bernheim, Avraham Soskin und Zoltan Kluger.

134 Guy Raz (Hrsg.): *Soskin. A Retrospective. Photographs. 1905–1945.* Ausstellungskatalog. Tel Aviv: Tel Aviv Museum of Art 2003. Ebd., S. 225 finden sich Angaben zu Soskins Biografie.

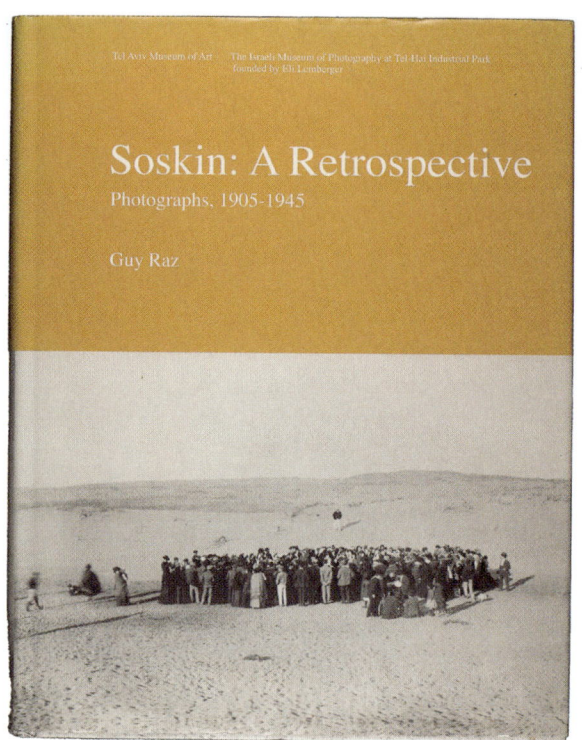

Tel Aviv Museum of Art    The Israeli Museum of Photography at Tel-Hai Industrial Park
founded by Eli Lenberger

Soskin: A Retrospective
Photographs, 1905-1945

Guy Raz

22

wortwörtlichen Sinne: Von ihm stammt die ikonografische Aufnahme, die mit der Verlosung der Grundstücke an die Mitglieder der Hausbaugesellschaft Achusat Bajit verknüpft wird. Sie wurde für die Veröffentlichung als Titelbild verwendet (Abb. 22) und ist darüber hinaus nicht zuletzt im städtischen Raum der Stadt allgegenwärtig. Das Ereignis der Stadtgründung ist untrennbar mit dieser Fotografie verbunden, auf der eine Gruppe von Menschen zu sehen ist, die in den Sanddünen steht. Ihr Entstehungszeitpunkt wurde von Soskin zunächst auf den 11. April 1909 datiert, 1926 versah er sie dann mit der Jahreszahl „1908". 1963 sah er sich in einem Interview veranlasst, davon zu berichten, dass die Aufnahme durch Zufall entstanden sei, da ihn die Organisatoren der Verlosung nicht eingeladen hatten und er lediglich bei einem Spaziergang an der Szenerie vorbeigelaufen sei.[135] Dies ist eine Darstellung, die darauf hindeutet, dass den Mitgliedern des Bauvereins nicht an einer Dokumentation, Verewigung und/oder Inszenierung des Moments gelegen gewesen wäre – etwas, das für die Bedeutung und Wahrnehmung der Fotografie heute keine Relevanz mehr hat.

Die Bilder in Kapitel 2 bauen die Erzählung weiter auf: Zunächst zeigen sie eine wüste, karge Sandlandschaft, in der Einzelne oder Gruppen arbeiten oder sich einem Rundgang durch das zukünftige Stadtgebiet angeschlossen haben. Dann erheben sich erste

135  Vgl. Schweizer: Mythenbildung im Medium der Fotografie, S. 211.

בית פיינגולד, רחוב נחלת בנימין 39, נבנה בשנת 1923
The Feingold building at 39 Nachalat Binyamin, built in 1923 A. Soskin collection, Eretz Israel Museum, Tel Aviv

מגדל המים ברחוב מזא"ה, הוקם בשנת 1924
The water tower on Mazhe St., built in 1924 A. Soskin collection, Eretz Israel Museum, Tel Aviv

הבניין שהקים הקבלן שמואל (סם) וילסון, ברחוב מונטיפיורי, 1913
Building built by the contractor Shmuel (Sam) Wilson, in Montefiore St., 1913 Eretz Israel Museum, Tel Aviv

בית מרדכי ויסר, רחוב לילינבלום 11, 1925 לערך
The Mordechai Visser building, 11 Lilienblum St., around 1925 A. Soskin collection, Eretz Israel Museum, Tel Aviv

הנחת אבן פינה, 1920 לערך
Cornerstone laying, around 1920 A. Soskin collection, Eretz Israel Museum, Tel Aviv

23

Gebäude in den Dünen, Zelte beherbergen die zukünftigen Bewohner:innen. Soskin bildet den Aufbau und die Aufbauenden ab, signifikante Einzelbauten ebenso wie die ersten Straßenzüge. (Abb. 23) Deutlich zeigt sich das Nebeneinander der unterschiedlichen Baustile. Menschen werden sowohl in zufälligen Momentaufnahmen als auch in (Gruppen-)Aufstellungen, am Strand oder in öffentlichen Massenveranstaltungen wie einer Purim-Parade gezeigt. Und obwohl zahlreiche Fotografien auf das unbebaute leere Land verweisen, damit die Geschichte der allein auf den Dünen entstandenen Stadt begründen, bezieht Soskin zugleich bereits vorhandene Siedlungen wie Sarona und Teile von Jaffa in seinen Bildern ein. Er bildet so insgesamt unterschiedliche Facetten des Entstehens und des Lebens in der neuen jüdischen Stadt und ihrer Bewohner:innen ab, die sich im Unterschied zum (Ost-)Europa seiner Herkunft hier frei entfalten können.

Der 1936 aus der Tschechoslowakischen Republik nach Palästina emigrierte Rudi Weissenstein (1910–1992) dagegen fand bereits eine etablierte städtische Struktur vor, in der die schlichten Einfamilienhäuser und die eklektizistischen Bauten der 1920er Jahre von den modernen weißen Bauten ergänzt wurden und die Stadt sich schnell weiter nach Norden oder Osten ausdehnte. Weissenstein wurde beispielsweise der offizielle Fotograf des israelischen Philharmonieorchesters, der United Nations in Palästina und der Verlesung der Gründungserklärung des Staates Israel im Mai 1948.

III  Das Bild entwickeln

A view of the Gordon Swimming Pool at the Tel Aviv beach and of the cliffs to the north. There were no hotels yet while the Makhlul neighborhood of huts was still there with reeds fences sprouting up behind it. Makhlul eventually gave way to the hotels and the promenade. At the time of publication of this book debate was underway regarding the future of the Gordon swimming pool, which might be demolished to make way for an extension to the promenade. 1937

24

Er gilt als „Chronist des Neubeginns".[136] Sein Archiv umfasst mehr als eine Million Negative und ist im Pri-Or Photo House in Tel Aviv öffentlich zugänglich. Seine Fotografien werden seit einigen Jahren in zahlreichen Ausstellungen weltweit gezeigt,[137] viele seiner Bilder als Abzüge, Plakate und Postkarten vertrieben.[138] Die vier Kapitel des 2008 erschienenen Bandes *Rudi Weissenstein. Israel Early Photographs*[139] gliedern seine Arbeit in „Landscapes", „History", „Towns and Settlements all over Israel" und „People". In „Towns and Settlements all over Israel" werden zehn Städte bzw. landwirtschaftliche Siedlungen mit Fotografien und einem kleinen Text vorgestellt; Tel Aviv nimmt mit 14 Bildern den größten Raum ein,[140] gefolgt von Jerusalem mit fünf.[141] Zusätzlich sind zwei der insgesamt drei zweiseitigen Abbildungen des Kapitels

136  Marc von Lüpke: Israel-Fotograf Rudi Weissenstein Chronist des Neubeginns. In: *Spiegel Online*, 07.02.2017. http://www.spiegel.de/einestages/israel-fotograf-rudi-weissenstein-chronist-des-neubeginns-a-1121763.html (Zugriff am 22.04.2017).

137  Neben diversen Ausstellungen in Israel u. a. *Your Fortunate Eyes* in Minneapolis (2013), *Ihre glücklichen Augen* in Frankfurt am Main (2010) und in München (2015) oder *Rudi Weissenstein. Tel Aviv 1936–1960* in Paris (2009). Vgl. The Photo House: Exhibitions. http://www.thephotohouse.co.il/exhibitions/ (Zugriff am 27.07.2018).

138  Zusätzliche Bekanntheit erhielten Rudi Weissenstein, das Archiv seiner Bilder, seine 2011 verstorbene Frau Miriam und ihr Enkel Ben zudem durch den Dokumentarfilm *Life in Stills* von Tamar Tal (IL/D 2011).

139  Ori Dvir (Hrsg.): *Rudi Weissenstein. Israel Early Photographs*. Ben-Shemen: Modan 2008.

140  Ebd., S. 106–117.

141  Ebd., S. 100–105.

Tel Aviv vorbehalten – zum einem dem sehr gut besuchten *Gordon Swimming Pool* (1957, Abb. 24) und zum anderen arabischen Fischern auf dem Mittelmeer vor der Silhouette der Hafenstadt Jaffa (1969). Mit beiden wird so prominent auf die Vergangenheit und die Gegenwart, auf Tradition und Moderne verwiesen. Weissenstein lässt in seinen Aufnahmen die Architektur der Stadt deutlich in den Vordergrund treten. So nimmt er für viele Aufnahmen des Straßenraums erhöhte Standpunkte ein, die einen unverstellten Blick auf die Fassaden, die Straßentiefe und das Nebeneinander der unterschiedlichen Bauten ermöglichen und die Passant:innen zurücktreten lassen. Selbst bei einer Aufnahme wie der des *Gordon Swimming Pool* wird der Blick auf die im Hintergrund angeordneten strahlendweißen Kuben der Architektur gezogen. Die Lebendigkeit, der Spaß und die Freiheit in der ersten modernen jüdischen Stadt werden mit der Kulisse ihrer neuen Architektur verknüpft. Die Aufmerksamkeit Weissensteins gilt oft den Einzelbauten, so am Dizengoff-Platz oder dem *Bialik Haus*, sie werden allerdings eingebunden in städtisches Leben und die umliegende Bebauung.[142] Weissenstein porträtiert – anders als Soskin – eine fertiggestellte Stadt, ihr Aufbau scheint – trotz der Auswahl, die einen Zeitraum von 1936 bis 1969 umfasst – im Wesentlichen abgeschlossen. Die Menschen sind vor allem auf den Straßen und am Strand, nicht bei Arbeiten zur Errichtung von Gebäuden oder der Infrastruktur abgebildet. Die Auswahl der Bilder sorgt dafür, dass sowohl bei Soskin als auch bei Weissenstein die politischen Rahmenbedingungen fehlen: Es gibt weder Hinweise auf die ab 1920 etablierte Präsenz der britischen Mandatsregierung und ihrer Organe noch auf die Einwanderungswellen besonders nach der Etablierung des Nationalsozialismus in Deutschland und der daraus resultierenden zunehmenden Verfolgung und Ermordung der Juden:Jüdinnen in Europa. Gezeigt werden jeweils Bilder des ‚neuen Juden‘, der nicht nur das Land mit landwirtschaftlichen Siedlungen urbar macht, sondern zudem eigene Städte mit einem vitalen öffentlichen Leben erschafft.

Die Bilder des in Moskau geborenen Boris Carmi (1914–2002, zunächst bis zur Hebraisierung seines Familiennamens Vinograd) erschließen eine neue Zeitschicht. Carmi konnte 1939, also drei Jahre nach Weissenstein, nach Palästina emigrieren. Er war hier zunächst stellvertretender Geschäftsführer einer Reederei, bevor er in der Britischen Armee wieder als Fotograf tätig wurde. 1950 begann er als ziviler Fotograf für diverse Tageszeitungen zu arbeiten. Zwei Jahre nach seinem Tod erschien 2004 der Katalog *Boris Carmi. Photographs from Israel*,[143] der zwei Ausstellungen in

---

142 In seinem Archiv gibt es hunderte Architekturaufnahmen. Der 1936 fotografierte, beidseitig von modernen weißen Bauten gesäumte Rothschild Blvd. fand keinen Eingang in den Band, gehört aber zu den prominentesten frühen Arbeiten Weissensteins.

143 Alexandra Nocke (Hrsg.): *Boris Carmi. Photographs from Israel*. München / Berlin / London / New York: Prestel 2004. Für alle biografischen Angaben vgl. ebd., S. 111.

Berlin (Akademie der Künste, 2004) und Frankfurt am Main (Jüdisches Museum, 2005) begleitete und damit sein Wirken erstmalig einem breiteren Publikum in Deutschland vorstellte. Carmi selbst hatte bereits seit Ende der 1950er Jahre seine Arbeiten öffentlich präsentiert, neben Paris (1996 und 1998) allerdings ausschließlich in Israel. Er war zudem Mitherausgeber einiger Bücher.

Die Veröffentlichung von 2004 unterteilt seine Arbeiten in neun Kategorien. Während acht eher allgemeinen Oberbegriffen wie „Das Jahr 1948", „Neue Wirklichkeiten" oder „Frauen" zugeordnet sind, ist die sechste allein „Tel Aviv" gewidmet,[144] das mehr als alle anderen Städte Israels

> symbolizes the achievements of the founding generation. [...] As the "first Hebrew City of Modernity," Tel Aviv came to symbolize the variety of cultures, languages and lifestyles to be found in a new country, and it has remained a place of contrast between Orient and Occident. [...] Under the pressure of immigration, Tel Aviv grew rapidly and uncontrollably, and even today it is characterized by constructional chaos and the lack of a real city center.[145]

Die an den kleinen Text anschließenden 18 Schwarz-Weiß-Aufnahmen stammen vor allem aus den 1950er Jahren, einige wenige aus den 1960ern. Ferner wurden drei Porträts von 1979 abgedruckt. Die Fotografien entsprechen klassischer *street photography*; scheinbar zufällige Momentaufnahmen, die die geschäftige Atmosphäre eines Alltags im öffentlichen Raum einfangen. Die Menschen stehen im Vordergrund. Auffällig ist, dass für den Katalog vor allem Bilder ausgewählt wurden, in denen sich viele Menschen aufhalten. Die Stadt wird so als lebendiger und kommunikativer Kosmos präsentiert. Die Architektur scheint lediglich die zufällige Kulisse zu bilden. Gleichwohl werden drei besonders prominente Orte gezeigt: Neben einer Straßenszene auf dem Rothschild Blvd., die den ersten in der Stadt eröffneten Kiosk einbezieht, sind dies das *Pagoden Haus*, ein 1924 von Alexander Levy (1883–1942) im eklektizistischen Stil errichtetes Gebäude, das heute als einer der prominentesten Vertreter dieser Epoche in Tel Aviv gelten kann, sowie das von Shlomo Liaskovsky (1903–nach 1982) und Yaakov Orenstein (1886–1953) 1934 errichtete *Polishuk Haus* am Magen David-Platz. (Abb. 25) Darüber hinaus veröffentlichte die Herausgeberin Alexandra Nocke in diesem Kapitel zwei Aufnahmen der 1950er Jahre aus Ramat Aviv, einem Vorort von Tel Aviv, auf denen neu errichtete Wohnhäuser den Hintergrund bilden und damit den Aufbau des Landes nach der Staatsgründung 1948 thematisieren, sowie ein Bild des Hafens

---

144 Nocke (Hrsg.): *Boris Carmi*, S. 62–75.
145 Ebd., S. 62.

Winter in Tel Aviv, 1950s

Street photographer, Rothschild Boulevard, 1960

Pagoda House, 1960s

Kikar Magen David, 1950s

66

67

von Jaffa mit einem Blick auf die Küste Tel Avivs. Der Rahmen dessen, was Tel Aviv ist, wird auf diese Weise räumlich erweitert, einbezogen werden die Vergangenheit der Stadt ebenso wie ihre Entwicklung.

Ebenfalls 2004 zeigte das Eretz Israel Museum in Tel Aviv zum ersten Mal Arbeiten des in Budapest geborenen Pressefotografen Paul Goldman (1900–1986) und veröffentlichte aus diesem Anlass einen Katalog.[146] Er wanderte 1940 in Palästina ein und dokumentierte zwischen 1943 und 1961 vor allem im Rahmen seiner Tätigkeit für verschiedene nationale und internationale Presseorgane die Entstehung und den Aufbau des Staates Israel. Die Ausstellung wurde in den folgenden Jahren unter anderem in Singapur, Bangkok, New York und Riga gezeigt und dabei um Bilder des israelischen Pressefotografen David Rubinger ergänzt. Für Präsentationen in Deutschland wurde sie von Alexandra Nocke noch einmal erweitert und zwischen 2008 und 2010 unter dem Titel *60 Jahre Pressefotografie aus Israel* in Berlin, Bonn, Bremen, Celle, Halle, Magdeburg und München präsentiert.[147]

146  Shlomo Arad: *Paul Goldman. Press Photographer. 1943–1961.* Ausstellungskatalog. Tel Aviv: Eretz Israel Museum 2004.
147  Alexandra Nocke: 60 Jahre Pressefotografie aus Israel – Paul Goldman und David Rubinger. http://www.alexandranocke.de/site/?AUSSTELLUNGEN:60_Jahre_Pressefotografie_aus_Israel_-_Paul_Goldman_und_David_Rubinger (Zugriff am 09.04.2019).

III  Das Bild entwickeln

Im Unterschied zu den anderen Publikationen sind die Aufnahmen in dem Katalog nicht streng kategorisiert, so dass Bilder, die Tel Aviv zeigen, nicht zusammengefasst werden. Deutlicher als die Aufnahmen von Carmi und Weissenstein sind Goldmans Bilder als Pressefotografien zu erkennen, da sie sich auf Ereignisse konzentrieren. Neben einer Luftaufnahme des nördlichen Teils von Tel Aviv, auf der deutlich die weißen Kuben der White City zu sehen sind, gibt es keine Abbildungen, die die Architektur in den Vordergrund stellen. Sie bildet lediglich den – mit Ortskenntnissen zum Teil durchaus leicht zuzuordnenden – Hintergrund für Darstellungen. Thematisiert werden mit der Bildauswahl zum einen die britische Präsenz in der Stadt und zum anderen Ansammlungen von Menschengruppen zum Beispiel am Strand oder im Zuge der Feierlichkeiten am Tag der Staatsgründung. Die Stadt wird so als Ort politischer Ereignisse und Manifestationen vorgestellt. Ein weiteres Novum stellt die Abbildung zweier Fotografien des von der nationalen Militärorganisation Irgun im Zuge des Unabhängigkeitskrieges 1948 zerstörten arabischen Viertels von al-Manshiyya (Menashiya, in der Bildunterschrift Manishiya genannt) dar, das sich zwischen Jaffa und dem HaCarmel Markt befand. (Abb. 26) Die Bilder zeigen die Ruinen, einen Mann bei der Minensuche sowie einen mit geplünderten Gegenständen beladenen Lastwagen; sie thematisieren so den Umstand, dass sich auf dem Areal des heutigen Tel Aviv einst arabische Siedlungen befanden – etwas, das in der Regel[148] in den Darstellungen zur Stadt fehlt. Goldmans Bilder von Tel Aviv sind darüber hinaus eingebunden in fotografische Darstellungen von Migration, indem er die Ankunft von Schiffen aus Europa zeigt. Auf diese Weise werden die Bedeutung und die Geschichte der Stadt mit einem größeren historischen Kontext verknüpft; Tel Aviv bekommt eine Bedeutung als Zufluchtsort für Überlebende der Shoah.

## Die abgebildete Stadt

Der Beginn einer erneuten Aufmerksamkeit für die Architekturmoderne Tel Avivs und ihre Besonderheiten war an die Ausstellung *White City. International Style Architecture in Israel* gekoppelt und mit dem Medium der Fotografie verknüpft. Die sich daran anschließenden, erfolgreichen Präsentationen und Kataloge kreierten ein Bild der Stadt, das von einer weißen und modernen, geradlinigen und minimalistischen Architektur geprägt und aufgrund des Umfangs der erhaltenen Bauten und ihrer architektonischen Lösungen zudem einzigartig ist. Dafür wurden die Bauten in den Fotografien aus den sozialen, räumlichen und historischen Kontexten vor Ort gelöst – und in den Texten mit den europäischen Einflüssen verbunden. Es sind Aufnahmen, die

---

148 Sharon Rotbard thematisierte in seiner 2005 in Tel Aviv veröffentlichten Publikation *White City, Black City* u. a. das Fehlen dieser Orte und Geschichten in der Konstruktion der White City.

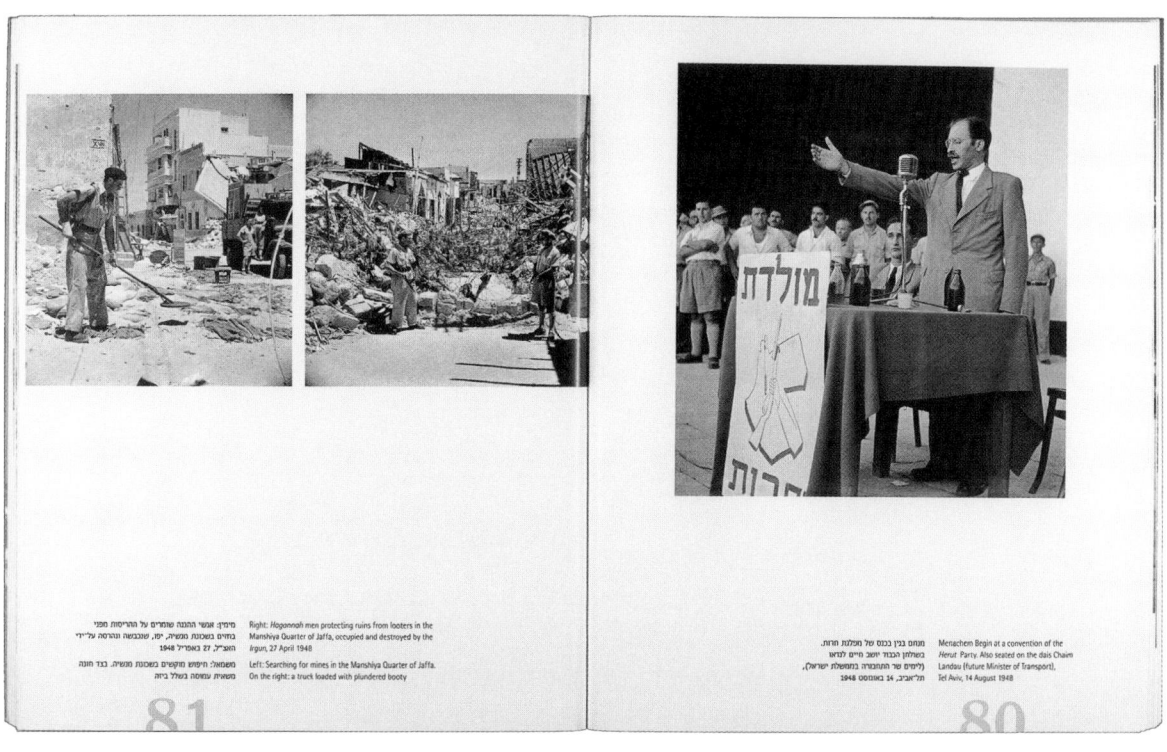

מימין: אנשי התחתה שומרים על התריסות מפני
בוזזים בשכונת מנשיה, יפו, שנכבשה ונהרסה על־ידי
האצ"ל, 27 באפריל 1948

משמאל: חיפוש מוקשים בשכונת מנשיה. בצד חנוה
משמאל: עגומה בשלל ביזה

Right: *Haganah* men protecting ruins from looters in the
Manshiya Quarter of Jaffa, occupied and destroyed by the
Irgun, 27 April 1948
Left: Searching for mines in the Manshiya Quarter of Jaffa.
On the right: a truck loaded with plundered booty

מנחם בגין בכנס של מפלגת חרות,
בשולחן הכבוד יושב חיים לנדאו
(לימים שר התחבורה בממשלת ישראל),
תל־אביב, 14 באוגוסט 1948

Menachem Begin at a convention of the
*Herut* Party. Also seated on the dais Chaim
Landau (future Minister of Transport),
Tel Aviv, 14 August 1948

81   80

26

das Chaotische und Lebendige der Stadt durch die Auswahl von Bildausschnitten und
Bauten bewusst ausblenden. Die den Aufnahmen innewohnenden Verweise auf den
Verfall der Bausubstanz und/oder auf Aneignungen durch Umbauten sollen den Verlust einer reinen, weißen, minimalistischen Architektur anzeigen – und ihre Wiederherstellung nahelegen –, nicht aber Aspekte von Nutzung und Gebrauch, städtischem
Leben und Veränderungen thematisieren. Dies ist eine Strategie, die sich in den Projekten einzelner deutscher Fotografen seit 2000 fortsetzt. Erst mit den – nachgeordnet
erschienenen – historischen Aufnahmen erfolgte eine Verknüpfung der White City
mit ihrer Entstehung, der Vergangenheit und dem Leben in ihr. Tel Aviv wurde hier
als jüdische Stadt in einem zu besiedelnden Land dargestellt.

III  Das Bild entwickeln

# IV
## Geschichte finden
## Das Patchwork der Stadt

**Die Inszenierung eines Beginns. Achusat Bajit**

Auf den ersten Blick erinnert in Tel Aviv heute nur wenig an Achusat Bajit und an die frühe Stadtgeschichte.[149] Da ist zum einen das *Founders Monument* auf dem Rothschild Blvd., ein seit 1949 geplantes und 1951 eingeweihtes Denkmal, das den Ort markiert, an dem die oben genannte Verlosung der Grundstücke stattgefunden haben soll. Bedauerlicherweise ist es nicht Teil der Darstellung, wie die Erinnerung an den Platz 40 Jahre, damit knapp zwei Generationen lang, überliefert blieb. Es stellt nicht nur die Erinnerung an einen Platz und ein hier situiertes Ereignis her, die Namen der Gründer:innen, die in eine Seite des Denkmals eingelassen sind, sind hier ebenso verewigt. Es verknüpft somit einen Ort, ein Ereignis und seine Protagonist:innen. Ferner thematisiert ein in das Denkmal eingebrachtes Relief den Aufbau der Stadt. Gezeigt werden sowohl in den Dünen hart arbeitende Menschen als auch die Erfolge des Aufbaus, darunter zentral das Herzl-Gymnasium und die ab 1933 gebaute Habima. Der Gründungsakt wurde mit der Etablierung dieses Erinnerungszeichens permanent im städtischen Raum platziert. Zusätzliche Bedeutung erlangen das Denkmal und seine Erzählung durch die räumliche Verknüpfung mit zwei weiteren für die Geschichte der Stadt und des Landes wichtigen Aspekten. Das Denkmal befindet sich nur wenige Meter entfernt vom Haus Meir Dizengoffs, der 1921 der erste Bürgermeister der Stadt Tel Aviv wurde. Das Los für die Parzelle (Haus Nr. 16 am Rothschild Blvd.)

---

149  Uwe Altrock stellte 1998 fest, dass diese zwar von der städtischen Denkmalpflege inventarisiert wurden, es allerdings keine „starke Handhabe gegen einen weiteren unsachgemäßen Umgang" gäbe. Uwe Altrock: Tel Aviv. In: Ders.: *Stadtplanung in Israel und Palästina. Der Friedensprozeß als Neubeginn?* Berlin: Technische Universität 1998, S. 3–32, hier S. 26, Anm. 25.

27

war von ihm und seiner Frau Zina im April 1909 gezogen worden. Ab 1931 begann der umfangreiche Umbau des Gebäudes zum Museum, am 14. Mai 1948 verlas David Ben-Gurion hier die Unabhängigkeitserklärung des Staates Israel. Das Haus beherbergt heute eine Ausstellung über dieses Ereignis. Die Gründung Tel Avivs ist damit räumlich und in der Erinnerung in eine Beziehung zu nachfolgenden Ereignissen gesetzt. (Abb. 27) Sie ist nicht nur der Beginn baulicher Entwicklungen und Leistungen, die auf dem Relief symbolisiert werden, sondern steht in einer engen Beziehung zum weiteren Verlauf der Geschichte des Landes.

Die Relevanz, die der Akt der Gründung und der Aufbau Tel Avis nach wie vor für die Erzählungen der Stadtgeschichte besitzt, spiegelt sich allerdings nicht im Umgang mit der baulichen Substanz der sich unmittelbar anschließenden Epoche im städtischen Raum wider, von der sich nur einige wenige Überreste in Gebäuden erkennen lassen, so zum Beispiel in einer Ansammlung von kleinen, zweigeschossigen Gebäuden mit Walmdächern, die in ihrer heute erhaltenen Form nicht 1909 oder 1910 entstanden, aber doch in den ersten Jahren nach der Gründung. Sie stehen verlassen und in einem sehr schlechten Zustand im Bereich Rothschild Blvd., Herzl St. und Lilienblum St., sind aktuell aber Bestandteil eines Neubau- und Restaurationsprojekts, bei dem

28

ergänzend ein 29-geschossiger Neubau errichtet werden soll.[150] Eines von ihnen, am Rothschild Blvd. 12 gelegen, fiel viele Jahre bis zu seiner Schließung Anfang 2018 durch seine Nutzung als Café auf. Allerdings sind die Fassadengestaltung und -materialität ebenfalls etwas Besonderes: ein zweigeschossiger, mit einer Natursteinfassade versehener Bau, der an dem zum Rothschild Blvd. ausgerichteten Gebäudeteil über ein flaches Walmdach sowie eine symmetrisch aufgebaute Fassadeneinteilung mit drei kleinen Balkonen im Obergeschoss verfügt. (Abb. 28) Auffällig ist das nach Westen auskragende Dach, das einen über die gesamte Fassade verlaufenden Balkon überdeckt. Es wird von schmalen Stützen getragen, die so im Erdgeschoss die Fläche für eine Terrasse definieren. Da sich das Nachbarhaus bis ca. Mai 2018 in geringem Abstand anschloss, könnte angenommen werden, dass in der Bauzeit das Gebäude Nr. 12 in einem Garten stand und beide Fassaden zunächst zu den Straßen – Rothschild und Herzl – ausgerichtet waren. Möglicherweise wurde die Fläche für das Nachbarhaus erst später oder mit einem deutlicheren Abstand bebaut. Ein am Eingang in das Gebäude Herzl St. 13

150   Amnon Bar Or / Tal Gazit: 10 Rothschild St. Compound, Tel Aviv. http://www.amnon-baror. co.il/?projectpt1= אביב-תל-10-רוטשילד-מתחם&lang=en (Zugriff am 05.08.2018).

angebrachter Plan zu diesem Viertel Tel Avivs – über den im Folgenden noch gesprochen werden soll – unterstützt diese Vermutung: 1919 befand sich auf dem Nachbargrundstück ein Haus in deutlichem Abstand zur Westfassade Rothschild Blvd. 12. Wer sich dieses Gebäude in der zum Rothschild Blvd. ausgerichteten Fassade genauer ansah, konnte eine Entsprechung dieser Feststellung an der Architektur selbst erkennen, denn entlang einer schmalen Kante ließ sich ihre Entstehung in zwei Zeiträume unterteilen: Während der rechte Gebäudeteil den 1910er Jahren zuzuordnen ist, verwies die schlichte Gestaltung des linken auf die 1930er Jahre. Die bis zum Abriss des Anbaus Anfang 2018 sichtbare Situation zeigte so an, dass Achusat Bajit als Gartenstadt angelegt worden war und die einzelnen Häuser in einigem Abstand von ihren Nachbarbauten in Gärten standen. Dieses städtebauliche Konzept wurde mit dem raschen Wachstum der Bevölkerung bald aufgegeben.[151] Das Haus Rothschild Blvd. 12 und seine Nachbargebäude sind bisher in ihrer Geschichte im öffentlichen Raum nicht mittels Tafeln markiert. Dies erschwert nicht nur die Einordnung, sondern verbindet es gleichzeitig mit einigen anderen Gebäuden, die aufgrund ihrer Erscheinung – maximal zweigeschossig, mit einem ziegelgedeckten Sattel- oder Walmdach versehen – den frühen Entstehungsjahren zugerechnet werden können. Allerdings ist zu erwarten, dass sich dies nach der Fertigstellung der Sanierung ändert.

Andere Beziehungen zu Achusat Bajit und dem frühen Tel Aviv stellen sich dann offensichtlicher her, zu allererst über Tafeln mit Zeichnungen der ursprünglichen Straßenansicht und Texten in Englisch, Hebräisch und Arabisch.[152] Die mit ihnen gekennzeichneten Bauten liegen vereinzelt, ein zusammenhängendes Ensemble ist weder im Raum noch auf der Ebene von Markierungen festzustellen. Eine dieser Kennzeichnungen befindet sich an einem eingeschossigen Anbau an das *Josef Rudy Haus* in der Lilienblum St. 14, einem Gebäude, das dem kurzen Text zufolge 1913 von einem unbekannten Architekten im eklektizistischen Stil errichtet worden sei. Die darüber situierte Zeichnung zeigt die Straßenansicht des Hauses, das über ein Walmdach verfügte. Die Symmetrie der Fassade wird von dem sich rechts anschließenden Anbau aufgebrochen. Im Vergleich der Zeichnung mit dem tatsächlichen Gebäude wird deutlich, dass es um zwei Geschosse erweitert wurde. Während das oberste zurückgesetzt ist und durch seine Gestaltung auf seinen zeitgenössischen Entstehungskontext verweist, ist das jetzt dritte in seiner Architektursprache an die darunterliegenden beiden Etagen angepasst, so dass sich die Bauzeit allein auf dieser Grundlage weniger eindeutig feststellen lässt. Die Tafel macht hierzu ebenfalls keine Aussage. Neben einer kurzen Beschreibung zum Aufbau der historischen Fassade betont sie die Bedeutung des Gebäudes in fünffacher Hinsicht: als „listed for preservation in the 2650 B conservation plan", es sei „among the first houses of the Central Tel Aviv neighborhood" gewesen, was es zu einem „important part of the city's history" mache.

151  Vgl. Sonder: Gartenstädte.
152  Vgl. Kap. „Phasen und Medien", S. 38–39.

Zudem sei das Haus noch bis vor wenigen Jahren „under the ownership of the original family" gewesen, und Josef Rudy selbst war fünftens ein „pioneer photographer in Israel", der im „Hatzelmania-photographer's studio that is located in the house at 14 Lilienblum" gearbeitet habe. Was genau mit dieser letzten Darstellung gemeint sein könnte, lässt sich nicht mit Sicherheit nachvollziehen: Das von Rudi Weissenstein 1940 eröffnete Hatzalmania (The Photohouse) befand sich in der Allenby St. Der genannte Anbau weist allerdings auf eine gewerbliche Nutzung, die an das ursprüngliche Gebäude addiert wurde, hin. Neben der Tafel existiert eine Inschrift über der Eingangstür des Wohnhauses mit seinem Namen und Entstehungsjahr. (Abb. 29)

Gemeinhin wird die Architektur des Eklektizismus in Tel Aviv auf den Zeitraum von 1917 bis 1930 eingegrenzt.[153] Sollten zeitliche und stilistische Zuordnung stimmen, würde es sich hier um einen ausgesprochen frühen Vertreter dieser Architektursprache handeln, ein Umstand, der das Gebäude noch einmal relevanter für die (Architektur-)Geschichtsschreibung der Stadt werden ließe. Wahrscheinlicher ist aber,

153  Town Planning and Construction Department Tel Aviv: Tel Aviv Buildings Listed for Conservation. Instructions for Care and Conservation of Listed Buildings. In: Municipality of Tel Aviv-Yafo: *Nomination of the White City of Tel Aviv for the World Heritage List*, January 2002. http://meyda.education.gov.il/files/unesco/1096.pdf (Zugriff am 09.05.2017), App. 2, S. 3.

dass die verschiedenen Entwicklungsstufen des Hauses ungenau wiedergegeben werden, es zunächst als einfaches ein- oder zweigeschossiges Gebäude errichtet und wenige Jahre später bereits um- und dabei vermutlich ausgebaut wurde – und dies im sich nun etablierenden Eklektizismus erfolgte.

Weitere Hinweise auf Bauten der ersten Phase finden sich an der Herzl St., die die neue Nachbarschaft zentral von Nord nach Süd durchzogen hatte. So hängen im Inneren der Filiale der Hapoalim Bank in der Herzl St. 14 über den Geldautomaten vier Schwarz-Weiß-Fotografien und zwei Skizzen. Eine von beiden ist eine (Nach-)Zeichnung der Verlosung der Grundstücke. Die Fotografien zeigen ein Familienporträt sowie drei Straßenansichten mit angrenzenden Bebauungen. Da es an Aussagen zu den Entstehungskontexten und abgebildeten Inhalten fehlt, vermitteln derartige Bilder eher allgemeine Eindrücke von einer vergangenen Zeit als konkrete Informationen. Auch der Kiosk auf dem Rothschild Blvd. an der Kreuzung zur Herzl St. zeigt in seinem Inneren Fotografien, darunter eine historische Schwarz-Weiß-Aufnahme von einem deutlich erhöhten Standpunkt, bei der der Blick über den Rothschild Blvd. und die angrenzende Bebauung sowie über Neve Tzedek bis ans Mittelmeer reicht. Mit diesem Bild wird zum einen die unmittelbare Nähe zwischen Achusat Bajit / Tel Aviv und Neve Tzedek deutlich. Zum anderen lassen sich die Veränderungen der unmittelbaren Umgebung nachvollziehen. Man kann erkennen, dass das eingangs genannte Gebäude Rothschild Blvd. 12 ursprünglich eingeschossig war und lediglich die Ecken mittels Naturstein betont waren.

Das Eckhaus Herzl St. 2 präsentierte in seinem Eingangsbereich Fotografien und Dokumente seiner Entstehung, darunter eine Vergrößerung jener Fotografie von Soskin, die die Verlosung der Grundstücke von Achusat Bajit zeigt.[154] Daneben gibt es an der Außenfassade Informationen, die helfen, dem Gebäude und den Bildern einen konkreten Kontext zu geben. Auf einer Tafel ist zu lesen, dass dies das Haus von Akiva Arieh Weiss war, „INITIATOR AND FOUNDER OF ACHUSAT BAYIT – TEL AVIV". Darunter, auf einer zweiten, steht: 1909 / בית וייס.[155] Weiss (1868–1947), der 1906 aus dem zu dieser Zeit russischen Teil Polens nach Palästina eingewandert war, plante und baute das ab Sommer 1909 errichtete, zunächst nur eingeschossige Gebäude, das er mit seiner Familie als Wohnhaus nutzte. In den 1920er Jahren wurde es um ein zweites Geschoss ergänzt, das Erdgeschoss nahm nun Büroflächen für Weiss auf, die Familie zog in die obere Etage.[156] (Abb. 30) Weiss war

154  Bei einer Begehung im April 2019 war das Gebäude nicht mehr zugänglich, die unteren Räume standen zur Vermietung.

155  Dt.: Haus Weiss / 1909.

156  Vgl. Amnon Bar Or / Tal Gazit: 2 Herzl St., Tel Aviv-Yaffa – Akiva Arieh Weiss House. http://www.amnon-baror.co.il/?projectpt1=ויס-אריה-עקיבא-בית-אביב-תל-2-הרצל-רח&lang=en (Zugriff am 01.02.2019). Über das zwischen 1996 und 2001 durchgeführte Sanierungsprojekt

zum Zeitpunkt der Lotterie im April 1909 Vorsitzender der Baugesellschaft Achusat Bajit. Er war also nicht nur einer der Gründer, sondern bestimmte und gestaltete die Entstehungsgeschichte wesentlich mit. Er errichtete außerdem 1924 die Textilfabrik *Lodzia Haus* in der Nahmani St. 43,[157] östlich des Rothschild Blvd.,[158] eine der ersten großen industriellen Anlagen Tel Avivs. Das noch erhaltene und zu einem Wohnhaus unter den strengen denkmalpflegerischen Auflagen umgebaute und sanierte

heißt es hier: „Extensive research was done, after which the structure was restored and converted into a restaurant and offices. The preservation of the historic structure was part of an Africa-Israel Company Project, which included: the preservation of three buildings along Herzl Street; the construction of an office tower; the excavation and building of a large underground parking garage; and the positioning of an urban square above it. This planning was preceded by meticulous historical and architectural documentation, serving as the basis for the complex plan for the structure's restoration, in general, and the sea sand and shell bricks façades at the ground level, in particular. Remnants of the original façades were discovered only after the dismantling of the later additions and they were integrated into the restored façade."

157 Zur Baugeschichte und zum 2013 begonnenen Umbau vgl. Amnon Bar Or / Tal Gazit: Nahmani Street 43, Tel Aviv-Jaffa – Lodzia House. http://www.amnon-baror. co.il/?projectpt1=רחוב-נחמני-43-תל-אביב-יפו-בית-לודזיה&lang=en (Zugriff am 01.02.2019).

158 Der Name wurde ihr zu Erinnerung an die polnische Stadt Łódź gegeben. Vgl. ebd.

IV Geschichte finden

31

Gebäude zeugt nicht nur vom Engagement und Wirken seines Bauherren, sondern ebenso von der frühen Entwicklung der Stadt jenseits der Wohnbauten und wachsenden Einwohner:innenzahlen.

Das Erdgeschoss des Hauses Weiss ist heute in seinen wesentlichen Teilen – in den Fassaden zur Herzl St. und zur Achad Ha'am St. – noch in mit Muschelschalen hergestellten Ziegeln ausgeführt,[159] wodurch sich das ursprünglich eingeschossige Gebäude nach wie vor erkennen lässt.[160] Das obere Geschoss ist verputzt. Nimmt man dies als Ausgangspunkt, dann wird deutlich, dass die Erweiterung neben dem zweiten Geschoss zudem eine Vergrößerung der Grundfläche um einen schmaleren Anbau umfasste. Hier findet sich ein letzter Hinweis auf die Geschichte des Ortes: An der Außenfassade des über einer viertelkreisförmigen Grundfläche errichteten Treppenhauses zeigt ein großflächiges Mosaik eine Abbildung des Herzl-Gymnasiums, des zentralen Gebäudes von Achusat Bajit / Tel Aviv. (Abb. 2) Dieses stand bis 1962 direkt gegenüber auf der anderen Straßenseite, ein Umstand, der hier nicht nur ins Gedächtnis gerufen wird, sondern der

159  Bar Or / Gazit: Nahmani Street 43.
160  Amnon Bar Or und Tal Gazit schreiben: „Over the years, the building underwent many changes, making the identification of the original building almost impossible." (Ebd.)

auf die herausragende Lage des Wohnhauses von Weiss und seine besondere Stellung als Akteur innerhalb der Gründungsgeschichte verweist.

Zwei weitere markierte Bauten sollen im Folgenden betrachtet werden. Zunächst ein zweigeschossiges vormaliges Wohngebäude, *Mani Haus* genannt, streng symmetrisch in seiner Straßenfassade, mit vorgelagerten Balkonen bzw. Terrassen an beiden Geschossen, an der Yehuda HaLevi St. 36 gelegen. Es wurde saniert und wird mittels einer Tafel in seiner Geschichte präsentiert. Auffällig ist es, da es von einem Hochhaus gerahmt wird. (Abb. 31) Ein Vergleich zwischen der Zeichnung und dem Bau zeigt, dass ursprünglich die Terrasse im Erdgeschoss um die beiden Seitenfassaden herumgeführt worden war. Der Text gibt an, dass es zwischen 1910 und 1913 von Shlomo Barsky errichtet wurde, einem aus Jaffa stammenden Geschäftsmann.[161] 1930 war es dann an Rabbi Yitzhak Malchiel Mani (1860–1932) verkauft worden, den ersten jüdischen Richter am Supreme Court in Palästina. Über das Gebäude heißt es in dem Text:

> Made of sandstone, the structure / incorporates traditional methods used to build / urban residential buildings in Jaffa. The building's / interior design which includes decorated floors, / wall and ceiling paintings, testifies to the / housing culture of the bourgeois at the turn / of the century.

Die Angaben zur Inneneinrichtung können nicht überprüft werden, da das Haus geschlossen ist. Sie verbinden es aber nicht allein mit seiner Geschichte, sondern zusätzlich mit Europa und mit Jaffa sowie mit klassenspezifischen Vorlieben und einem allgemeinen bürgerlichen Geschmack dieser Zeit. Das heißt, die Beschreibungen stellen das Haus in einen größeren räumlichen und gesellschaftlichen Kontext. Das direkt angrenzende Hochhaus der Leumi Bank, zu dem der historische Bau heute gehört, zeigt die deutlichen Gegensätze zwischen historischer und zeitgenössischer Architektur an. Der Altbau wirkt in diesem Ensemble als Fremdkörper, der weder in seiner heutigen Funktion noch in seiner bauhistorischen Beziehung zuordenbar ist. Er irritiert, kann so aber zusätzliche Aufmerksamkeit für den Komplex generieren. Die enge räumliche Beziehung zwischen historischer und neuer Bausubstanz, für die sich im Stadtbild weitere Beispiele finden lassen, geht zurück auf eine städtische Vorgabe, nach der Grundstücke für derartige Neubauprojekte genutzt werden können, wenn die Bauherren die Sanierung historischer Bauten ermöglichen und finanzieren. Um Areale für diese Hochhäuser zu erhalten, müssen allerdings bestehende Gebäude abgerissen werden. Die Kriterien der Auswahl sind nicht transparent.

---

161 Vgl. Bank Leumi: Leumi Hosts "One, Two and Three". Public Artwork Exhibition. https://english.leumi.co.il/Articles/23411/ (Zugriff am 14.05.2017).

32

Das dreigeschossige Eckgebäude Lilienblum St. 26 / Herzl St. 13 verfügt über eine streng geradlinige und reduzierte Ornamentik, Beton- und Erkerkonstruktion sind sichtbar. (Abb. 32) Ein an der Lilienblum St. zurückgesetzter Anbau besitzt ungewöhnlich große Fensterflächen. Zusätzlich heben zwei Tafeln den Bau hervor. Die erste – deutlich größer als alle bisher besprochenen – zeigt mit einer leicht untersichtigen Zeichnung die beiden oberen Geschosse des Gebäudes in ihrer Ansicht von der Herzl St. Dem Text zufolge wurde es 1909 von Olga und Yitzhak Frank errichtet, wie die meisten der originalen Bauten von Achuzat Bait eingeschossig und mit einem Ziegeldach. Bereits 1912 verkauften die Besitzer es an Haim und Tova Shiff, die es 1924 umbauten. Zwei weitere Geschosse nach Plänen des Architekten Joseph Berlin (1877–1952) und seines Partners, des Ingenieurs Richard Pasovsky, wurden ergänzt und die ersten beiden Geschosse in Geschäftsräume umgewandelt. Es kann also davon ausgegangen werden, dass die Innenaufteilung der Räume dabei verändert wurde. Inwieweit die Fensterflächen im Erdgeschoss der neuen Funktion angeglichen wurden, muss Spekulation bleiben. Hinter ihnen sind vergrößerte historische Aufnahmen von Tel Aviv zum Beispiel aus dem Jahr 1926 angebracht. Darauf, dass es sich bei dem Gebäude um eines der wenigen im Art Déco errichteten Häuser handelt, weist die Tafel nicht hin. Dieser ebenfalls ab Ende der 1910er Jahre umgesetzte Stil findet sich an einigen der umliegenden Bauten unter anderem in der Herzl St. – ebenso wie in ihrer Verlängerung zum südlich gelegenen Viertel Florentin. Diesen Bauten ist bisher in der Architekturgeschichtsschreibung und der gestalteten Vermittlung im öffentlichen Raum keine explizite Aufmerksamkeit geschenkt worden, unter Umständen weil im quantitativen Vergleich zur eklektizistischen und zur modernen Architektur nur wenige Beispiele realisiert wurden. Gleichwohl wird mit ihnen deutlich, dass es durchaus noch weitere Einflüsse auf die regionale Architektur dieser Zeit gab.

Die Gebäude Herzl St. 2 und Lilienblum St. 26 / Herzl St. 13 sowie Yehuda HaLevi St. 36 waren ursprünglich Wohnbauten, heute sitzen hier privatwirtschaftliche Einrichtungen. Damit hat ein grundlegender Wechsel in Nutzung und Bedeutung stattgefunden. Ein derartiger Funktionswandel lässt sich bei zahlreichen im vormaligen Areal von Achusat Bajit stehenden sowie bei vielen der eklektizistischen Bauten in der gesamten Stadt beobachten. Für die drei hier genannten ist zudem auffällig, dass sich die Tafeln von denen unterscheiden, die seitens der Stadt für sanierte Bauten aus dem Konservierungsplan vergeben werden. Die drei Kennzeichnungen gehen auf privates Engagement von Investor:innen und/oder Hausbesitzer:innen zurück, die damit indirekt auf ihr Engagement und ihre Beziehung zur Geschichte der Stadt verweisen. Die Inhalte der Tafeln machen auf das Wirken von besonders prominenten Bewohner:innen aufmerksam; die Geschichte des Ortes wird damit nicht nur über die Architektur, sondern zusätzlich über eine Auswahl der Gründer:innen erzählt. Perspektivisch ist davon auszugehen, dass das Areal, seine Bauten und seine Geschichte in den kommenden Jahren für die Erzählung weiter an Relevanz gewinnen, das heißt, dass sie weitere Markierungen nach sich ziehen werden. Bereits 2018, im Zuge der Feierlichkeiten zum 70. Jahr der Staatsgründung, initiierte die Stadtverwaltung Tel Avivs einen sogenannten Independence Trail, der mittels einer beleuchteten Metallschiene im Boden zehn als historisch relevant definierte Orte zwischen der Stadtgründung 1909 und der Unabhängigkeitserklärung 1948, unter ihnen das Haus von Akiva Arieh Weiss, im öffentlichen Raum verbindet. (Abb. 5, 27)

Das Gebäude Lilienblum St. 26 / Herzl St. 13 besitzt eine weitere Besonderheit: An einem etwas versteckt liegenden Seiteneingang, der für einige Jahre in ein von der Israel Discount Bank etabliertes Museum führte, ist ein Lageplan angebracht. Er zeigt die städtebaulichen Situationen von 1919 und 2009 – also die Veränderungen in der Anlage der Grundfläche innerhalb von 90 Jahren. Unklar ist, was der Rahmen der Darstellung ist: Neve Tzedek ist nicht markiert, die Präsentation zeigt lediglich die Grenze zu dem im Westen angrenzenden Viertel. Sie bezieht allerdings die Bebauung an der Nachalat Binyamin St. ein und geht nördlich über die Montefiori St. hinaus. Folgt man den Überlagerungen in der Zeichnung von 1909 und 2009, ergibt sich, dass neben den genannten Bauten Herzl St. 2 und 13 lediglich ein weiteres Gebäude in

33

seiner Grundfläche unverändert geblieben ist. (Abb. 33) Es befindet sich an der Ecke der Kalischer St. und der heutigen Hana and Mordechei Veisser St.; es blieb im Unterschied zu den Bauten an der Herzl St. über die Jahrzehnte eingeschossig und wird heute als Geschäft genutzt. Einen expliziten Hinweis auf seine Geschichte in Form einer Tafel findet sich nicht. Inwieweit es bereits 1909 oder 1910 errichtet wurde, lässt sich auf dieser Ebene nicht eruieren.

Deutlich wird mit dem Lageplan das schnelle Wachstum der Siedlung: Waren es im April 1909 60 Grundstücke, die verlost wurden, sind für das Jahr 1919 bereits 144 Gebäude eingezeichnet. Die Zahl der Häuser hat sich demnach in den ersten zehn Jahren mehr als verdoppelt. Die Anlage von Bauten zur Gründung der Stadt gab eine Struktur vor, die sich bis heute im Verlauf der Straßen zeigt. Mit ihnen werden zwei weitere Aspekte deutlich: Zum einen bestand durch die Straßen von Beginn an eine Verbindung zu der 1887 gegründeten Siedlung Neve Tzedek. Sowohl bei der Lilienblum St. als auch bei der Yehuda HaLevi St. handelt es sich um Verlängerungen von existierenden Straßen. Zum anderen verdeutlichen die Straßenverläufe neben den Beziehungen zur Vergangenheit die weitere Entwicklung der Stadt: Der Rothschild Blvd. und die parallel angelegte Ahad Ha'am St. wurden mit dem Wachstum der Stadt in einem Bogen nach Norden geführt, wo sie im Bereich des heutigen Habima-Platzes enden. Die Herzl St. verbindet in ihrer Verlängerung nach Süden das vormalige Areal Achusat Bajit mit Florentin. Die Gebäude der frühen Jahre wurden dagegen – wenn nicht abgerissen – in umfangreichem Maße durch die Addition von Geschossen und Anbauten vergrößert und im Zuge dessen den zeitgenössischen architektonischen Vorstellungen angepasst.

Das mit Hilfe erhaltener und/oder gekennzeichneter Bauten hergestellte Bild der Anfangsjahre gewinnt an Schärfe und gleichzeitig an Widersprüchen mit einer Ausstellung im Erdgeschoss des Shalom Meir Tower, die unter anderem Modelle von Achusat Bajit zeigt. Ein Gesamtmodell der Anlage bildet das Jahr 1910 ab und besteht aus mehr als 80 Gebäuden, mehrheitlich eingeschossige und kleine Bauten mit roten Walmdächern in eingezäunten Gärten. Das Areal endet nördlich des Herzl-Gymnasiums. In einer Vitrine wird eines dieser Gebäude als „TYPICAL PRIVATE HOUSE IN LITTLE / TEL AVIV 1910" vorgestellt. Die bisher porträtierten Bauten entsprechen allesamt nicht diesem Bild, vielmehr zeigt sich bei ihnen ein deutlich höherer Gestaltungsanspruch. Sie zeugen vom Beginn der Etablierung einer eklektizistischen Architektursprache in Tel Aviv. Es haben vor allem Häuser die massive Umgestaltung des Areals bis in die Gegenwart überstanden, die nicht als ‚typisch' bezeichnet werden können, deren Bau nach 1909 begann oder deren originale Substanz genügend Potential für Veränderungen besaß. Deutlich wird, wie schnell sich die Siedlung veränderte und die Akteur:innen sie den neuen Bedingungen – darunter schnell steigende Bewohner:innenzahl, notwendiger Platz für privatwirtschaftliche Unternehmungen – anpassten. Hierbei wird ersichtlich, wie wenig Stellenwert ein einzelnes Gebäude haben konnte, wenn es um den Ausbau ging.

Der Shalom Meir Tower bietet nicht nur den Raum für die Ausstellung städtischer Geschichte; wie bereits angemerkt, markiert er vielmehr einen besonderen Platz im städtischen Raum. Das bis 1962 hier situierte Herzl-Gymnasium[162] gilt als „eine erste offizielle Manifestation des Zionismus, mit den Methoden der Siedlungs- und Kulturarbeit in Palästina eine neu-alte geographische wie auch spirituelle Heimat aufzubauen".[163] Das Gebäude, das als erstes hebräisches Gymnasium im Kontext der Entstehung und Geschichte von Achusat Bajit und dem frühen Tel Aviv einen zentralen und prominenten Platz in der Infrastruktur einnahm und von zahlreichen Stellen aus sichtbar gewesen sein dürfte, verweist auf zwei Aspekte: Mit ihm bildete eine nicht-religiöse Einrichtung das Zentrum der neu gegründeten Siedlung und späteren Stadt. Zudem

---

162  Vgl. Batya Donna: From Gymnasium to Tower. In: *Ariel. Eine Zeitschrift zur Kunst und Bildung in Israel* 77/78 (1989), S. 93–98.

163  Vgl. Anna Minta: Das Herzlia-Gymnasium in Tel Aviv (1909) – Synthese zionistischer Vision und messianischer Verheißung. In: Dies.: *Israel bauen. Architektur, Städtebau und Denkmalpolitik nach der Staatsgründung 1948.* Berlin: Reimer 2004, S. 365–380, hier S. 380.

spiegelte es wie viele andere öffentliche Einrichtungen die Suche nach einem Baustil für einen zukünftigen jüdischen Staat wider.

Der Shalom Meir Tower, der weder in seiner äußeren Form noch in seiner Innengestaltung auf das Gymnasium Bezug nimmt, erinnert dennoch an die Abwesenheit des Gebäudes und ermöglicht eine Verortung der Geschichte. Denn die Siedlung als bauliche Anlage ist in ihrer vormaligen Erscheinung und in ihren Grenzen kaum noch auszumachen. Dies liegt nicht nur an den fehlenden Bauten dieser Epoche oder an den nur punktuell etablierten Erinnerungszeichen. Dass die Gebäude heute aus so unterschiedlichen Zeiten stammen und wesentliche Straßen übergangslos in die angrenzenden Areale verlaufen, lässt das frühere Achusat Bajit zum integralen Bestandteil der heutigen Stadtstruktur werden. Der Shalom Meir Tower bildet hier einen Fixpunkt in der Orientierung.

### Enklaven im städtischen Raum. Die ehemaligen Templersiedlungen

Weitaus deutlicher lassen sich die Siedlungen im heutigen Stadtraum ablesen, die vor 1909 oder parallel zu Achusat Bajit / Tel Aviv entstanden sind und die im Verlauf der Stadtausdehnung nach und nach einbezogen wurden. So schließen sich an das Areal von Achusat Bajit in Richtung Mittelmeer weitere Räume an, die auf die Differenziertheit der Entstehungsgeschichte, auf Überlagerungen und Aneignungen aufmerksam machen. Da ist etwa der seit einigen Jahren wiederhergestellte Raum der nach 1900 errichteten ehemaligen Siedlung der Templerfamilie von Hugo Wieland sowie des angrenzenden Bahnhofsgebäudes der 1892 eröffneten Bahnlinie Jaffa-Jerusalem.[164] Letzteres gibt dem Areal seinen Namen: HaTachanah. Als eine Folge der Wiederentdeckung wurden 22 Gebäude umfangreich saniert und mit neuen Nutzungen – kulturellen und kommerziellen – versehen. Wohnungen entstanden nicht. Das Areal ist damit einem vollständigen Funktionswechsel unterzogen worden, der Einfluss auf die innere Struktur der historischen Bauten hat. Gleichzeitig wird der Bereich durch seine Architektur – freistehende, ein- und zweigeschossige Riegel mit Walm- oder Satteldächern und Fensterläden – aus der Umgebung herausgehoben;[165] ein Effekt der durch die zahlreichen Informationstafeln, die hier eine besonders dichte Erzählung der Geschichte des Ortes erzeugen, noch verstärkt wird. (Abb. 34)

---

164 Miriam Woelke: HaTachanah. Der alte Bahnhof von Tel Aviv, Teil 1. In: *Leben in Jerusalem*, 02.10.2011. http://lebeninjerusalem.blogspot.de/2011/10/hatachanah-der-alte-bahnhof-von-tel. html (Zugriff am 05.11.2014).

165 Uwe Altrock schreibt, dass in diesen Siedlungen „der europäische Ursprung der christlichen und jüdischen Siedler baulich deutlich ablesbar war (und bis heute teilweise geblieben ist)." (Altrock: *Stadtplanung*, S. 3.)

34

Ganz anders verhält es sich mit der Siedlung Valhalla, die sich zwischen der Eilat St. und der vormaligen Eisenbahnlinie nach Jerusalem erstreckt. Neben einigen kleinen Nebengebäuden können ihr mindestens fünf zweigeschossige Mehrfamilienhäuser mit Zelt- oder Walmdächern noch zugeordnet werden. Ein sechstes ist zum einen aufgrund seiner heutigen Nutzung als Schechter Institute for Jewish Studies und zum anderen mit Hilfe einer Tafel exponiert herausgestellt. Diese weist darauf hin, dass das Areal 1886 von der „Lorenz family" erworben wurde, die in dem Gebäude lebte, hier ein Café und ein Filmtheater eröffnete und einen Festsaal betrieb. Während der 1930er Jahre habe es dann eine Reihe pro-nationalsozialistischer Veranstaltungen gegeben, bevor 1940 die britische Mandatsregierung das Gebäude übernahm. Diese Aussage verbindet das Gebäude mit allen anderen Templersiedlungen in der Region und in Palästina: Zahlreiche Templer:innen und andere sogenannte Palästinadeutsche gründeten nationalsozialistische Organisationen und Gruppierungen oder schlossen sich ihnen an, neben der NSDAP gab es zum Beispiel Ortsgruppen der Hitlerjugend, des Bundes deutscher Mädel oder der Deutschen Arbeitsfront.[166]

166  Vgl. grundlegend Heidemarie Wawrzyn: *Nazis in the Holy Land 1933–1948*. Berlin: de Gruyter 2013.

35

Die Briten internierten die Templer:innen 1939 zunächst, bevor sie sie zwei Jahre später nach Australien verbrachten.[167]

Die Tafel am Schechter Institute führt weiter aus, dass das Gebäude als Club für britische Offiziere und zwischen 1951 und 1975 als Hostel der israelischen Armee (IDF) genutzt wurde, in dem sich des Weiteren ein Restaurant, ein Auditorium und eine Hochzeitshalle befunden haben. Nach Jahrzehnten des Leerstands wurde es 2012 restauriert und vom Schechter Institute und dem Legacy Heritage Institute übernommen. Heute gibt es hier wieder ein Restaurant, das den Namen Lorenz trägt und damit eine Beziehung zur Geschichte des Ortes herstellt. Der Text geht nicht auf die Siedlung ein. Das Gebäude selbst ist prominent an der Zufahrt von der Eilat St. gelegen und in seinen Fassaden in der heutigen Nutzung beschriftet. (Abb. 35) Die anderen erhaltenen

167 In den letzten Jahren, in der Regel im Zusammenhang mit der in Tel Aviv gelegenen ehemaligen Templersiedlung Sarona, erschienen zahlreiche Artikel in deutschen Medien zur Geschichte dieser Gruppe in Palästina und ihrer Bedeutung für die Region. Vgl. exemplarisch Gisela Dachs: Das deutsche Dorf in Tel Aviv. In: *Zeit Online*, 08.01.2008. http://www.zeit.de/2007/52/Tel-Aviv-Templer (Zugriff am 24.09.2014).

Bauten sind (mehrheitlich) bewohnt, auf ihre Geschichte wird in Publikationen nicht explizit verwiesen.[168]

Eine weitere ehemalige Templersiedlung, Sarona,[169] befindet sich nordöstlich von den bisher genannten Arealen und ist mit heute 37 Gebäuden weitaus größer als diese. Sarona wurde Anfang der 2000er Jahre in seiner Geschichte wiederentdeckt und in der Folge aufwendig saniert. 2014, im Rahmen der Eröffnung von nun hier etablierten Läden, Galerien und Restaurants bekam es als das „größte, jemals durchgeführte Denkmalpflege-Projekt in Tel Aviv"[170] zusätzliche Bedeutung. Als spektakulär wurde die Einrichtung unter anderem wahrgenommen und vermittelt, weil fünf Gebäude, die ursprünglich auf der anderen Seite der heutigen Eliezer Kaplan St. auf dem Gelände des Verteidigungsministeriums lagen, an einen neuen Standort versetzt wurden. Die heute existierende Struktur entspricht somit nicht der historischen. Auf dem Militärgelände befinden sich noch weitere vormalige Templerbauten.

Sarona hat heute den Charakter eines Ausflugsviertels. Tafeln erläutern die Geschichte, zusätzlich werden Führungen angeboten. (Abb. 36) Gleichzeitig wird der Bruch zwischen der Geschichte des frühen 20. Jahrhunderts und dem heutigen Israel besonders deutlich: Das Areal wird zunehmend gerahmt und dominiert von modernen Hochhauswohn- und Geschäftsbauten. Sarona kommt damit nicht nur die Aufgabe zu, Raum für Konsum zu bieten, sondern es verbindet die Gegenwart mit der Vergangenheit, welche in dieser Weise allerdings als pittoreske Episode erscheint. Auffällig ist, dass die Siedlung – und dies verbindet sie mit den oben genannten Arealen der Templer:innen – nicht im Kontext der allgemeinen Stadterzählung präsentiert wird, sondern losgelöst von ihrer räumlichen und historischen Entwicklung steht. Schließlich scheint die Möglichkeit einer Nutzung nach dem Prozess einer Wiederentdeckung der Geschichte und Sanierung der Bauten in Tel Aviv allein im Bereich der Freizeitgestaltung mit Beschränkung auf Shopping und Gastronomie zu liegen. Anders als zum Beispiel eine vormalige Templersiedlung in Jerusalem, die von der Stadtverwaltung bereits 1973 unter Denkmalschutz

---

168 Allerdings erschienen im Kontext der Renovierung des Gebäudes Artikel in der israelischen Presse, u. a. Joanna Paraszczuk: Reviving Tel Aviv's Valhalla. In: *Jerusalem Post*, 05.05.2010. http://www.jpost.com/Features/Front-Lines/Reviving-Tel-Avivs-Valhalla (Zugriff am 29.05.2017). Auf der Webseite des Schechter Instituts wird das Gebäude Neve Tzedek zugeschrieben, der „first neighborhood of Tel Aviv". Vgl. Neve Schechter: About Us. http://neve-schechter.org.il/en/about-us/ (Zugriff am 29.05.2017).

169 Vgl. Helmut Glenk: *From Desert Sands to Golden Oranges. The History of the German Templer Settlement of Sarona in Palestine 1871–1947*. Bloomington: Trafford 2005; Dachs: Das deutsche Dorf.

170 Sarona. In: *Israel Magazin*. http://www.israelmagazin.de/israel-orte/tel-aviv-telaviv/sarona (Zugriff am 24.09.2014).

36

gestellt wurde,[171] wurden weder HaTachanah noch Sarona als Wohngebiete entwickelt. All dies macht die Areale zu exkludierten Bereichen im städtischen Raum. Während sie im Kontext jüdischer und israelischer Darstellungen in situ einen ‚exotischen‘, abgeschlossenen Aspekt der Geschichte präsentieren, scheinen sie für die Erzählung in deutschsprachigen Publikationen vor allem dazu zu dienen, den Einfluss deutscher Siedler:innen auf die frühen Entwicklungen in der (Bau-)Technologie, der Landwirtschaft etc. herauszuheben. Deutsches Engagement und Wirken wird damit als elementar für die Entstehung des Landes herausgestellt. Betont werden stets die guten Beziehungen zur jüdischen und arabischen Bevölkerung; die Begeisterung für nationalsozialistische Ideen und ihr Engagement in NS-Organisationen werden bestenfalls marginal behandelt. So widmete beispielsweise der Journalist Hans-Christian Rößler in einer Reportage über Sarona für die *Frankfurter Allgemeine Zeitung* diesem Teil der Geschichte zwei Sätze: „In den dreißiger Jahren wendeten sich viele von ihnen den Nationalsozialisten zu. In Palästina wurde Hitlers Geburtstag gefeiert, Hakenkreuzfahnen wurden gehisst, und die

171  Vgl. Heike Zaun-Goshen: Die Deutsche Kolonie in Jerusalem. In: *All About Jerusalem.* http://allaboutjerusalem.com/de/article/die-deutsche-kolonie-jerusalem (Zugriff am 25.04.2018).

Hitlerjugend sang ‚Fahne empor'."[172] Die unter anderem als Nahost-Korrespondentin tätige Gisela Dachs schrieb in ihrem Beitrag für die *Zeit* immerhin drei Sätze:

> Spätestens 1938 besaß jeder dritte Templer ein braunes Parteibuch, im Vergleich zu andern Gruppen von Deutschen im Ausland eine extrem hohe Zahl. „Man kann zweifellos von einer Selbstnazifizierung sprechen", sagt der deutsche Historiker Ralf Balke. Christlicher Antisemitismus habe dabei auch eine Rolle gespielt.[173]

Andere Veröffentlichungen verzichten sogar gänzlich auf eine Darstellung zur NS-Vergangenheit der Templer:innen.[174] Unter anderem wurden gemäß einer Publikation des Bundesinstituts für Bau-, Stadt- und Raumforschung im Bundesamt für Bauwesen und Raumordnung zur „Weißen Stadt Tel Aviv"[175] die Templer:innen scheinbar ohne eine unmittelbare Vorgeschichte

> nach 1945 offiziell als Deutsche geächtet [und] wie teils zuvor schon in den 1930er Jahren und dann ab 1947 aus dem jungen Staat Israel systematisch ausgewiesen. Das gleiche Schicksal ereilte zuvor auch schon die arabischstämmigen Palästinenser in den 1940er Jahren.[176]

Araber und Deutsche werden hier unterschiedslos zu Opfern jüdischer / israelischer Politik.

Südlich der Areale von HaTachanah und Valhalla, entlang der Auerbach St. und der Bar Hoffmann St. verweisen einige mehrheitlich zweigeschossige Holz-Wohnhäuser mit Satteldächern und eine Kirche auf eine weitere Siedlungsgeschichte. Errichtet wurden sie zunächst ab 1866 von einer Gruppe US-amerikanischer Protestant:innen, erworben und genutzt ab 1869 von den christlichen, aus Württemberg stammenden Templer:innen. Die Bewohner:innen wurden ebenso wie die in den bereits genannten deutschen Siedlungen lebenden ab 1941 von der britischen Mandatsregierung interniert und schließlich deportiert. Auch dieses Eigentum fiel nach 1948 an den israelischen Staat, auch hier folgte nach ersten Nutzungen ein Verfall der Bausubstanz und die Wiederentdeckung der Bauten und ihrer Geschichte ab den frühen

---

172  Hans-Christian Rößler: Tel Aviv. Der Kampf um die Weiße Stadt. In: *Frankfurter Allgemeine Zeitung*, 08.05.2013. http://www.faz.net/aktuell/gesellscha /tel-aviv-der-kampf-um-die-weisse-stadt-12175774.html (Zugriff am 01.06.2018).

173  Dachs: Das deutsche Dorf.

174  Zaun-Goshen: Die Deutsche Kolonie in Jerusalem.

175  Miriam Hohfeld / Gereon Lindlar: *Weiße Stadt Tel Aviv. Zur Erhaltung von Gebäuden der Moderne in Israel und Deutschland*. Bonn: Bundesinstitut für Bau-, Stadt- und Raumforschung 2015.

176  Ebd., S. 110.

37

2000er Jahren. Die aufwendig restaurierten Gebäude nehmen neben Wohnraum ein Hotel, eine Mission, ein Hostel und ein Community Center auf. Im sogenannten *Main Friendship House* gibt es eine kleine, privat initiierte Ausstellung zur Geschichte des Ortes. (Abb. 37) Seine Wiedereinrichtung als sichtbarer, gebauter Raum war mit ihr von Anbeginn als Vermittlung seiner Geschichte initiiert.


### Gleichzeitigkeiten. Jüdische Siedlungen

Das ca. 1887 gegründete Viertel Neve Tzedek wird als erste neu gegründete jüdische Siedlung[177] und manchmal sogar als „Tel Avivs [...] Gründungsstadtviertel"[178] bezeichnet, ohne dass mit Blick auf Achusat Bajit dieser Widerspruch aufgelöst wird. Das Areal ist heute noch deutlich von seiner städtischen Umgebung

177  Vgl. u. a. Ursula Wokoeck: Hundertjahrfeier in Tel Aviv-Jaffa. In: *Heinrich Böll Stiftung*, 30.05.2005. http://il.boell.org/sites/default/files/downloads/Tel_Aviv_centennial_May_2009. pdf (Zugriff am 04.06.2017), S. 6.
178  Julia Stanek: Oase zwischen Wolkenkratzern. In: *Spiegel Online*, 02.04.2004. http://www. spiegel.de/reise/staedte/zu-besuch-in-tel-avivs-gruendungsviertel-neve-tzedek-a-821788.html (Zugriff am 04.06.2017).

unterscheidbar. Es ist charakterisiert durch dicht gebaute kleine Häuser mit innen-
liegenden Höfen an engen, parallel verlaufenden Straßen. (Abb. 38) Bereits in den
1980er Jahren setzten hier umfangreiche Sanierungsmaßnahmen ein. Für die Wiederherstellung der Gebäude galten zunächst kaum Bestimmungen eines Denkmalschutzes,[179] und so ist zwischen originaler und neuer Bausubstanz nur noch bedingt zu
unterscheiden. Heute handelt es sich um ein etabliertes, wohlhabendes und in weiten
Teilen saniertes Viertel, von dem es in Reiseführern heißt, es „sprudelt voller Galerien, Museen, Restaurants, Cafés, Bars und kleinen Geschäften."[180] Im Raum selbst
erinnert neben der baulichen Erscheinung nur wenig an die Entstehungsgeschichte.
Tafeln existieren nur in Ausnahmen, so besonders prominent auf einem Bauschild,
das seit Jahren auf die (geplante) Wiederherstellung des vormaligen Wohnhauses von
Aharon Chelouche (1840–1920), einem der Gründer der Siedlung, aufmerksam macht.
Die Tafel skizziert die Entstehungsgeschichte des 1890 errichteten Gebäudes sowie
einer angrenzende Fabrik für vorgefertigte Betonelemente. Gegenüber, am Eckhaus
Aharon Chelouche St. und Shim'on Rokach St., finden sich zwei weitere Tafeln. Sie

179  Für einen Umgang mit der Siedlung vgl. Altrock: *Stadtplanung*, S. 26.
180  Vgl. Claudia Stein: *Tel Aviv*. Norderstedt: BoD 2012, S. 80.

IV  Geschichte finden

erinnern an die Geschichte der jüdischen Gemeinschaft Anusei Mashad aus der nordiranischen Stadt Mashad seit dem Jahr 1747 und an die Pogrome, denen sie ausgeliefert war: Nach dem im April 1839 ergangenen Zwang, zum Islam überzutreten, mussten Juden:Jüdinnen ihr Judentum in Persien im Geheimen praktizieren. Mit Beginn des 20. Jahrhunderts fingen sie an, die Stadt zu verlassen, und nach einem erneuten Pogrom im Jahr 1946 begannen sie, sich weltweit, darunter in Palästina / Israel, niederzulassen. Hier gründeten sie Synagogen sowie eine Vielzahl karitativer Einrichtungen. Für eine solche nutzten sie beispielsweise zwischen 1958 und 1992 das mittels der Tafeln markierte Haus sowie zwei weitere Gebäude, um ein Heim für ältere Frauen / Mütter (Ezrat Nashim Beit Imahot) zu betreiben. Die Tafeln erinnern so nicht allein an die spezifische Vergangenheit dieses Gebäudes, sondern vermitteln die Geschichte von jahrhundertealtem Antisemitismus und von der Einwanderung der Mizrachim, jener Juden und Jüdinnen aus arabischen Ländern. Ihre Situation und die Voraussetzungen, unter denen sie sich in Israel etablieren konnten und können, sind allgemein schlechter als die (west-)europäischer Juden:Jüdinnen. Sie gelten in ihren Erfahrungen und ihrer Lebensrealität oft als nicht wahrgenommen – ein Umstand, der allerdings im Wandel begriffen ist. Die Tafel ist der bisher einzige Hinweis im städtischen Raum, der explizit eine Gemeinschaft dieser Gruppierung thematisiert und sie zumindest punktuell verortet.

Vor und parallel zu Achusat Bajit entstanden weitere Siedlungen außerhalb von Jaffa, darunter Neve Shalom (ab 1890),[181] Ohel Moshe (ab 1907) und Nachalat Binyamin (1911).[182] Sie haben – ebenso wenig wie das in den 1930er Jahren von Juden:Jüdinnen aus Thessaloniki gegründete Florentin, ein von Handel, Handwerk und Industrie geprägtes Viertel, oder die ab 1922 errichtete Siedlung Shapira – bisher weder eine Einbindung in die offizielle historische Stadterzählung gefunden noch werden sie im Raum mittels Erinnerungszeichen markiert.[183] Allerdings verweisen zum Beispiel der Text von Ursula Wokoeck zur Hundertjahrfeier von Tel Aviv,[184] die Publikationen und Interviews von Sharon Rotbard[185] oder die Veröffentlichung von Mark LeVine[186] auf ihre vormalige Existenz. Dies zeigt,

---

181 Hohfeld / Lindlar: *Weiße Stadt Tel Aviv*, S. 110.

182 Vgl. Mark LeVine: *Overthrowing Geography. Yaffa, Tel Aviv, and the Struggle for Palestine. 1880–1948*. Berkeley: U of California P 2005, S. 76 (Table 3. Land Purchases in Tel Aviv until World War I). Die Jahreszahlen unterscheiden sich hier teilweise von anderen Autor:innen. So gibt er im Vergleich zu Wokoeck zum Beispiel 1886 als Gründungsjahr für Neve Tzedek an.

183 Allerdings gibt es nach wie vor eine Straße, die Nachalat Binyamin heißt und auf diese Weise die Siedlung markiert.

184 Wokoeck: Hundertjahrfeier.

185 Rotbard: *White City, Black City*; ders.: History of South Tel Aviv. In: *Youtube*, 05.02.2012. https://www.youtube.com/watch?v=3mXUpDeb_Hk (Zugriff am 05.08.2018).

186 LeVine: *Overthrowing Geography*.

dass diese Orte und ihre Bedeutung für die Geschichte der Stadt im Zuge wissenschaftlicher und journalistischer Arbeiten Relevanz besitzen, aber auch, dass Medien jenseits offizieller Darstellungen und öffentlicher Stadträume genutzt werden (können), um ihre Einbindung zu thematisieren und so ihre Bedeutung herzustellen. Dies geschieht, ebenfalls ein Charakteristikum der Entwicklung, für die das Wirken Rotbards oder der Artikel Wokoecks exemplarisch stehen können, zuerst über eine Kritik an offiziellen Lesarten, Zuschreibungen und/oder (vermeintlichen) Auslassungen.

Darüber hinaus erfolgt die Einbindung einiger Viertel in die Erzählungen zur Stadt über die Gegenwart, so wird für Florentin auf seine heutige Nutzung als Ort einer jungen Kreativszene und als Ausgehviertel verwiesen, während Kerem HaTeimanim aufgrund seiner zentralen Lage neben dem HaCarmel-Markt mit der Stadt verknüpft ist. Für Shapira oder Neve Sha'anan fehlen dagegen aktuell (noch) langfristig wirksame positive Strategien einer Zuordnung, die eine Vereinnahmung ermöglichen. Die Areale werden öffentlich im Kontext ihrer Lage am neuen Busbahnhof sowie der hier lebenden hohen Anzahl von legalen und als ‚illegal‘ geltenden Migrant:innen öffentlich in der Regel diffamiert,[187] gleichzeitig begannen allerdings die ersten Prozesse einer Gentrifizierung, die eine Verdrängung nach sich ziehen und den Blick auf die Bauten ebenso wie auf die Geschichte verändern werden. Neben Neubauprojekten verweist darauf beispielsweise das Kunstfestival Nightlight Tel Aviv, das Ende Dezember 2018 bereits zum fünften Mal in Neve Sha'anan stattfand und neben zahlreichen Installationen im städtischen Raum das Viertel und seine Vergangenheit im Blick hat und es für die Bewohner:innen nördlicher gelegener Stadtbezirke positiv bestimmen will.[188]

Zudem weisen stets die erhaltenen baulichen Strukturen darauf hin, dass unterschiedliche Geschichten der Entstehung, Nutzung und Einwohnerschaft mit diesen Orten verbunden sind. So handelt es sich zum Beispiel bei Shapira um eine niedrige Bebauung, häufig aus Einfamilienhäusern mit kleinen Gärten und/oder Innenhöfen. Die Straßen werden von breiten Grünstreifen gesäumt. Florentin zeichnet sich dagegen durch ein Raster der Straßen und eine mehrgeschossige Blockrandbebauung aus, ebenso besitzt Kerem HaTeimanim parallel verlaufende Straßen, die historisch von kleinen, ein- bis zweigeschossigen, oft verwinkelten Häusern mit kleinen Innenhöfen gesäumt wurden, die nach und nach verschwinden. Zwar bleiben die Straßen in ihrem Verlauf und in ihrer Breite bestehen, die Bebauung wird allerdings zugunsten einer mehrgeschossigen, dabei einheitlicheren Blockrandbebauung ausgetauscht. Die (Reste der historischen)

---

187  Vgl. zu seiner Geschichte Rotbard: History of South Tel Aviv.
188  Nightlight Tel Aviv, 12/2018. In: https://www.facebook.com/nightlightfestivaltelaviv/ (Zugriff am 11.02.2019).

39

Architektur und besonders die städtebauliche Anlage machen hier jeweils die Ausdehnungen und Grenzen dieser Viertel sowie die historischen Verbindungen in ihre Umgebung deutlich sichtbar. (Abb. 39)

Schließlich gibt es an unterschiedlichen Punkten in der Stadt Ansammlungen kleiner, schlichter, eingeschossiger Bauten mit Walmdächern, deren Existenz im öffentlichen Raum nicht markiert und in Publikationen nur in Ausnahmefällen erwähnt, dabei aber nie erläutert wird.[189] (Abb. 40) Es handelt sich um mit einfachen Mitteln hergestellte Gebäude, vermutlich aus den 1910er und 1920er Jahren. Ihre Form erinnert an die im Modell von Achusat Bajit im Shalom Meir Tower gezeigte Bebauung oder an

189  So bildet Hohfeld / Lindlar: *Weiße Stadt Tel Aviv*, zwar das Bild eines solchen Gebäudes mit der Unterschrift „ältere Bebauung der Weißen Stadt im Bereich Pinsker Street, Tel Aviv, 2013" ab, geht aber im Text nicht auf diese Siedlungsformen ein. Ebd., S. 108. Auch Erde: *Tel Aviv Views*, o. P., zeigt derartige Bauten anhand von Soskins Aufnahmen und mittels eigener Fotografien. Sie werden als „Nordia"-Stadtviertel oder „Tel-Nordau"-Stadtviertel bezeichnet. Eine Lokalisierung unterbleibt. Lediglich Guy Raz: Ansichten von Tel Aviv. Photographien von Avraham Soskin und Ran Erde 1909–2009. In: Ebd., o. P., schreibt, dass „Nordiah" sich an der Stelle des heutigen Dizengoff Centers befunden habe. Und bei Joachim Schlör heißt es: „[W]enn auch immer seltener, finden sich im Schatten neu entstandener Bauten kleine einstöckige Häuschen mit Ziegeldächern, Überreste der frühsten Bebauung aus den Jahren vor und kurz nach dem Ersten Weltkrieg." (Schlör: *Tel Aviv*, S. 200.)

40

Wohnhäuser, die zum Beispiel Arieh Sharon in den 1930er Jahren für die Kibbuzim plante. Weil es sich in der Regel um Ensembles von mehreren Häusern handelt, kommt bei ihnen der Gedanke an Siedlungen und kleine Gemeinschaften auf. Da sie keinen Schutz genießen, in ihrer Bausubstanz schlecht sind und in sehr begehrten Wohnlagen stehen, werden sie sukzessive durch mehrgeschossige Neubauten ersetzt und perspektivisch verschwinden. Noch verweisen sie aber auf die Heterogenität der städtischen Entwicklung und Struktur, auf Siedlungs- und Bauaktivitäten jenseits der modernen und eklektizistischen Architekturen sowie der mit ihrem Bau einhergehenden städtischen Erweiterungen.

Inwieweit all die genannten Siedlungen in den folgenden Jahren weitere Prozesse durchlaufen, die ihre Bedeutung für die Entstehungsgeschichte Tel Avivs nachvollziehbar machen und auf die Pluralität der Stadt verweisen, kann zwar vermutet, muss an dieser Stelle aber zunächst noch offen bleiben. Allerdings bietet der Umstand, dass die erhaltenen Architekturen und Räume Informationen zu ihrer Entstehungszeit und -geschichte speichern und mindestens in Ausschnitten lesbar halten, eine Voraussetzung, dass ihre Geschichte auf dieser Ebene nicht vergessen, sondern re-konstruierbar bleibt. Die Beispiele machen nicht nur deutlich, dass Tel Aviv mehr ist als die White City. Sie zeigen darüber hinaus an, dass ihre Wiederherstellung eine Auswahl und Beschränkung darstellt, Re-Konstruktionen allerdings grundsätzlich dynamische Prozesse sind, die beständig gesellschaftlich ausgehandelt und verändert werden. Die Architekturen halten selbst in ihrer Vernachlässigung und in Phasen des öffentlichen Vergessen-Seins Informationen und das Potential ihrer Wiederentdeckung bereit, die immer eine Sichtbarmachung neuer Geschichten im öffentlichen Raum und historischen Darstellungen nach sich ziehen kann. In dieser Perspektive wird deutlich, dass die Gründung von Achusat Bajit bedeutete, dass sich mit ihr eine weitere, wenngleich größere Siedlung in eine bereits existierende Struktur unterschiedlicher Wohnviertel, die sich parallel eigenständig herausgebildet hatte, einfügte. Das bedeutet eine Pluralität stadträumlicher, architektonischer und sozialer Entwicklungen, die einem simplen Dreiklang der Stadtgeschichte – Gartenstadt / Eklektizismus / Neues Bauen – entgegensteht und für ein komplexeres Verständnis der (frühen) Stadtgeschichte werben lässt. Die nach wie vor ablesbaren Unterschiede in der baulichen Erscheinung lassen auf Unterschiede in den Ansprüchen, Nutzungen und Lebensgewohnheiten schließen. Die Stadt selbst hält so die Informationen zur Vielfalt der (Migrations-)Geschichten ihrer ersten Bewohner:innen bereit.

### Das Fehlende und die Präsenz. Arabische Siedlungen

Neben den Neugründungen jüdischer Bewohner:innen und christlicher Siedler:innen finden sich auf dem Gebiet des heutigen innerstädtischen Tel Avivs die Areale einiger vormaliger arabischer Nachbarschaften / Dörfer. Ihre Zuordnung ist noch viel stärker als die bisher vorgestellten Siedlungen von Erzählungen und Medien abhängig, die außerhalb der Vermittlung des Ortes im städtischen Raum sind. Dies liegt einerseits an fehlenden Markierungen und erfolgten Überbauungen, andererseits daran, dass das Narrativ über ihre Existenz, also auch über den (teilweise erzwungenen) Weggang der arabischen Bevölkerung, bisher nur in Ausnahmefällen Teil einer öffentlichen Debatte und Wahrnehmung ist. Allerdings zeigt sich, dass sich verschiedene Spuren und Erzählungen finden lassen. Zum einen wird in Gesprächen mit Bewohner:innen von Tel Aviv immer wieder deutlich, dass es ein verbreitetes Wissen um die Existenz dieser Siedlungen gibt und diese im heutigen städtischen Raum zugeordnet werden können. Ihre Geschichte ist damit durchaus Teil des kommunikativen Gedächtnisses, hat allerdings noch keine Überführung in ein kulturelles Gedächtnis erfahren. Entwicklungen der letzten Jahre zeigen aber, dass diese begonnen haben könnte. So thematisierten Forschungen der sogenannten neuen Historiker:innen generell den Umgang mit der arabischen Bevölkerung in den Jahren 1947 bis 1949 im Kontext der Staatsgründung Israels und des Israelischen Unabhängigkeitskrieges.[190] Daneben dokumentiert und vermittelt die Organisation

---

190 Zu diesen Forschungen ist auch die Veröffentlichung Rotbard: *White City, Black City* zu zählen.

Zochrot die Ortschaften seit vielen Jahren umfangreich und bringt sie beispielsweise im Rahmen von Führungen ins öffentliche Bewusstsein zurück. Schließlich gibt es Veröffentlichungen, die sich explizit einzelnen Ortschaften widmen.[191] Gleichzeitig existieren im städtischen Raum von Tel Aviv nach wie vor materielle Spuren, die auf die Existenz und die Geschichte verweisen und damit ähnlich wie die behandelten Bauten der jüdischen und christlichen Siedlungen Anlass und Gegenstand für/von Annäherungen sein können. Im Unterschied zu diesen Vierteln gibt es aber im öffentlichen Raum einige Leerstellen und Freiflächen, welche die Geschichte und den Ort der Vergangenheit mit der Gegenwart verbinden. Allerdings fehlen Strategien der Einbindung in die Erzählung über Hinweistafeln und/oder Darstellungen einer Zugehörigkeit – wie sie zum Beispiel für Florentin oder Neve Tzedek in ihrer Bedeutung für das heutige Tel Aviv erfolgen – bisher nahezu vollständig. Die Areale sind vielmehr eine erzählte, materielle und räumliche Gegen-Darstellung zur Geschichte Tel Avivs, die bisher vor allem als (linke) Kritik an etablierten Positionen, Wahrnehmungen und Zuschreibungen aufgebaut wird. So legten Veröffentlichungen wie Sharon Rotbards *White City, Black City* zum einen den Grundstein für eine Debatte um die Anerkennung und Einordnung dieses Teils israelischer Geschichte. Zum anderen sorgen derartige Auseinandersetzungen selbst aber dafür, dass die Erinnerungen an die Orte und Ereignisse hergestellt, aufrechterhalten und/oder publik gemacht werden. Darüber hinaus helfen die konkreten Orte heute noch dabei, ihre eigenen Geschichten zu erkennen, so dass nicht pauschal davon gesprochen werden kann, dass diese „vergessen" seien.[192] Sie blieben vielmehr als Teil der städtischen Struktur bewahrt, wenngleich sie in ihr schwieriger zu entschlüsseln sein könnten als Viertel wie Kerem HaTeimanim oder Florentin.

Die Initiative Zochrot führt auf ihrer Webseite drei arabische Ortschaften im unmittelbaren Stadtgebiet von Tel Aviv – zwischen dem Mittelmeer sowie den Flüssen Jarkon und Ajalon – auf.[193] So befand sich das Dorf al-Jammasin

191 U. a. Noga Kadman: *Erased from Space and Consciousness. Israel and the Depopulated Palestinian Villages of 1948*. Bloomington: Indiana UP 2015; gleichfalls erkunden Filme die Vielschichtigkeit dieser Areale. Besonders hervorzuheben ist in diesem Zusammenhang die Dokumentation *Disapperances* (IL/F 2017, R: Anat Even).

192 So der Tenor u. a. bei Rotbard: *White City, Black City*.

193 Vgl. Zochrot: Jaffa. Karte. http://zochrot.org/en/site/districtView/1 (Zugriff am 12.05.2018). Hingewiesen werden soll hier zudem auf eine Ansammlung von Häusern, in denen die Familien von Fischern nördlich des Yarkon lebten (Zochrot: Fisherman's Village. https://zochrot.org/en/village/56066 (Zugriff am 21.05.2018)) sowie auf al-Shaykh Muwannis, eine arabische Siedlung, auf deren Areal sich heute u. a. die Tel Aviv University befindet. Einzelne historische Bauten sollen nach wie vor erhalten sein. Vgl. Zochrot: al-Shaykh Muwannis. In: *Zochrot*, o. D. https://zochrot.org/en/village/49480 (Zugriff am 21.05.2018). Daneben muss noch ein ehemaliger arabischer Friedhof genannt werden, der, unmittelbar am Strand im nördlichen Teil der Stadt gelegen, heute vom Independence Park und dem Hilton-Hotelkomplex überbaut ist.

41

al-Gharbi 2,5 Kilometer vom Mittelmeer entfernt auf einem Areal nördlich an die HaHalacha-Brücke anschließend, im Bereich der Rabbi Nissim St. (HaRav Nisim). Die genauen Grenzen lassen sich nicht mehr ausmachen, inwieweit die vormalige Wegestruktur Eingang in den gegenwärtigen städtischen Raum gefunden hat, muss hier ebenfalls offen bleiben, ist aber zumindest teilweise anzunehmen.[194] Anfang 1948 lebten in dem Ort rund 1.250 Menschen. Nach ihrer Flucht / Vertreibung / ihrem Wegzug gehörte das Gebiet zu Tel Aviv. Nicht abschließend zu sagen ist, inwieweit auf dem Areal Neubauten errichtet wurden. Wahrscheinlich ist, dass ein Teil der historischen Bebauung erhalten blieb, dabei gegebenenfalls umgebaut, ergänzt und bewohnt wurde/wird, mindestens ein Gebäude wurde/wird als

194  Sie sind auch nicht Teil der Erzählung über den Ort. Vgl. Zochrot: al-Jammasin al-Gharbi. Info. http://zochrot.org/en/village/49093 (Zugriff am 12.05.2018). Die hier vermittelten Angaben sind ungenau, so wird das Areal mit Hilfe der Koordinaten 32°05′26.9″N 34°47′37.3″E bei einer Verlinkung auf *Google Maps* weiter westlich im Bereich der Pinkas St. lokalisiert. Inwieweit es sich um einen unabsichtlichen Fehler handelt, ist hier nicht feststellbar; offensichtlich ist allerdings, dass dadurch das Areal des Dorfes stärker in die städtische Struktur von Tel Aviv eingebunden ist, weil es damit deutlich zentraler liegt.

Synagoge genutzt.[195] (Abb. 41) Die kleinen, mehrheitlich eingeschossigen, hellen Häuser zeichnen sich durch keinen besonderen Gestaltungswillen aus, erhalten ist aber zum Beispiel eine räumliche Situation, in der sie eng nebeneinander errichtet wurden und so für ihre Bewohner:innen private Zwischenräume ausgebildet haben. Andere Gebäude verfügen über kleine Gärten. Daneben gibt es eingezäunte und überwachsene Brachflächen. Insgesamt bilden die Bauten einen deutlichen Gegensatz zu den modernen Hochhäusern der Umgebung, sie erscheinen so als ‚Fremdkörper' im Sinne vergangener Geschichte.

Das Ende 1947 (zwangsweise) aufgegebene / verlassene Dorf al-Mas'udiyya (Summayl) befand sich rund 30 Gehminuten südöstlich von al-Jammasin al-Gharbi auf einem Areal, das heute zwischen der Jabotinsky St. und der Arlozorov St. an der Ibn Gabirol St. liegt. Auch hier sind die Grenzen weder im Raum noch in der Dokumentation von Zochrot eindeutig feststellbar. Das Areal ist in Teilen aber bereits seit einigen Jahrzehnten neubebaut bzw. als Parkplatz genutzt worden. Diese Bereiche zeichnen sich durch ein hohes Maß an städtebaulicher Unbestimmtheit aus; Grenzen, Zuordnungen und räumliche Beziehungen sind auf den ersten Blick kaum eindeutig formuliert. Ferner blieben über Jahrzehnte zahlreiche bauliche Spuren in Form von zum Teil genutzten Wohnhäusern, vor allem in der nordwestlichen Straßenecke Arlozorov / Ibn Gabirol und entlang der Jabotinsky St. erhalten. Die ein- bis zweigeschossigen schlichten Bauten standen/stehen eng zusammen, sodass schmale Gassen, zum Teil mit Treppen, durch das Areal führten. Die Struktur der vormaligen arabischen Siedlung war lange nachvollziehbar. Einige der Bauten verfügten über die für arabische Gestaltungen als typisch zu bezeichnenden spitz oder rund nach oben verlaufenden Bogenfenster, Ornamente blieben zunächst vereinzelt erhalten. Die meisten der nach all den Jahrzehnten noch vorhandenen Häuser wurde 2014 im Zuge beginnender Bauarbeiten der Stadt abgerissen, um Platz für den Neubau eines Sportcenters mit Schwimmbad zu schaffen. Zuvor und parallel fanden archäologische Untersuchungen statt.[196] Allerdings waren 2017 noch Gebäude, darunter eine vormalige Moschee, erhalten und in einem guten

---

195  Dies konnte im Zuge einer Besichtigung am 27.04.2017 festgestellt werden. Bei Zochrot: al-Jammasin al-Gharbi. Info heißt es: „The site is overgrown with weeds and grasses, interspersed with cypress, Christ's-thorn, and fig trees and castor-oil plants. A few somewhat dilapidated houses remain; some inhabited by Jews, others deserted. One inhabited house is a two-storey structure that looks like a conglomeration of unrelated rooms of varying size and shape. It has rectangular doors and windows, and the roofs of the rooms on the upper floors are both slanted and gabled. The whitewash on the exterior walls is peeling off." Daneben finden sich unter Zochrot: al-Jammasin al-Gharbi. Images. http://zochrot.org/en/village/49093 (Zugriff am 12.05.2018), mehrere Fotografien vom 17.04.2017, die einen Eindruck von dem erhaltenen Bestand vermitteln. Ihnen zufolge verläuft auch die Rabbi Nissim St. durch das Gebiet der ehemaligen arabischen Siedlung.

196  Vgl. die fotografische Dokumentation des Zustands im September 2016 und des Abrisses 2014 bei Zochrot: al-Mas'udiyya (Summayl). Images. http://zochrot.org/en/village/49275 (Zugriff am 12.05.2018).

42

Zustand,[197] im Dezember 2018 waren sie bis auf einige wenige Ausnahmen abgerissen worden und Teile des Areals überwachsen und unzugänglich.[198] (Abb. 42) Diese Gebäude[199] sind nach wie vor als Enklave einer früheren Geschichte erkennbar. Gleichwohl sind sie stärker als die Bauten von al-Jammasin al-Gharbi in die städtische Struktur eingebunden; sie befinden sich unmittelbar neben späteren Bebauungen, die zum Teil in den an 1948 anschließenden Jahrzehnten errichtet worden sind. Das Areal besitzt aufgrund seiner Situierung im städtischen Raum Tel Avivs eine höhere Sichtbarkeit. So definieren einige der Bauten – durch eine Aufschüttung und eine Mauer

197  So bei einer Besichtigung am 28.03.2017. Dass das Gebäude als Moschee genutzt worden war, geht aus der fotografischen Dokumentation Zochrot: al-Mas'udiyya (Summayl), Abb. 60 hervor.

198  Besichtigung am 22.12.2018.

199  Zochrot gibt an: „All that remains of the village is one deserted house that belonged to Muhammad Baydas. Cactuses, castor-oil plants, and palm and cypress trees further mark the site. Nearby is the al-Mas'udiyya (or Summayl) bridge – an arched, steel structure." Vgl. Zochrot: al-Mas'udiyya (Summayl). Info. https://zochrot.org/en/village/49275 (Zugriff am 12.05.2018); die unter „Images" veröffentlichten Bilder ebenso wie die vor Ort aufzufindende Situation verweisen auf deutlich mehr erhaltene Bauten. Der Widerspruch wird in der Darstellung nicht aufgelöst.

von ihr getrennt – die Ecke einer prominenten Straßenkreuzung.[200] Absehbar ist, dass hier und auf dem Areal von al-Jammasin al-Gharbi die letzten materiellen Spuren im Zuge von aktuellen Neubebauungen verschwinden werden.

Bei al-Manshiyya (Menashiya) handelt es sich vermutlich um das prominenteste Beispiel für eine vormalige arabische Siedlung. Sie entstand Ende der 1870er Jahre und entwickelte sich zu einer der größten Nachbarschaften von Jaffa entlang des Mittelmeeres nach Norden. In den folgenden Jahren entstanden mehr oder weniger unmittelbar angrenzend jüdische Viertel, so im Norden Kerem HaTeimanim. An dem zwischen ihnen liegenden Shuk siedelten sich jüdische und arabische Händler:innen an. Im Osten war HaTachanah eingebunden. 1944 sollen in al-Manshiyya rund 12.000 arabische und 1.000 jüdische Bewohner:innen gelebt haben.[201] 1948 flüchteten die meisten Bewohner:innen oder wurden vertrieben. In die verlassenen Häuser zogen aus (Ost-)Europa stammende Holocaustüberlebende.[202] Bereits in den 1950er Jahren begannen die Planungen für eine Neustrukturierung des Areals, die Gebäude wurden sukzessive vor allem in den 1960er Jahren abgerissen. Das Gelände ist heute zum Teil mit Büros, Hotels und einem Einkaufszentrum bebaut, entlang des Mittelmeeres erstrecken sich eine Strandpromenade sowie der Charles Clore Park, an den sich das ehemalige und im Juni 2018 abgerissene Dolphinarium anschloss. Es gibt mehrere große Parkplatzflächen. Insgesamt zeichnet sich das Areal allerdings dadurch aus, dass seine Grenzen und Verbindungen in die Umgebung sowie das Verhältnis der unterschiedlichen Funktionen und ihre Anbindung nicht eindeutig definiert werden.

Die Substanz und Struktur einzelner Bauten an den vormaligen Grenzen zu den Nachbarschaften Neve Tzedek, Neve Shalom, Shabazi oder Kerem HaTeimanim lassen vermuten, dass sie ursprünglich zu der arabischen Siedlung gehörten. Sie sind in einem schlechten Zustand und lassen diese Zugehörigkeit nur mit Kenntnis eines historischen

---

200 Darüber, inwieweit die prominente Lage verantwortlich für die Wahrnehmung ist, kann hier nur spekuliert werden. Allerdings dokumentiert Zochrot auf seiner Webseite einen Nachrichtenbeitrag des Fernsehsenders HOT 3 aus dem Jahr 2007, der das Areal und seine Geschichte sowie seine Bewohner:innen vorstellt. Gezeigt wird ein idyllisches Viertel. Vgl. Zochrot: The Palestinian Village in the Middle of Tel-Aviv. http://zochrot.org/en/video/52160 (Zugriff am 15.05.2018). Die Unterschrift zur Beschreibung des Beitrags lautet hier: „TV report about the destroyed palestinian village Summil. The village was destroyed in 1948, and on its land, the city of Tel-Aviv was expanded." Dies verweist auf die politischen Ansätze und Wahrnehmungen der Organisation: „Zerstörung" meint die (erzwungene) Aufgabe des Dorfes durch seine arabischen Bewohner:innen, nicht die Zerstörung der Bausubstanz, die als Erinnerung an sie und ihre Geschichte nach wie vor in Teilen erhalten ist.

201 Vgl. Zochrot: al-Manshiyya Neighborhood (Yaffa). Info. https://zochrot.org/en/village/56077 (Zugriff am 21.05.2018).

202 Vgl. hierzu u. a. die Dokumentation *Disappearances* (IL/F 2017) von Anat Even, wo neben vormaligen arabischen auch jüdische Bewohner:innen zu Wort kommen.

43

Stadtplans und genügend Aufmerksamkeit für bauliche Details besonders in den Fenstern erahnen. Zwei der ursprünglichen Bauten blieben deutlich prominenter erhalten, ohne dass sie ihre Existenz nachvollziehbar in die Geschichte der Stadt einbringen: Die Hassan Bek Moschee[203] (Abb. 43) und eine Ruine, in die 1983 ein Neubau für das Etzel Museum gesetzt wurde. Obwohl sie nicht die Größe der Siedlung abbilden, so deuten sie ihre räumliche Ausdehnung an. Verstärkt wird dieser Effekt durch den Umstand, dass die Parkanlage nicht nur eine Blickbeziehung zwischen den beiden Bauten ermöglicht, sondern vielmehr nach wie vor auf eine Leerstelle verweist, deren Präsenz im Raum nicht erklärbar ist. Mit der Nutzung als Museum zur Geschichte der jüdischen nationalen Militärorganisation Irgun Tzwa'i Le'umi (Abk.: Etzel oder Irgun) ist die mit einem Glaskubus ergänzte Ruine einerseits in eine jüdische Erzählung der Kämpfe von 1948 eingebunden worden, andererseits verweist der bauliche Rest auf die vormalige Existenz und Zerstörung der arabischen Ortschaft. Die Moschee steht mit ihrer Funktion, aber

203 Zu ihrer Bedeutung im Kontext von kollektiver Erinnerung: Nimrod Luz: The Politics of Scared Places. Palestinian Identity, Collective Memory, and Resistance in the Hassan Bek Mosque Conflict. In: *Environment and Planning* 26 (2008), S. 1036–1052. http://sacredplaces.huji.ac.il/sites/default/files/default_images/luzepd.pdf (Zugriff am 21.05.2018).

auch als sichtbares Zeichen, das sich gegen seine Umgebung deutlich abhebt, unverwechselbar für eine (vormals) arabische Präsenz in diesem Bereich. Die neuen Nutzungen in dem Areal legen zwar neue Bedeutungen für den Ort fest, können aber seine Geschichte nicht vergessen machen. Er bietet eine Vielzahl von Lesarten und Erinnerungen an, die allerdings erst mit der Wahrnehmung und Indienstnahme von interessierten Akteur:innen eine Einordnung erfahren können. Zugleich ist dies die einzige arabische Siedlung im Stadtraum Tel Avivs, die eine dauerhafte Markierung im öffentlichen Raum erfährt: Die bereits genannten Informationstafeln der Stadt (Abb. 5), die mit Hilfe eines Plans eine Orientierung ermöglichen wollen und auf einzelne Sehenswürdigkeiten hinweisen, bezeichnen hier in diesem Areal „Menashiya" in ihren Karten und lokalisieren es zwischen dem Mittelmeer und Neve Tzedek. Zwar werden weder die Grenzen der vormaligen Siedlung gekennzeichnet noch wird ihre Geschichte erläutert, doch gibt es so zumindest einen Hinweis auf vergangene Schichten. Aufgrund der Gestaltung und im Kontext der Funktion könnte der Name zugleich als heutige Bezeichnung des Areals (miss-)verstanden werden.[204]

## Die Konstruktion des Erbes. Die White City im städtischen Raum

Auf den ersten Blick sind es vor allem die nördlich gelegenen Viertel der Stadt, die durch eine architekturmoderne Bebauung geprägt sind. Sie dominiert hier ganze Straßenzüge und Areale. Neben der schieren Menge an Häusern beeindruckt vor allem die Vielfalt bei der Gestaltung: Im Minimalismus der vorherrschenden Ästhetik, die durch die Widerkehr nur weniger Gestaltungsmittel – helle Fassaden, Fensterbänder, Balkone – charakterisiert ist, entstand eine Bandbreite von Lösungen, bei der jedes Gebäude von individuellen Merkmalen gekennzeichnet ist. Kurz gesagt: Selbst wenn sich mehrere Kategorien für eine Systematisierung finden lassen,[205] entspricht kein Haus dem anderen.

Die Zahl der Bauten wird mit rund 4.000 angegeben. Sie entstanden vor allem in den 1930er Jahren und veranschaulichen so einen massiven Ausbau der Stadt, dem der Geddes-Plan zugrunde lag, ohne dass er in all seinen Facetten realisiert wurde. Ganz offensichtlich ist die Zahl 4.000 eine pauschale Angabe, die zwar eine Dimension verdeutlicht, aber als konkrete Quantität wenig nützlich ist. Sie vermittelt weder,

204 Hingewiesen werden soll auf eine temporäre Aktion von Zochrot: Im September 2007 markierte die Organisation Straßen und Bauten der vormaligen arabischen Siedlung. Vgl. Ronen Eidelman: Manshiyya. In: Zochrot (Hrsg.): *Remembering al-Manshiyya – Jaffa*, April 2010. https://zochrot.org/uploads/uploads/b8bdf0b4112050a26b63b3972974e7bc.pdf (Zugriff am 21.05.2018), S. 38–46, hier S. 38.
205 Vgl. die Veröffentlichung Metzger-Szmuk: *Dwelling on the Dunes* und die Ausführungen in Kap. „Das Bild entwickeln", S. 53–56.

welcher Bauzeitraum markiert werden soll – neben der allgemeinen Einordnung in die 1930er Jahre[206] ist von „until the 1950s"[207] ebenso die Rede wie von der konkreten, aber nicht erläuterten Spanne 1931 bis 1956[208] – noch von welchem Zeitpunkt bei dieser Zählung eigentlich die Rede ist: Handelt es sich um eine bauzeitliche Angabe oder verweist sie auf den Beginn der systematischen Dokumentation? Deutlich wird schließlich nicht, welche Bereiche in die Zählung eigentlich einbezogen sind; der quantitativen Aussage fehlen also sämtliche zeitliche und räumliche Kontexte. Die Zahl dient also weniger dazu, konkrete Zuordnungen zu ermöglichen, als vielmehr dazu, über den Umfang Bedeutung herzustellen. Sie verstellt gleichzeitig den Blick auf den Verlust: Sie verdeutlicht nicht, dass und wie viele Gebäude in den letzten Jahrzehnten abgerissen wurden, und bleibt derart pauschal, dass sie verschleiern kann, dass der Umgang mit dem Einzelbau nicht per se von Anerkennung und Schutz gekennzeichnet ist. Der Umfang ist zudem eine der Begründungen für den 2003 erfolgten Eintrag als Weltkulturerbe der UNESCO. Mit ihm erhielt das internationale Erbe der Architekturmoderne einen institutionalisierten Status. Neben der Bedeutung, die damit festgeschrieben wurde, und den Erzählungen, die diese vermittelten, musste das Bild der White City im tatsächlichen städtischen Raum allerdings erst (wieder) sichtbar gemacht werden. Denn obwohl es in den 1990er Jahren bereits zu einer ersten Sanierungswelle gekommen war, war die Architektur überwiegend von Umbauten und einer Vernachlässigung ihrer Bausubstanz gekennzeichnet.

Die Sichtbarmachung der White City ist nicht nur das Resultat einer Erzählung und/oder einer Epoche der Stadtentwicklung, sondern auch das Ergebnis der Wiederherstellung der konkreten Architektur und ihrer Kennzeichnung mittels Erinnerungszeichen im städtischen Raum. Voraus gingen ihnen Prozesse der Auswahl und Grenzziehung sowie die Implementierung von (gesetzlichen) Vorgaben, mit deren Hilfe die Wiederherstellung gesteuert werden sollte und die so den Umgang mit den Gebäuden festlegten. Es gab seitens der UNESCO drei eingetragene Schutzzonen, die als A, B und C entsprechend ihres jeweiligen Entstehungszeitraums deklariert wurden.[209] Dabei erstreckt sich das Gebiet A, die größte Fläche, zwischen Ben Tsiyon Blvd./Bograshov St. und Ben Gurion Blvd. Gebiet B beinhaltet die Areale links und

---

206 Vgl. u. a. Nerdinger (Hrsg.): *Tel Aviv – Neues Bauen*.

207 Vgl. UNESCO. World Heritage Centre: White City of Tel-Aviv.

208 Vgl. Nitza Metzger-Szmuk: Dilemmas in the Conservation of the White City. In: Yavin: *Revival of the Bauhaus in Tel Aviv*, S. 82–79, hier S. 82.

209 Vgl. ICOMOS: The Property. Description. Tel Aviv. No. 1096. In: *UNESCO/WHC*, März 2003. https://whc.unesco.org/document/151735 (Zugriff am 03.08.2018), S. 56–57. Ebd. finden sich kurze Beschreibungen und Angaben zu den Entstehungszeiträumen. Eine Karte mit den drei Zonen ist einsehbar unter: Weiße Stadt (Tel Aviv). In: *Wikipedia*, 23.03.2018. https://de.wikipedia.org/wiki/Weiße_Stadt_(Tel_Aviv) (Zugriff am 21.05.2018).

rechts des nördlichen Teils des Rothschild Blvd. und Gebiet C – das kleinste – umfasst die Gegend um die Bialik St. Diese Festlegungen berufen sich unmittelbar auf das architekturmoderne Erbe und verorten es in seinem schützenswerten Charakter in diesen Arealen. Die Zonen A und C beziehen sich auf den historischen Geddes-Plan.[210] Die Entscheidungen für den Verlauf der Grenzziehungen sind öffentlich nicht nachvollziehbar; sie kreieren auf dem Papier ein Innen und ein Außen, die im städtischen Raum nicht unmittelbar ablesbar sind.

Nitza Szmuk stellte in *Dwelling on the Dunes* ein Modell vor, welches das historische Tel Aviv – von ihr definiert als „extends along the coast, delimited in the south by Yaffa's Old City, in the east by Yehuda Halevi and Ibn Gvirol Streets, in the north by the Yarkon river and in the west by the sea"[211] – in fünf Zonen („Five Cities") analog zur Architektur und dem Entstehungszeitraum gliedert: (1) Neve Tzedek, (2) „the Red City" mit den Bauten des Eklektizismus, (3) das Zentrum und seine Umgebung im Areal Bialik St., King George St., Pinsker St. und Rothschild Blvd., wo sich eine frühe Moderne und Eklektizismus finden lassen, (4) den Kern der White City mit 1.750 Bauten und seinem Zentrum am Dizengoff-Platz sowie schließlich (5) die nördliche White City, die entsprechend ihres Entstehungszeitraums vor und nach der Staatsgründung im Mai 1948 noch einmal in eine östliche und eine westliche Zone unterteilt wurde.[212] Dieses Modell veranschaulicht die Entwicklung der Stadt und kann dazu verhelfen, die räumlichen Dimensionen der einzelnen Zonen sichtbar zu machen und in ein Verhältnis zueinander zu stellen. Deutlich wird aber zudem, dass es sich um eine sehr schematische Darstellung handelt, die Übergangszonen ebenso wenig beachtet, wie sie Entwicklungen innerhalb der einzelnen Quartiere sichtbar macht. Gleichzeitig vollzieht Szmuk damit eine Erzählung zur Stadtgeschichte nach, die einer Ausdehnung Tel Avivs von Süden nach Norden und der Einteilung in drei an der Architektur ablesbare Epochen – Neve Tzedek, Eklektizismus, Architekturmoderne – folgt. Das Areal von Achusat Bajit ist ausgeklammert.

Der Blick in die Stadt und auf ihre Entwicklungen in den letzten Jahren zeigt, dass für den tatsächlichen Umgang mit der Bausubstanz die konkreten Verordnungen der Stadt[213] relevanter als die Einteilung in Zonen sind: So weist zunächst einmal der nationale *Masterplan TAMA 35* einen Bereich „Urban Conservation Ensemble in Central Tel Aviv-Jaffa" (1991–1997) aus. Er wird fortlaufend fortgeschrieben und dient

---

210 Hohfeld / Lindlar: *Weiße Stadt Tel Aviv*, S. 41.

211 Vgl. Metzger-Szmuk: *Dwelling on the Dunes*, S. 27.

212 Ebd., S. 27–29.

213 Die staatliche Denkmalschutzbehörde ist nur für das bauliche Erbe vor 1700 verantwortlich, für den Baubestand in Tel Aviv ist ausschließlich die Stadt zuständig. Hier kann die staatliche Behörde nicht eingreifen. Die Denkmalschutzbehörde in Tel Aviv wurde 1990 eingerichtet. Vgl. Hohfeld / Lindlar: *Weiße Stadt Tel Aviv*, S. 41.

als Grundlage zum Schutz eingetragener Bauwerke. Ein bereits 1965 entwickelter *Tel Aviv Master Plan* und hier vor allem die „Tel Aviv Ordinance 2659b" von 2001 bestimmen unterschiedliche Zonen. Detaillierte Pläne regeln einzelne Schutzmaßnahmen.[214] Schließlich nimmt der 2002 vorgelegte und 2008 genehmigte *Conservation Plan* (2650b) 1.000 historische Häuser auf, darunter 180, für die strenge Auflagen gelten, die keine baulichen Änderungen erlauben.[215] Bereits in den Jahren zuvor waren 1.000 Gebäude unter Denkmalschutz gestellt worden, so dass heute immer wieder pauschal von 2.000 unter Schutz gestellten Bauten die Rede ist.[216] Aus diesen Angaben geht nicht hervor, welcher baulichen Epoche sie zugehörig sind. Der Kontext der Darstellungen legt jeweils nahe, dass es sich um architekturmoderne Gebäude handelt. Der Blick in den städtischen Raum korrigiert diesen Eindruck: Für zahlreiche der eklektizistischen Bauten ist durch Informationstafeln angegeben, dass sie als „part of the preservation plan" gelten – wie zum Beispiel das 1925 gebaute *Raznikov Haus* in der Kalisher St. 23; sie sind „listed as part of the 2650b conservation plan and [...] located in the UNESCO declared area" – wie das 1923 errichtete *Benyamin Ze'ev Sawitzky Haus* in der Allenby St. 36 – oder „located in the conservation zone, declared as a UNESCO World Heritage Site" – wie die in den 1920er Jahren errichteten Häuser in der Kalisher St. 44 und 46.[217] Für das *Benyamin Ze'ev Sawitzky Haus* muss allerdings die direkte Zuordnung zum UNESCO-Weltkulturerbe offen bleiben. Es befindet sich in unmittelbarer Nähe zur Zone C, aber nicht in ihr; zudem ist es weder in seiner Erscheinung noch in seiner Geschichte der Architekturmoderne / der White City zuzuordnen.

Den Umgang mit der historischen Bausubstanz und die daraus resultierenden Festschreibungen in der Erscheinung und Materialität bestimmen allerdings noch weitere Faktoren: Mehrheitlich sind die Bauten im Besitz privater Eigentümer:innen, die ihre Planungen gegen den Denkmalschutz durchsetzen können. Eine Ausnahme bilden nur die verhältnismäßig wenigen Bauten, die mit den strengen Auflagen gelistet wurden. Die Aufstockung bestehender Gebäude ist ein gängiges Mittel, um die Sanierungskosten für die Eigentümer:innen finanzierbar zu gestalten. Spätestens seit die Stadtverwaltung Ende 2012 mit einer Ergänzung zum *National Masterplan 38* ein Programm verabschiedete, nach dem auf jedes Wohngebäude zweieinhalb Geschosse regulär aufgestockt werden können,[218] ist dies zur gängigen Praxis sowohl bei architekturmodernen als auch bei eklektizistischen Bauten geworden. (Abb. 44) Daneben gibt es die Möglichkeit,

---

214 Hohfeld / Lindlar: *Weiße Stadt Tel Aviv*, S. 41.

215 UNESCO. World Heritage Centre: White City of Tel-Aviv.

216 Vgl. Bundesministerium des Innern, für Bau und Heimat (BMI): The White City Center. Start. https://www.whitecitycenter.org/startseite (Zugriff am 06.02.2019).

217 Das Haus Kalisher St. 44 sei zudem der Tafel zufolge „listed for preservation in the 2650b preservation plan."

218 Hohfeld / Lindlar: *Weiße Stadt Tel Aviv*, S. 41.

44

Baurechte an Investor:innen zu transferieren, wenn diese dafür bestandgeschützte historische Bauten sanieren.[219] Da die Denkmalpflege nur über begrenzte finanzielle Mittel verfügt, um eine denkmalgerechte Sanierung zu fördern, können kaum Anreize zu ihrer Umsetzung geboten werden. Hinzu kommt, dass die Gebäude nicht nur erdbebensicher gemacht, sondern zudem mit Schutzräumen ausgestattet werden müssen, etwas, das weitere Kosten verursacht. Schließlich steht man in der Stadt vor dem Problem, dass Wohnraum dringend benötigt wird.[220] Auf diese Weise wird einerseits die Bausubstanz vor einem weiteren Zerfall geschützt und das weiße Image moderner Architektur wiederhergestellt, andererseits greifen die Aufstockungen massiv in die Proportionen der Bauten und so in den Gesamteindruck im städtischen Raum ein. Dabei führen die Aufbauten bei den architekturmodernen Häusern zum endgültigen Verlust der bauzeitlich als Gemeinschaftszonen des Hauses angedachten Dachterrassen – einem der wesentlichen Charakteristika des Neuen Bauens. Anzumerken ist schließlich, dass (fast ausschließlich) Luxuswohnraum entsteht, der die ohnehin angespannte Wohnsituation für Menschen mit einem geringen und mittleren Einkommen weiter verschärft. In der Folge könnte dies nach sich ziehen, dass nicht nur der Wohnraum, sondern ebenso die Angebote des urbanen öffentlichen Lebens sich in erster Linie an einkommensstarke Menschen richten. Derartige Maßnahmen werden von deutschen Denkmalpfleger:innen und anderen Akteur:innen – unter Ausblendung der realen Situation und Notwendigkeiten in der Stadt – immer wieder kritisiert:

> In Deutschland werden Additionen zum Denkmal i. d. R. nur dann genehmigungsfähig, wenn sie kenntlich gemacht werden, damit auch ungeübte Betrachter den Unterschied zwischen alt und neu erkennen können. Wenn aufgestockt wird, sollte der Eingriff ablesbar bleiben: Denkbar sind Begrenzungen in der Form, im Fassadenabstand, Änderungen der Materialität, eine leichte farbliche Absetzung etc.[221]

Die Zugehörigkeit zur architekturmodernen Epoche und zu einer definierten Zone ist allerdings nicht gleichbedeutend mit dem Schutz des Einzelbaus: Nach wie vor werden Bauten abgerissen.[222] Dies fällt signifikant zum Beispiel entlang des Rothschild Blvd. auf, noch deutlicher entlang des Mittelmeeres: Hier ist mittlerweile nahezu die gesamte historische Bausubstanz zugunsten von Luxusapartmenthochhäusern und -hotels ausgetauscht worden, an einigen Stellen greifen diese Umstrukturierungen des städtischen

219  Hohfeld / Lindlar: *Weiße Stadt Tel Aviv*, S. 41. Vgl. Thomas Veser: Sanierung der „Weißen Stadt". Instrument Baurechtstransfer. Tel Aviv. In: *Bauwelt* 4 (2005), S. 2.
220  Vgl. Gespräch mit Sharon Golan vom Denkmalamt in der Stadtverwaltung Tel Aviv am 04.10.2013.
221  Hohfeld / Lindlar: *Weiße Stadt Tel Aviv*, S. 8.
222  Vgl. hierzu auch Kap. „Das Bild entwickeln", bes. S. 48–49.

Raums bereits über die ‚erste Reihe' entlang der Strandpromenade hinaus. Gleichzeitig findet die mit der Anerkennung als Weltkulturerbe einhergehende Bedeutung für die White City ihre Entsprechung für den erhaltenen Einzelbau in der Kennzeichnung mit kleinen Informationstafeln, die nach Sanierungen an architekturmodernen und eklektizistischen Bauten angebracht werden. Diese Erinnerungszeichen heben sie aus der Umgebung heraus, machen ihre Geschichte im öffentlichen Raum kenntlich und diesen damit zu einem Ausstellungsraum für die Geschichte der Stadt selbst. Es liegt eine Auswahl vor, die dazu verhilft, Bedeutung zu generieren: Sie findet bisher in den von Szmuk als Zonen 2, 3 und 4 bezeichneten Arealen statt.[223] Die Tafeln enthalten neben einem Bild der zur Straße ausgerichteten Fassade Informationen zur Baugeschichte, das heißt zum Baujahr, zu den Bauherren und dem:der Architekt:in sowie zum Stil und zu den Nutzungen. Einen breiten Raum bekommen Ausführungen zu den Renovierungen. Sie werden nicht nur als Teil der Baugeschichte einbezogen, sondern sie machen das Gebäude selbst zu einem Aushängeschild für den:die beauftragte:n Architekt:in.

Bei der Re-Konstruktion des Raums gibt es zwei sich scheinbar ausschließende Umgangsweisen mit der konkreten Architektur: Nicht jedes Gebäude wird als erhaltenswert empfunden, nicht jedes als erhaltenswert empfundene Gebäude ist eine Präsentation und Markierung wert. Welche baugeschichtlichen, stadtgeschichtlichen oder ästhetischen Merkmale diesen Entscheidungen zugrunde liegen, kann im öffentlichen Raum selbst kaum eruiert werden. Offensichtlich ist aber, dass sie in dieser Form stattfinden können, ohne dass dies Teil einer öffentlichen Debatte ist. Deutlich ist zudem, wie bereits angemerkt wurde, dass allein sanierte Bauten in das Konzept der Kennzeichnung aufgenommen werden. Dieser Ansatz ist nicht geeignet, Sensibilität für den Schutz bedrohter Bauten einzufordern.[224] Einhergehend mit der alleinigen Kennzeichnung sanierter (und umgebauter) Gebäude ist die urbane Ausstellung ein Zeugnis für den zeitgenössischen und stilistischen Umgang mit historischer Bausubstanz.

Dass die Epoche des Eklektizismus mittlerweile fester Bestandteil dieser Präsentation im Stadtbild ist,[225] ist eine Entwicklung der letzten Jahre. Die erhöhte Aufmerksamkeit war zeitlich der für die Bauten der White City nachgeordnet, steht aber in einem Zusammenhang und führt in der Konsequenz zu einem vergleichbaren Umgang: Erhalt und Sanierung der Bauten, Hinzufügen von Geschossen, Markierungen mittels Tafeln. Diese Entwicklung lässt vermuten, dass andere Aspekte der Stadtgeschichte ebenfalls in den Fokus geraten können. So wird die Geschichte von Achusat Baijt

223  Diese Aussage beruht auf Vorort-Begehungen, die bis zum Sommer 2017 stattfanden. Anzunehmen ist, dass den privaten Initiativen für Tafeln städtische folgen werden. Es könnten zudem in der Zone 5 Tafeln bereits existieren, von mir aber nicht entdeckt worden sein, da es sich nach wie vor um Einzelfälle handelt.
224  Vgl. hierzu Kap. „Phasen und Medien", S. 38–39.
225  Vgl. auch Tami Lerer: *Sand and Splendor. Eclectic Style Architecture in Tel Aviv.* Tel Aviv: Bauhaus Center 2013.

45

zunehmend in den Blick gerückt, im Raum verortet und erinnert. Aufgrund des Mangels an noch erhaltenen Bauten in ihrer ursprünglichen Form werden hier allerdings verstärkt andere Medien eingesetzt. Erinnert sei an die bereits erläuterten Fotografien, den Lageplan am Haus Lilienblum St. 26 / Herzl St. 13 oder den Independence Trail. Insgesamt zeigt sich mit den genannten Beispielen, dass das allgemeine Bewusstsein für ein architektonisches Erbe jenseits antiker Stätten gestiegen ist[226] und der Fokus zumindest für Tel Aviv nicht mehr allein auf den Gebäuden des International Style liegt.[227]

226  Es existiert beispielsweise eine Studie des israelischen Architekten Zvi Efrat zur Architektur in Israel zwischen 1948 und 1973: Zvi Efrat: *The Object of Zionism. The Architecture of Israel.* Leipzig: Spector 2018. Im Kontext der Architekturbiennale in Venedig 2014 gerieten die seit der Staatsgründung etablierten New Towns in den Fokus der Aufmerksamkeit. Vgl. Roy Brand / Ori Scialom (Hrsg.): *The Urburb. Pattern of Contemporary Living.* Ausstellungskatalog. Montreal / Tel Aviv: Sternthal 2014.
227  Daneben existieren Beispiele in anderen Städten sowie in Kibbuzim. Vgl. für Jerusalem: Knufinke: *Bauhaus Jerusalem.* Für Haifa: Herbert / Sosnowsky: *Bauhaus.* Eine umfassende Dokumentation dieser Bauten fehlt bisher. Für Kibbuzim: Galia Bar Or / Nicole Minten-Jung / Werner Möller / Yuval Yasky et al.: *Kibbuz und Bauhaus. Pioniere des Kollektivs.* Ausstellungskatalog Bauhaus Dessau. Leipzig: Spector 2012.

Mit den bisherigen Ausführungen wurde in mehrfacher Hinsicht auf die Mechanismen von Auswahl und Ausschluss für die Konstruktion der Stadt- und ihrer Baugeschichte im Bild und im Raum verwiesen. Die Folgen und Verluste, die dies für die konkrete Architektur und ihre Wahrnehmung hat, zeigen sich beim Blick in die südlichen Viertel Tel Avivs: Analog zu den Feststellungen über die Fotografien zur White City konzentrieren sich die Sanierung und die Sichtbarmachung auf die Areale nördlich der Derech Jaffa St. Ausgeblendet sind zum Beispiel Florentin oder Neve Sha'anan. Besonders in diesen beiden Vierteln, aber zum Beispiel ebenso in Jaffa lassen sich Gebäude der Architekturmoderne finden. In Florentin sind diese im Unterschied zu den Vierteln der White City als Teil einer Blockrandbebauung entstanden. (Abb. 45) Hier finden sich also architektonische Lösungen der Entstehungsjahrzehnte, die das bisherige baugeschichtliche und -stilistische Wissen erweitern könnten. Dies gilt vor allem für Neve Sha'anan, dessen städtebauliche Anlage bis zum Bau der Central Bus Station der Form einer Menorah folgte. Die Architektur ist bestimmt von den Ideen des Neuen Bauens und zeigt weitere Varianten auf: Neben einzelnen, herausragenden Bauten, hier besonders dem *Haus Levy* von Arieh Cohen, entstanden im Viertel vor allem kleinere zwei- und dreigeschossige Häuser für weniger wohlhabende Bewohner:innen. Sie sind heute nahezu durchgängig in einem schlechten Zustand. (Abb. 46)

Und punktuell finden sich architekturmoderne Bauten sogar in den vorgestellten TemplerSiedlungen: Obwohl diese Areale scheinbar über den Zeitraum ihrer Existenz und Nutzung durch diese Bevölkerungsgruppe hinaus in einer baulichen Erscheinung und Vorgabe verharrten, zu deren wesentlichen Merkmalen unter anderem die Walm- oder Satteldächer gelten dürften, wurden zumindest in Sarona mit dem *Albrecht Aberle Haus* und dem *Neef Haus* in den 1930er Jahren Gebäude im Internationalen Stil errichtet. Formal entsprachen sie den Gebäuden der Weißen Stadt, verfügten jedoch über verschiedenfarbige helle Fassaden.[228]

Die architekturmodernen Bauten dieser und anderer Viertel spielen für die Wahrnehmung und innerhalb der Erzählung zur White City keine Rolle; sie haben zum Beispiel bis auf einige wenige Ausnahmen keinen Eingang in Publikationen gefunden. Dabei verdeutlichen sie drei Aspekte der Stadtgeschichte: (1) Das Neue Bauen veränderte die in den 1930er Jahren bereits bestehenden Nachbarschaften; es war ein relevanter und verbreiteter Ansatz nicht nur für den Ausbau der Stadt, sondern (2) auch für die Umstrukturierung und den Aus- oder Umbau bestehender Siedlungen. Und schließlich (3) existieren auf dem Gebiet des heutigen Tel Aviv-Jaffa weitaus mehr architektonische Lösungen für Bauaufgaben, als die nördlichen Teile der Stadt vermuten lassen. Die Architektur der Moderne wird so zu einem verbindenden Element der Gesamtentwicklung der Stadt. Gleichzeitig wird eine bereits gewonnene Erkenntnis mit diesem Blick noch einmal verstärkt: Die Anerkennung als schützenswertes Architekturerbe ist nicht allein im konkreten Gebäude, seiner Architektur und Baugeschichte begründet, sondern vielmehr in seiner Lage und Zugehörigkeit zu einem bestimmten Viertel, zu einer bestimmten Geschichte in der Stadtentwicklung.

228  Vgl. Hohfeld / Lindlar: *Weiße Stadt Tel Aviv*, S. 111. Auch in der 1902/03 zwischen Jaffa und Jerusalem gegründeten Templerkolonie Hamidije-Wilhelma wurden Wohngebäude im Internationalen Stil errichtet. Die Siedlung heißt heute Bnei Atarot und befindet sich nordöstlich des Ben-Gurion-Flughafens. Sie gehört zum Zuständigkeitsbereich der Tel Aviver Denkmalbehörde. Vgl. ebd., S. 110.

# V
## White City beschreiben
## Wie das Bauhaus von Deutschland nach Tel Aviv kam

Am zentralen Magen-David-Platz verspricht ein kleines, über einer Tür angebrachtes Schild „Bauhaus Apartments"; das Gebäude ist offensichtlich in den 1920er Jahren im eklektizistischen Stil errichtet worden, rund ein Jahrzehnt bevor die Architektur des europäischen Neuen Bauens das allgemeine Baugeschehen der Stadt zu prägen begann. 1919 in Weimar gegründet und ab 1925 in Dessau weitergeführt war das Bauhaus selbst zunächst eine Ausbildungsstätte. Mit ihr sollte die bisher praktizierte Grenzziehung zwischen Kunst und Handwerk aufgelöst werden. Dies sollte zu ihrer Zusammenführung im Gestaltungs- und Arbeitsprozess führen. In der Konsequenz wurden nicht nur neue Ansätze für eine Übersetzung von Funktionen in Formen entwickelt, sondern ein Verständnis von der Zusammenarbeit in Gemeinschaften herausgebildet, das neu für die Ausbildung von Architekt:innen, Designer:innen, Künstler:innen war. Nach einem weiteren Umzug 1932 nach Berlin wurde die Schule dort nur ein Jahr später aufgelöst. Heute gilt das Bauhaus als die Wiege der Moderne in Architektur, Design und Fotografie.[229]

Seine Ausrichtung war geprägt von den drei Direktoren: Walter Gropius (1883–1969), der es gründete und ihm bis zum April 1928 vorstand, Hannes Meyer (1889–1954, Bauhausdirektor bis August 1930) und Mies van der Rohe (1886–1969), der die Einrichtung bis zur Schließung leitete. Erst 1927 führte Gropius eine eigene Architekturklasse ein. Tatsächlich realisiert wurden im Zusammenhang mit der Schule zunächst nur wenige Bauten; am bekanntesten und für die Entwicklung und Wahrnehmung der Architekturmoderne am relevantesten ist wohl das im Dezember 1926 nach Plänen

---

229 Die Literatur zum Bauhaus in seiner Geschichte, Bedeutung und Rezeption ist umfangreich. Vgl. exemplarisch Magdalena Droste: *Bauhaus 1919–1933*. Köln: Taschen 2019.

47

von Gropius fertiggestellte Gebäude der Bauhaus-Schule selbst. (Abb. 47) Was verbindet das kleine Schild in Tel Aviv (Abb. 48) mit der Geschichte der in Deutschland situierten Schule? Zunächst nichts. Es handelt sich schlicht um einen Werbeclaim, um eine Bedeutungszuschreibung, die ein ökonomisches Angebot symbolisch auflädt und so einen Ort hervorheben möchte. Die Verwendung des Begriffs ist nicht mehr an die konkrete Ausbildungsstätte mit ihren (gestalterischen) Ideen gebunden; *Bauhaus* funktioniert hier als eine Worthülse ohne spezifischen Inhalt. Natürlich haben wir es mit Blick auf dieses einzelne Schild nur mit einer kleinen Anekdote zu tun, sie zeigt allerdings ein größeres Phänomen auf: die inflationäre Benutzung des Begriffs Bauhaus für die Architektur der Stadt.

Obwohl Arieh Sharon bereits in der zweiten Hälfte der 1970er Jahren mit seiner Veröffentlichung *Kibbuz + Bauhaus. An Architect's Way in a New Land* „nicht nur einen Eindruck von der zionistischen Baukultur der 1930er und 1940er Jahre [vermittelte]", sondern „damit auch unbeabsichtigt das Label ,Bauhaus' für die Tel Aviver Architektur dieser Zeit ins Werk gesetzt"[230] habe, fand eine öffentlich deutlich wahrzunehmende Verknüpfung der White City Tel Avivs mit dem Bauhaus wie erwähnt spätestens ab 1984 mit der Ausstellung *White City. International Style Architecture in Israel* statt. Michael Levin berichtet, dass in ihrem Vorfeld bei der Planung einer großangelegten Werbekampagne in Tel Aviv festgestellt wurde, dass die Bewohner:innen mit dem Begriff *International Style* nichts anfangen konnten, die weißen Bauten mit ihren flachen Dächern aber von jedem mit „ah, Bauhaus" assoziiert worden seien. So

---

230  So Schweizer: Mythenbildung, S. 220. Arieh Sharons Buch *Kibbuz + Bauhaus. An Architect's Way in a New Land* erschien 1976 bei Krämer in Stuttgart.

V White City beschreiben

sei man in der Folge davon ausgegangen, dass der Begriff eine größere Resonanz und Aufmerksamkeit für die geplanten Veranstaltungen ermögliche.[231] Demnach sei die Verwendung bereits hier auf Werbezwecke reduziert gewesen, um Menschen einen einfachen Zugang zu ermöglichen. Gleichwohl bedeutet dies, dass der Begriff als Teil eines allgemein vorhandenen Wissens zur Architektur bereits Bestandteil des kollektiven Gedächtnisses gewesen sein muss. Die Kataloge der Ausstellung vertreten hingegen nicht nur in der bereits beschriebenen Auswahl der Bilder[232] einen breiteren Ansatz. Ein Beitrag des Textbandes beschreibt als Quellen der Inspiration neben dem Bauhaus auch das Wirken von Le Corbusier und Erich Mendelsohn.[233] Und der im Katalog zur 2004 präsentierten Ausstellung *Tel Aviv's Modern Movement. The White City of Tel Aviv. A World Heritage Site* veröffentlichte Antrag zur Aufnahme als Weltkulturerbe behandelt neben der Weißenhofsiedlung Stuttgart (1925) die „New Area of Casablanca" (1915) sowie die Entwicklung der New City in Miami.[234] Erstere spielt heute nur in Ausnahmefällen eine, die beiden letztgenannten keinerlei Rolle in der öffentlichen Wahrnehmung.[235] Beide Darstellungen spiegeln allerdings wenigstens den Versuch wider, den Vorbildern und Entwicklungen in ihrer Diversität der Ausbildungen, der (theoretischen) Ansätze und der Bauprojekte nahezukommen. Gleichzeitig kann festgestellt werden, dass die unmittelbare Assoziation mit dem Begriff *Bauhaus* zunächst keine positive Wahrnehmung der Architektur bedeutete: Einer der Initiator:innen und Betreiber:innen des 2000 eröffneten Bauhaus Center, Micha Gross, beschreibt, dass seine Initiative in den ersten Jahren Kopfschütteln und Unverständnis hervorgerufen habe[236] und die Akzeptanz und Wertschätzung erst im Verlauf der Zeit erfolgt seien. Zur Verwendung des Begriffs *Bauhaus* sei es gekommen, weil er als „ein Label [funktioniert], das in unseren Ohren und Augen mehr sagt als die White City." Diese Zuschreibung sei vor allem emotional erfolgt, und man habe sich hier „vielleicht auch ein bisschen auf Vorarbeit [...] ausruhen" können. Der Ausdruck sei „mit dem Modernismus oder dem Internationalen Stil so als Synonym benutzt" worden, ein „Momentum", das man ausnutzen wollte. Dies sei nicht zuletzt eine „kommerzielle Frage" gewesen, etwas, das man sich Micha Gross zufolge zwar

---

231 Vgl. Interview mit Michael Levin, 27.04.2017.

232 Vgl. Kap. „Das Bild entwickeln", S. 61–67.

233 Levin: *White City*, S. 23–46.

234 Vgl. Municipality of Tel Aviv-Yafo (Hrsg.): *Tel-Aviv's Modern Movement*, S. 23–26.

235 Allerdings in Yavin: *Revival of the Bauhaus in Tel Aviv* trotz seiner insgesamt eindeutigen und verengten Konzentration auf den Begriff des Bauhauses ein Beitrag, der den Blick weiterfasst: Nissim Davidov: Tel Aviv – Capital of the "Weissenhof Style". In: Ebd., S. 87–82.

236 Interview mit Micha Gross, 29.05.2017. Diese Beobachtung wurde von anderen Akteur:innen ebenfalls beschrieben und auch ich konnte sie im Zuge meiner ersten Stadtbegehungen ab 2006 mehrfach machen.

damals „nicht so ganz konkret [...] überlegt [habe]", das er in einer nachträglichen Interpretation aber als Bestandteil sehen würde.[237] *Bauhaus* war/ist demnach – im Vergleich zu *International Style*, *Architekturmoderne* oder dem *Neuem Bauen* – schlicht ein Begriff, der eingängiger ist und als geeigneter zur Vermittlung angenommen wurde. Dies lag, folgt man den Argumentationen, beispielsweise daran, dass er als Assoziation zu den Gebäuden bereits vorhanden war, allerdings noch positiv umgewidmet werden musste, um für die Bauten selbst eine höhere Akzeptanz zu erzielen. Dabei war der Begriff von einer „Bauhaus-Architektur" nicht Teil einer alleinigen Tel-Aviv-typischen Entwicklung, vielmehr stand er schon früh in einem Zusammenhang mit der Emigration von Schüler:innen und Lehrer:innen, besonders von Walter Gropius und Mies van der Rohe in die USA, der Rezeptionsgeschichte von Lehren, Ideen und Formen und der Weiterentwicklung der Architekturmoderne in Harvard, New York und Chicago.[238] Die Forschungen zur Rezeptions- und Wirkungsgeschichte des Bauhauses erreichten Anfang der 1990er Jahre einen ersten Höhepunkt und bezogen sich dabei unter anderem auf Palästina / Israel.[239]

Sharon Rotbard sprach im Zusammenhang mit der Etablierung des Begriffs für die Architektur in Tel Aviv davon, dass diese auf die Notwendigkeit eines weißen, europäisch zentrierten Referenzpunkts für die israelische Identität verweise.[240] Allerdings beschränkt sich der inflationäre Gebrauch des Begriffs nicht auf Israel. Einhergehend mit einem breiten Raum, den Darstellungen zur Architektur in Tel Aviv in deutschen Medien einnehmen, lässt sich ebenso für Deutschland beobachten, dass sich Narrative durchgesetzt haben, die eine Ineinssetzung von *Bauhaus* und *Tel Aviv* beinhalten. Da die Liste der Zeitungsartikel und anderer Veröffentlichungen schier endlos erscheint, sollen hier exemplarisch drei Beiträge, die jeweils in einer renommierten deutschen Tageszeitung erschienen sind, vorgestellt werden: Hans-Christian Rößler, Korrespondent der *Frankfurter Allgemeinen Zeitung*, für die er sieben Jahre von Jerusalem aus über die Region berichtete, schrieb im Mai 2013 über die Schwierigkeiten des Erhalts der Architektur der Weißen Stadt. Ihren aktuellen Zustand stellte er folgendermaßen dar:

---

237  Alle Zitate sind dem Interview mit Micha Gross am 29.05.2017 entnommen.

238  Göckede: Bauhaus nach 1933, zeigt anhand der Entwicklungen in den USA und Palästina / Israel die „Bedeutung ideologisch auferlegter Gegensätze, da diese fraglos auch für das Verständnis der Bauhaus-Rezeption in der Weimarer Republik, im Nationalsozialismus sowie im geteilten Nachkriegsdeutschland von großer Relevanz sind" (ebd., S. 283). Für die USA ebd., S. 282–285.

239  Herbert / Sosnovsky: *Bauhaus*; Jeannine Fiedler (Hrsg.): *Social Utopias of the Twenties. Bauhaus, Kibbutz and the Dream of the New Man*. Wuppertal: Müller + Busmann 1995.

240  Rotbard: *White City, Black City*, S. 27.

Von der Weißen Stadt ist wenig übriggeblieben. Die meisten Fassaden der Häuser im Zentrum Tel Avivs sind grau oder braun. Die feuchte Luft, die vom Mittelmeer in die Stadt weht, lässt den Putz abblättern. Die Bewohner haben Balkone und Terrassen mit hässlichen Plastikwänden zu Zimmern ausgebaut. An vielen Ecken muss man ein zweites Mal hinsehen, bis sich die Weiße Stadt zeigt [...].[241]

Bereits in dem zweizeiligen Teaser ist von „Bauhaus-Erbe" und der „Bauhaus-Stadt Tel Aviv" die Rede. Im ersten Absatz heißt es dann:

In keiner Stadt der Welt stehen so viele Häuser im Bauhaus-Stil, den Architekten wie Walter Gropius, Erich Mendelsohn und Le Corbusier prägten; es sind viel mehr als in Weimar, wo das Bauhaus gegründet wurde, und in Dessau, wohin es später umzog. Die zwischen 1933 und 1948 errichteten etwa 4000 Gebäude sind von den Ideen geprägt, die gut 20 jüdische Architekten aus Deutschland ans Mittelmeer mitbrachten.

Einige Zeilen weiter unten spricht er von „luxussanierten Bauhaus-Gebäuden", von „Bauhaus-Architekten", die deutsche Begriffe für Bautechniken und -materialien mitbrachten und die „in Israel nicht einfach weiter [machten], wie sie es in Deutschland gelernt hatten." An einer Stelle unternimmt er den Versuch einer Differenzierung: „In Tel Aviv, wo man statt vom Bauhaus auch vom ‚Internationalen Stil' spricht", allerdings zu dem Preis, dass er den etablierten Fachterminus International Style hier exotisiert und auf Israel beschränkt. Anschließend entdeckt er die „deutsch-israelische Architekturgeschichte" in „eigenwillig geformten, dunkelbraunen Kacheln":

Sie wurden in den dreißiger Jahren aus Deutschland importiert, weil man sie in Palästina noch nicht herstellen konnte. Jüdische Einwanderer brachten damals nicht nur Baumaterial, sondern auch Maschinen und Möbel mit. Deutsche Juden durften nicht einfach ihr Vermögen in ihre neue Heimat überweisen, sondern mussten gemäß dem Haavara-Abkommen von ihrem Geld in Deutschland hergestellte Güter kaufen, die zum Teil noch bis heute ihren Zweck erfüllen.

In der Gegenwart und für die Zukunft, das heißt für den Erhalt und Schutz der Bauten, werde auf eine deutsche Unterstützung gesetzt. Mit Blick auf den zu diesem Zeitpunkt beginnenden Aufbau eines *Netzwerks Weiße Stadt* schreibt er:

---

241 Rößler: Tel Aviv. Alle folgenden Zitate ebd.

Nach dem Willen der Regierungen in Berlin und Jerusalem soll die gemeinsame architektonische Vergangenheit ein Baustein sein für die künftigen Beziehungen. Der Weißen Stadt komme eine „wichtige Rolle in der gemeinsamen deutsch-israelischen Geschichte zu", heißt es in der Abschlusserklärung der bilateralen Regierungskonsultationen vom Dezember 2012 in Berlin: Das deutsche Bauministerium und die Stadtverwaltung Tel Aviv „werden bei der Erforschung, Dokumentation und Erhaltung von Bauhaus-Gebäuden in Tel Aviv zusammenarbeiten".

Rößler nutzt den Begriff des Bauhauses, um anderen wie „Stil", „Gebäude" und „Architekten" einen Kontext und eine Geschichte zu geben. Er suggeriert zum Beispiel mit „Bauhaus-Architekten", dass allein 20 in Tel Aviv tätige deutsche Architekten am Bauhaus studiert und allein sie die Ideen für die hier umgesetzte Moderne mitgebracht hätten. Diese Vorstellung hat weitreichende Folgen für das Narrativ, erzeugt es doch eine Beziehung zwischen Deutschland / Dessau und Tel Aviv, bei der allein die Ausbildung am Bauhaus / in Deutschland für die Architektur entscheidend gewesen sei. Architekt:innen, die vor 1933 schon im Land waren und/oder an anderen Ausbildungsstätten studiert hatten, werden aus dieser Erzählung ausgeschlossen. Zugleich führt dies dazu, dass das Bauhaus als Ausbildungsstätte für jüdische Architekten von enormer Bedeutung gewesen zu sein scheint. Das Wirken von Mendelsohn und Le Corbusier wird darauf reduziert, dass sie einen „Bauhaus-Stil" geprägt haben.

Rößlers Artikel enthält vier Elemente, die die meisten Artikel (und zahlreiche Fernsehbeiträge) der letzten Jahre kennzeichnen: (1) Es gibt Beschreibungen des schlechten Zustands der Architektur und der Gefahr, in der sich das Erbe aufgrund des Klimas und aufgrund des Handelns der Bewohner:innen befindet. In der Regel steigen die Beiträge mit derartigen Beschreibungen ein. Ferner werden (2) Bezüge zum Bauhaus und Deutschland über die dort ausgebildeten Architekt:innen sowie über die Behauptung eines expliziten Bauhausstils, der in Palästina angepasst worden sei, hergestellt. Hierzu gehören Ausführungen, die auf die Sanierungen eingehen und dabei die mit Aufstockungen einhergehenden Veränderungen als Problem thematisieren. (3) Die Verwendung deutscher Baumaterialien wird betont. Diese wird nicht nur als Transfer beschrieben, sondern mit dem – offenbar nicht erklärungswürdigen – Fachtitel des historischen Abkommens bezeichnet. Offensichtlich ist, dass das negative Handeln der deutschen Nationalsozialist:innen hier in einen positiven Effekt gewandelt wird: Das Material konnte für den Aufbau dieser Häuser genutzt werden. So kann heute eine positiv besetzte deutsch-israelische Geschichte generiert werden. In dem Hinweis, dass zum Beispiel die Kacheln nach wie vor „ihren Zweck erfüllen", schwingt zudem das Bild der „guten deutschen Wertarbeit" gleich mit. Dabei können die Kacheln als ein romantisch anmutendes Bild gezeichnet werden, wie hier bei Rößler, oder „Maschinen, Möbel, oder Baumaterial" nüchterner als

„originale Stromschalter, Fensterscheiben und Kacheln" aufgezählt werden, womit die Gebäude „gleichzeitig ein Meilenstein in Israels Geschichte, und ein einmaliges deutsches Kulturerbe" werden.[242] Nicht zuletzt (4) wird die Bundesrepublik als Retterin der Architektur und Bausubstanz etabliert. Hintergrund ist, dass sich die deutsche Politik seit einigen Jahren intensiv in die Entwicklungen zur Sanierung und Denkmalpflege einbringt. Ein erster Höhepunkt dieser Bemühungen ist der Aufbau des *White City Center*, das im zentral gelegenen *Max-Liebling-Haus* (Dov Karmi, 1936 fertiggestellt) als deutsch-israelisches Projekt eines Zentrums für Architektur und Denkmalschutz Weiße Stadt eingerichtet wird. Das Konzept, entwickelt von der Stadtverwaltung Tel Aviv-Jaffa, der Tel Aviv Foundation und dem Bundesministerium für Umwelt, Naturschutz, Bau und Reaktorsicherheit (BMUB) sieht vor, das Gebäude „zum zentrale[n] Anlaufpunkt für die Bauhaus-Architektur in Tel Aviv"[243] auszubauen. Jene drei Millionen Euro, die die deutsche Bundesregierung 2015 dafür über einen Zeitraum von zehn Jahren zur Verfügung stellt, sind zwar bemerkenswert,[244] runtergerechnet bleiben allerdings nur 300.000 Euro jährlich. Ein weiteres Ergebnis des deutschen Engagements ist das *Netzwerk Weiße Stadt*, das sich als „deutsch-israelisches Kooperations- und Kompetenznetzwerk" versteht und „den Ausgangspunkt für den Technik- und Wissenstransfer zum Thema ‚Weiße Stadt'" bilden will.[245] Hiermit soll zwischen Akteur:innen aus dem Bauwesen sowie der Forschung und Lehre ein Austausch initiiert werden. Ziel sei es, mit Hilfe innovativer Strategien und einer gemeinsamen Wissensvermittlung einen „Beitrag

242  Gil Yaron: Bauhaus in Tel Aviv. Eine Stadt kämpft um ihr Erbe. In: *Heinrich Böll Stiftung*, 19.06.2013. https://www.boell.de/de/2013/06/19/bauhaus-tel-aviv-eine-stadt-kaempft-um-ihr-erbe (Zugriff am 01.06.2018).

243  Vgl. Geschäftsstelle des BMUB für das Projekt „Netzwerk Weiße Stadt Tel Aviv". https://www.netzwerk-weisse-stadt.de/zentrum/ (Zugriff am 05.08.2018). Die Webseite ist die Vorgängerin von Bundesministerium des Innern, für Bau und Heimat (BMI): The White City Center. https://www.whitecitycenter.org/ (Zugriff am 06.02.2019). Erstgenannte war bis Sommer 2018 nicht mehr aktualisiert worden; das Netzwerk wirkte damit zumindest auf der Ebene der Vermittlung zunächst wenig aktiv. Zu einem mir nicht bekannten Zeitpunkt wurde die Seite abgestellt und durch die neu gestaltete, regelmäßig um Inhalte ergänzte, wesentlich vielschichtiger und dynamischer wirkende Seite des BMI ersetzt. Hier und im Folgenden beziehe ich mich allerdings noch auf Inhalte der erstgenannten.

244  Vgl. ebd. An anderer Stelle heißt es, dass 2,8 Millionen Euro zur Verfügung gestellt worden seien. Vgl. eg/kbm (dpa, ARD): Saving the World's Largest Bauhaus Settlement. In: *Deutsche Welle*, 15.05.2015. http://www.dw.com/en/saving-the-worlds-largest-bauhaus-settlement/a-18451387 (Zugriff am 02.06.2018).

245  Vgl. Geschäftsstelle des BMUB für das Projekt „Netzwerk Weiße Stadt Tel Aviv": Netzwerk.

zum verantwortungsvollen Umgang mit den Ressourcen und zu einer ökologisch-nachhaltigen Gebäudesanierung und Stadtentwicklung" zu leisten.[246]

Durch die genannten Initiativen kamen immer mehr Darstellungen zum Tragen, die eine in der Gegenwart verankerte und auf die Zukunft gerichtete Verbindung zwischen Tel Aviv / Israel und Deutschland herstellen. Gleichzeitig wird mit dem deutschen Narrativ eine Deutung etabliert, in der der deutsche Staat mit Geld und gemeinsam mit anderen deutschen Akteur:innen – Handwerker:innen, Denkmalpfleger:innen etc. – die ‚Rettung' des umfangreich als bedroht beschriebenen Erbes überhaupt erst ermöglicht(e) und vorantreibt. Die Einbeziehung und Betonung dieses Aspekts hat in den letzten Jahren signifikant zugenommen. Besonders drastisch wird dies in der Überschrift eines Texts deutlich, den die Journalistin Britta Nagel in der Rubrik „Immobilien" der Tageszeitung *Die Welt* publizierte: „Wie Deutschland hilft, Tel Avivs Weiße Stadt zu retten".[247] Sie schließt dann an, dass die im „Bauhaus-Stil errichtete Siedlung in Tel Aviv [...] fast ihren Kulturerbe-Status verloren [hätte]. Jetzt helfen deutsches Steuergeld und junge Architekten bei der Sanierung der blühenden Stadt." Element 1 – Zustand der Stadt – und Element 4 werden hier auf dramatische Weise miteinander verbunden: Ohne die Hilfe Deutschlands wäre der Status als Weltkulturerbe nicht haltbar gewesen, damit der weitere Verlust an Bausubstanz vorprogrammiert. Element 2 wird bei ihr mit Hilfe eines Bezugs zu einem ganz konkreten Ort in Deutschland hergestellt: Die White City Tel Aviv sei als „die große Schwester der ebenfalls ‚Weiße Stadt' genannten Bauhaus-Siedlung im Berliner Bezirk Reinickendorf" entworfen worden. Was diese mit dem Bauhaus verbindet, lässt sie offen, ebenso eine Antwort auf die Frage, wie genau eine „große Schwester" rund fünf Jahre später – die ‚Weiße Stadt' in Berlin wurde zwischen 1928 und 1931 gebaut – entstehen kann. Neben schiefen Metaphern prägen die Darstellung im Weiteren baugeschichtliche Ungenauigkeiten, die Autorin spricht von „ein- oder zweigeschossige[n], in den 1920er und 30er-Jahren im Stil der Moderne gebauten freistehenden

---

246 Vgl. ebd. Unter den anschließend aufgeführten 21 Kooperationspartner:innen waren bis Sommer 2018 lediglich drei israelische: die Tel Aviv Foundation, die Stadt Tel Aviv-Jaffa und das Bauhaus Center Tel Aviv. Aktuell (Stand 06.02.2019) werden auf der neuen Webseite des BMI: The White City Center. https://www.whitecitycenter.org/ noch keine Angaben gemacht.

247 Britta Nagel: Wie Deutschland hilft, Tel Avivs Weiße Stadt zu retten. In: *Die Welt*, 22.11.2017. https://www.welt.de/finanzen/immobilien/article170834415/Wie-Deutschland-hilft-Tel-Avivs-Weisse-Stadt-zu-retten.html (Zugriff am 01.06.2018). Alle folgenden Zitate ebd. Ihr Artikel geht nicht auf das Ha'avara-Abkommen ein. Das Szenario des Verlustes des Weltkulturerbe-Status war bereits 2013 als Narrativ veröffentlicht worden, so schreibt Yaron 2013 dass, „wenn die Stadt nicht bald eine Kehrtwende macht, [...] UNESCO Tel Aviv seinen Sonderstatus wieder aberkennen [könnte]. Das kulturelle Erbe ist in akuter Gefahr." (Yaron: Bauhaus in Tel Aviv. Eine Stadt kämpft um ihr Erbe.)

Einfamilienhäuser[n]". An anderen Stellen wird allerdings ihr Bemühen deutlich, die Herkunft der Architekt:innen zu differenzieren. So spricht sie beispielsweise von „jungen aus Europa geflüchteten jüdischen Architekten, die an den Universitäten ihrer Heimatstädte von der Bauhaus-Idee geprägt waren." So wird das *Bauhaus* schon für Deutschland von der konkreten Schule dieses Namens entkoppelt. Auch in diesem Beitrag wird der Begriff mehrfach verwendet, es ist von einem „Bauhaus nahe des Rotschild [*sic*] Boulevards" die Rede, von „rund 4000 Bauhäuser[n] in Tel Aviv" sowie von „aufwendig sanierten Bauhaus-Villen."

Ein im April 2018 im Magazin der *Zeit* veröffentlicher Artikel steigt ebenfalls mit einem Szenario des Verfalls ein, in dem die Deutschen nun als Retter:innen auftreten. Im Teaser des Beitrags „Schatz von Tel Aviv" von Sascha Chaimowicz[248] heißt es:

> Das Bauhaus-Viertel im Zentrum von Tel Aviv ist eine Weltkulturstätte, die verfällt. Nun versuchen Handwerker, Architekten und Bewohner die baufälligen Häuser zu retten und ein neues Bewusstsein für das deutsch-israelische Erbe zu schaffen.

Mit dem letzten Teil des Satzes wird eine gemeinsame positive Herkunft konstruiert, und der Status des Weltkulturerbes selbst geht nun gleichzeitig in deutschen Besitz über, anstatt nur mit israelischer / jüdischer Geschichte verbunden zu sein. Das Narrativ des Artikels geht mit Blick auf Element 4 über die finanzielle und professionelle Unterstützung hinaus: Das deutsche Engagement von 2018 wird ganz so, als hätte es die letzten 35 Jahre der Entwicklung nicht gegeben, als geeignet dargestellt, ein neues Bewusstsein überhaupt erst zu schaffen. Diese Ignoranz den tatsächlichen Gegebenheiten und Aktivitäten vor Ort gegenüber wird kurz darauf noch gesteigert. Über die Etablierung des White City Center schreibt Chaimowicz, es sei

> das erste städtische Informationszentrum, in dem Einwohnern und Touristen die Geschichte der Bauhaus-Architektur in Tel Aviv vermittelt werden soll. Dass so ein Ort nötig ist, liegt auch daran, dass sich jahrzehntelang kaum jemand um dieses Architekturerbe geschert hat, es war in desolatem Zustand und drohte zu verfallen.

Dieser Autor spezifiziert Element 2, indem er vier jüdische Architekten, Ze'ev Rechter, Dov Karmi, Richard Kauffmann sowie Arieh Sharon – der als einziger von ihnen tatsächlich Schüler am Bauhaus war –, und die jüdische Architektin Genia Averbuch nennt. Anschließend führt er fünf Architekten der Moderne auf: die drei Bauhaus-Direktoren sowie Erich Mendelsohn und Le Corbusier. Der Bezug zum Bauhaus wird über die Idee der Einheit von Kunst und Handwerk, den Verzicht auf das Ornament, gesundheitspolitische Ideale und die Reduzierung auf das Wesentliche hergestellt. Und

---

248 Chaimowicz: Weiße Stadt. Alle folgenden Zitate ebd.

schließlich taucht hier das Bauhaus als „Bauhaus-Stil", modernistische „Bauhaus-Idee", „Bauhaus-Erbe", „das moderne Bauhaus", „Bauhaus-Wohnungen", „Bauhaus-Gebäude" und „Bauhaus-Bauten" auf. Chaimowicz verweist auf deutsche Produkte, hier sind es Fliesen in Hauseingängen und „geschliffenes Glas, Holzarmaturen, Waschbecken".[249] Gleichwohl ist der Autor punktuell um Differenziertheit bemüht, indem er die Architektin und Kuratorin des White City Center, Sabrina Cegla, zitiert:

> Statt Bauhaus sagt sie lieber „internationaler Stil", wenn sie über die weiße Stadt spricht, „der Begriff trifft es am besten, weil die Einflüsse aus ganz Europa kamen und nur sieben Architekten wirklich an der Bauhaus-Schule studiert hatten. Bei den anderen wäre es richtiger zu sagen, dass sie vom Bauhaus inspiriert waren."

Allerdings wirkt dies im Kontext des Artikels wie eine pflichtbewusste Übung, die ein Spektrum von Ansichten präsentieren will, aber kaum eine Auseinandersetzung mit den reproduzierten Narrativen erkennen lässt und für die eigene Erzählung und Wortwahl gänzlich folgenlos bleibt.

Insgesamt führt bei den Texten das Zusammenführen der Elemente 2, (teilweise) 3 und 4 dazu, dass ein Narrativ entsteht, bei dem nicht nur die Entstehung der White City Tel Avivs, die Entstehung eines einzigartigen Architekturensembles also, auf Deutschland zurückgeht, sondern auch das verwendete Material und die heute notwendig gewordene ‚Rettung' der Bausubstanz. Alle drei Artikel verbinden erschreckend harmlose Beschreibungen dessen, warum die jüdischen Architekt:innen nach Palästina kamen: So schreibt Hans-Christian Rößler lediglich, dass „die gut 20 jüdische[n] Architekten [Ideen] aus Deutschland ans Mittelmeer mitbrachten";[250] damit kommen Assoziationen an einen Badeurlaub auf. Britta Nagel betont, dass der „Ortsteil [...] einen Bezug zur deutschen Geschichte [hat]. In den 1930er-Jahren sahen sich einige deutschstämmige jüdische Architekten dazu gezwungen, das Land zu verlassen."[251] Bei Sascha Chaimowicz immerhin „[flohen i]n den dreißiger Jahren [...] Juden aus Europa vor den Nazis nach Tel Aviv."[252] Diese Darstellungen lassen zum einen die Ausgrenzungen, Demütigungen, Verfolgungen und Vertreibungen, die Erfahrungen von Verlust infolge des erzwungenen Exils und das Wissen um die Vorgänge in Deutschland und die Ermordung von Verwandten und Freund:innen außen vor. Zum anderen vernachlässigen sie, dass das Leben in Palästina keineswegs einfach war: Es gab noch keine geregelte Staatlichkeit, es existierten nur rudimentäre Infrastrukturen im Verkehrs- und Schulwesen oder in der Gesundheitsvorsorge; zudem war unklar, was für eine Zukunft

249 Chaimowicz zitiert hier aus einer Führung von Sharon Golan-Yaron.
250 Rößler: Tel Aviv.
251 Nagel: Wie Deutschland hilft, Tel Avivs Weiße Stadt zu retten.
252 Chaimowicz: Weiße Stadt.

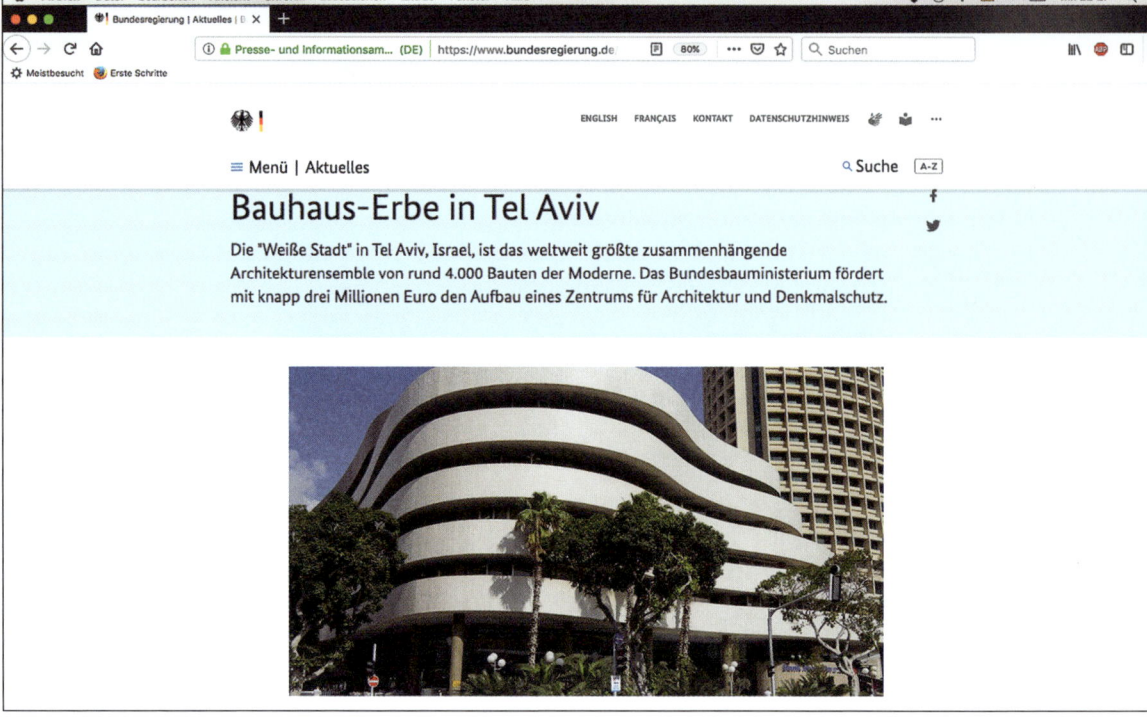

49

die Emigrant:innen in Palästina haben würden. Hinzu kamen die von ihnen erwarteten Anpassungen an ein im Vergleich zu Deutschland extremes Klima. Das Erzeugen dieser Leerstellen ermöglicht es den Autor:innen, einen Neuanfang zu umschreiben, der leicht gewesen sei, im Zuge dessen neue weiße Häuser gebaut und bewohnt werden konnten. Aus Deutschland brachte man nur die Ideen des Neuen Bauens mit, den Autor:innen zufolge aber nicht die Erfahrungen von Ausgrenzungen, Verfolgung und den Verlust von Heimat, Karriere oder/und Familie.

Offizielle Verlautbarungen der Bundesregierung erscheinen im Vergleich zu den vorgestellten Artikeln als sachlich und auf den Kontext fokussiert. Ein Artikel vom März 2018 steigt mit der Überschrift „Bauhaus-Erbe in Tel Aviv"[253] in einen Beitrag ein, der die bundesdeutsche Förderung von „knapp drei Millionen Euro" für „den Aufbau eines Zentrums für Architektur und Denkmalschutz" behandelt. Durch das eingangs veröffentlichte Bild wird jedoch deutlich, dass die Architektur und ihre Geschichte Nebensache bleiben wird: Es zeigt das 1979 fertiggestellte *Asia Haus* (Mordechai (Moti) Ben Chorin), ein siebengeschossiges Bürogebäude, das neben den Formen der White City

253  Die Bundesregierung: Bauhaus-Erbe in Tel Aviv, 22.03.2018. https://www.bundesregierung.de/breg-de/aktuelles/bauhaus-erbe-in-tel-aviv-845418 (Zugriff am 10.04.2019). Alle folgenden Zitate ebd.

von der Architektur des 1959 eröffneten Guggenheim Museums in New York (Frank Lloyd Wright (1867–1959)) beeinflusst worden sein soll.[254] (Abb. 49)

Der Text verweist zwar zunächst darauf, dass die Architekt:innen der Moderne „in Berlin, London oder Paris studiert" hatten, bevor „[v]iele von ihnen [...] angesichts von Antisemitismus und Verfolgung in das britische Mandatsgebiet Palästina emigriert [waren]", stellt dann aber allein eine Verbindung zu Deutschland her:

> In auffallend vielen Details stimmen diese Gebäude der klassischen Moderne mit Bauten in Deutschland überein, die während der Weimarer Republik entstanden sind. Die hellen Oberflächen der Gebäude, die Fliesen der Eingangsbereiche, die Ausstattungen der Wohnungen mit Einbauschränken, Türklinken oder Wasserhähnen ähneln den in Deutschland gebauten modernen Siedlungen aus den 1920er Jahren.

Zusätzlich wird hier wieder der Bezug zur Weißen Stadt in Reinickendorf hergestellt. Entstanden sei in Tel Aviv „das heute weltweit größte zusammenhängende Architekturensemble von rund 4.000 Gebäuden mit Bauhaus-Charakter im sogenannten ‚Internationalen Stil'." Was genau das architekturhistorisch bedeuten soll, ist nicht nachvollziehbar, wichtig erscheinen aber zwei Aspekte: der betont positive Bezug zu Deutschland und der gleichzeitige Versuch, Sachverhalte differenziert darzustellen. In diesem Zusammenhang verwundert die Benutzung des architekturhistorisch nicht haltbaren Begriffs eines „Bauhaus-Charakters", während gleichzeitig der Eindruck entstehen kann, dass sich vom Internationalen Stil, einer bauhistorisch etablierten Zuschreibung, durch die Schreibweise mit Anführungszeichen und die Ergänzung „sogenannten" zweifach distanziert wird.

Für all diese Zuschreibungen, Narrative, Behauptungen, Begriffe lassen sich zahlreiche weitere Beispiele finden. So heißt es bei *Wikipedia*: „Ab den 1930er-Jahren errichteten emigrierte jüdische Bauhaus-Architekten in Tel Aviv mehr als 4.000 Gebäude."[255] In dem am Beginn dieses Buchs vorgestellten Beitrag der *Deutschen Welle* kommt allein in dem dreizeiligen Teaser zweimal der Begriff „Bauhaus-Stil" vor.[256] Das Architekturmagazin (!) *Detail* schreibt die Entwicklung und den Bau eines Luxuswohnhochhauses im Süden von Tel Aviv den Ideen des Bauhauses zu und verkürzt die Geschichte der Stadt auf den Satz: „In direkter Nachbarschaft stehen berühmte Bauhaus-Bauten, die zwischen den 1930er und 1950er-Jahren von deutsch-jüdischen Architekten errichtet

---

254  Die Bildunterschrift lautet „Schlichte Schönheit, die überzeugt". Abschließend heißt es, Tel Aviv sei als „südlicher [*sic!*] Vorort von Yaffa" gegründet worden.

255  Vgl. Bauhaus. In: *Wikipedia*, 24.05.2018. https://de.wikipedia.org/wiki/Bauhaus#Nachwirkung (Zugriff am 29.05.2018).

256  Vgl. Rottscheidt: Wie das Bauhaus nach Tel Aviv kam.

wurden."[257] Das Bauhaus Center präsentierte in seiner Ausstellung *Revival of the Bauhaus in Tel Aviv* ein 2001 an der Dizengoff St. 69–73 errichtetes Wohnhaus als „planned as a new structure in the Bauhaus spirit".[258] Die Bauhaus Kooperation Berlin Dessau Weimar initiierte im Rahmen der Kampagne *100 jahre bauhaus* die Aktion „Die Welt sieht Bauhaus". Hier heißt es im Zusammenhang mit der Veröffentlichung einer Fotografie aus Tel Aviv: „Es zeigt exemplarisch eines der über 4.000 Gebäude, die dort ab den späten 1920ern bis Ende der 1940er nach Vorbild des Bauhauses entstanden sind."[259] Und schließlich schreibt die Architektenkammer des Saarlandes in einer Ankündigung der Ausstellung *Bauhaus – Mythos und Wirklichkeit*,[260] dass „rund 20 Studenten und Meisterschüler des Bauhauses Dessau [...] großen Einfluss auf die Architektur des Landes [Israel] und der Stadt Tel Aviv" nahmen. Die rund 4.000 Gebäude entstanden dem Text zufolge „vornehmlich zwischen 1931 und 1947 im Bauhaus- und im Internationalen Stil"; bis in die 1970er Jahre habe man im Zentrum der Stadt „in Anlehnung an die beiden verwandten Stilrichtungen" gebaut. Es wird darauf rekurriert, dass Israel den Wert dieses Erbes

> nicht sofort erkannte. So kam der Status als UNESCO-Weltkulturerbe 2003 auch für die Stadt überraschend. Man hatte sich nicht einmal darum beworben. Michael Levin, israelischer Professor für Stadtentwicklung und Architekturhistoriker, hatte im Alleingang für die Anerkennung geworben.

Anschließend wird der Gestaltungsgrundsatz *form follows function*, der 1896 von Louis Sullivan (1856–1924) mit Blick auf amerikanische Hochhausfassaden für die Architektur geprägt wurde, als „Bauhausmotto" bezeichnet, die „israelischen Bauten" werden zu „eine[r] behutsame[n] Weiterentwicklung des Bauhaus-Stils." Zudem will der Text eine Verbindung mit Deutschland über einzelne Architekten herstellen. So heißt es:

---

257 Elena Markus: Wohnturm à la Bauhaus. Richard Meier baut in Tel Aviv. In: *Detail*, 20.09.2017. https://www.detail.de/blog-artikel/wohnturm-a-la-bauhaus-richard-meier-baut-in-tel-aviv-30869/ (Zugriff am 03.06.2018).

258 Bauhaus Center: *Revival of the Bauhaus in Tel Aviv*, Tafel 11, gesehen am 30.06.2013.

259 Bild der Woche. Grüße aus der Weißen Stadt. In: *Bauhaus 100*, 26.05.2017. https://www.bauhaus100.de/de/heute/Bild_der_Woche/Bild_der_Woche_2017_KW21.html (Zugriff am 02.06.2018).

260 Architektenkammer des Saarlandes: Bauhaus – Mythos und Wirklichkeit. In: *1965–2015. 50 Jahre Diplomatische Beziehungen Israel-Deutschland*, 11/2015. https://www.de50il.org/blank-69 (Zugriff am 02.06.2018). Alle folgenden Zitate ebd.

Mit Erich Mendelsohn und Oskar Kaufmann begannen Anfang der 1930er-Jahre zwei renommierte deutsche Architekten, in Tel Aviv zu bauen, später kamen dann junge Architekten wie Munio Weinraub und Arieh Sharon hinzu. Für die Stadt war die Immigration [!] der Architekten nicht nur in ästhetischer Hinsicht ein Glücksfall.

Der kurzen Ankündigung gelingt es, nicht nur die Erzählung in eine spezifische Richtung auszurichten und die Ausgrenzung und Vertreibung deutscher Juden:Jüdinnen als glückliche Fügung zu deklarieren, sie enthält gleichzeitig zahlreiche Fehler: Die Architektin Nitza Szmuk initiierte, formulierte und reichte den Antrag ein, mit dem sich die Stadt um eine Aufnahme in die UNESCO-Weltkulturerbeliste bewarb.[261] Erich Mendelsohn baute nicht in Tel Aviv. Arieh Sharon[262] war 1920 nach seinem Studium an der Technischen Hochschule Brünn nach Palästina emigriert, bevor er 1926 sein Studium am Bauhaus Dessau begann. Er kehrte bereits 1931 zurück, also deutlich früher als Mendelsohn, der ab 1934 in Palästina tätig war, und früher als Kaufmann und Weinraub (1909–1970),[263] die 1933 bzw. 1934 nach Palästina emigrierten. Weinraub baute nicht in Tel Aviv, sondern vor allem in Haifa und Jerusalem. Er war gemeinsam mit seinem Büropartner Al Manfeld für den Bau zahlreicher Kibbuzim verantwortlich.

In einem im Kontext der Ausstellungseröffnung gehaltenen Vortrag des Fotografen Johannes Peter, der das im 4. Kapitel besprochene Buch *Bauhaus Tel Aviv Mythos und Wirklichkeit* publizierte, soll unter anderem die Rede davon gewesen sein, dass die Bauwerke in Tel Aviv „von rund 20 emigrierten Bauhaus-Schülern zwischen 1930 und 1947" realisiert worden seien.[264]

Derartige Narrative bleiben nicht allein auf Tel Aviv beschränkt und lassen sich zudem auch innerhalb akademischer Diskurse finden. Dies zeigte zum Beispiel die kurze Ankündigung für eine Präsentation des Forschungsprojekts „Erfurt / Haifa – Architekturen der Moderne in dialogischen Bildern" an der Bauhaus-Universität Weimar, in der es heißt:

261 Vgl. Rotbardt: *White City, Black City*, S. 11.

262 Wiebke Dursthoff: *Kibbutz und Bauhaus. Arieh Sharon und die Moderne in Palästina*. Berlin: Critic 2016.

263 Winfried Nerdinger (Hrsg.): *Munio Weinraub und Amos Gitai. Architektur und Film in Israel*. Ausstellungskatalog Architekturmuseum TU München. München: Minerva 2009.

264 Cornelia Noll: Rückschau: Bauhaus Tel Aviv. Ausstellung und Vortrag von Johannes Peter. In: *Architektenkammer des Saarlandes*, 11/2015. http://www.aksaarland.de/aktuelles/aktivitaeten-der-aks/rueckschau-bauhaus-tel-aviv-ausstellung-und-vortrag-von-johannes-peter (Zugriff am 02.06.2018). Der Versuch, das „Bauhaus Tel Aviv" über die emigrierten Bauhaus-Schüler aus Dessau herzustellen, findet sich auch in Peter: *Bauhaus Tel Aviv*, S. 16. Hier ist von 19 Schülern die Rede, die in Palästina angekommen seien.

In den 1930ern, mit dem Zuzug von Architekten und Architektinnen, die aus dem nationalsozialistischen Deutschland emigrieren mussten, hat sich in Haifa eine ganz besondere Architektur und Stadtplanung entwickelt, die sowohl die international noch gut vernetzte arabische Moderne als auch die in Israel sogenannte Bauhaus-Moderne vereint.[265]

Und schließlich gibt es diese Erzählungen und Bezüge nicht allein in deutschen Medien. Die New Yorker Wochenzeitung *The Jewish Week* veröffentlichte zum Beispiel einen Beitrag, in dem zu lesen ist:

> The White City, the world's largest Bauhaus settlement with more than 4,000 buildings, was named a UNESCO World Heritage site in 2003. Its architects were students of the German architect Walter Gropius (1883–1969); many brought building materials to then-Palestine with them.[266]

Die Behauptung eines Bezugs der Architektur Tel Avivs zum Bauhaus durchzieht all diese Texte und Veröffentlichungen. Die Verwendung des Begriffs funktioniert vordergründig als eine Stilbezeichnung, die eine schnelle Einordnung in einen bauhistorischen und einen geografischen Kontext ermöglicht; so wird ein Bild nahegelegt, das sich sowohl aus der Vorstellung einer bestimmten Design- und Architektursprache speist als auch enge Beziehungen zwischen der Stadt Tel Aviv und Deutschland herstellt. Der Ursprung der White City wird mit dieser Zuordnung eindeutig – und ausschließlich – als *deutsch* markiert.

Eine der Argumentationslinien beruht auf dem *Bauhaus* als Ausbildungsort von Architekten. Es kursieren – die vorangegangenen Darstellungen lieferten hierfür bereits Beispiele – verschiedene quantitative Angaben. Und selbst in architekturwissenschaftlichen Ausführungen fehlt diese Verknüpfung mit variierenden Zahlenangaben nicht. So schreibt Winfried Nerdinger von „17 Bauhäusler[n], davon sieben Architekturabsolventen", die „z. T. in engem Kontakt miteinander [arbeiteten]."[267] Ita Heinze-Greenberg stellte fest, dass acht Architekten zeitweise eine Ausbildung am

---

265  Vgl. Fakultät Architektur und Urbanistik: Erfurt-Haifa-Projekt zum Dialog der Architekturen der Moderne macht wichtigen Schritt. In: *Bauhaus-Universität Weimar*, 01.02.2018. https://www.uni-weimar.de/de/architektur-und-urbanistik/aktuell/aktuell/titel/erfurt-haifa-projekt-zum-dialog-der-architekturen-der-moderne-macht-wichtigen-schritt/ (Zugriff am 02.06.2018).

266  Vgl. JTA: Germany Giving $3.2M To Help Tel Aviv Preserve Bauhaus Buildings. In: *The New York Jewish Week*, 13.07.2015. http://jewishweek.timesofisrael.com/germany-giving-3-2m-to-help-tel-aviv-preserve-bauhaus-buildings/ (Zugriff am 02.06.2018).

267  Winfried Nerdinger: Architektur der Hoffnung. Neues Bauen in Tel Aviv. In: Ders. (Hrsg.): *Tel Aviv – Nues Bauen*, S. 8–15, hier S. 12.

Bauhaus genossen,[268] das Bauhaus Dessau schreibt in einer Ausstellungsankündigung von 25 ehemaligen Bauhaus-Schülern und Absolventen, die „in den 1930er Jahren in das damalige Mandatsgebiet Palästina aus[wanderten].“[269] Wie die unterschiedlichen Angaben jeweils zustande kommen, lässt sich bei diesen ebenso wie bei den bereits vorgestellten Beiträgen kaum nachvollziehen. Allerdings ergeben sich aus den Angaben Auswirkungen auf das Narrativ: Um die Bedeutung des Bauhauses für die Architektur von Tel Aviv über die Schule in Dessau zu konkretisieren, darf eine dort erfolgte Ausbildung nicht die Ausnahme sein. Mutmaßlich um mit einer höheren Zahl den Eindruck der Bedeutung steigern zu können, wird in den Veröffentlichungen häufig allgemein von Schülern gesprochen, ihr Studienfach bleibt ebenso unerwähnt wie ihre konkreten Wirkungsstätten in Palästina. Quantitative Angaben zu jenen Personen, die tatsächlich in Dessau Architektur studiert haben *und* in Tel Aviv tätig wurden, sind eine Ausnahme in den Darstellungen, finden sich aber durchaus. So stellte Nitza Szmuk in der 2004 gezeigten Ausstellung *Tel Aviv's Modern Movement* 78 Biografien von in der Stadt tätigen Architekt:innen vor, aus denen hervorgeht, dass lediglich drei – Shlomo (Sioma) Bernstein (1907–1969), Arieh Sharon, Shmuel Mestechkin (1908–2004) – am Bauhaus studiert haben. Insgesamt ließe sich ihre Auswahl nach Studienorten wie folgt einteilen: Osteuropa / England (20), Technion Haifa (4), Frankreich / Belgien / Italien (28) und Deutschland / Österreich / Schweiz (26).[270] Das Bauhaus Center nennt sechs Architekten,[271] die das Bauhaus absolviert haben, von denen vier – Arieh Sharon, Shmuel Mestechkin, Munio Gitai-Weinraub und Shlomo Bernstein – in Tel Aviv bauten. Des weiteren heißt es seitens des Bauhaus Center: „A seventh architect, Philip Hütt, probably also attended courses at the Bauhaus school in Weimar.“[272] So gibt es in der Folge keine wissenschaftliche Veröffentlichung, die eine architekturhistorisch nachvollziehbare Beziehung zwischen dem Bauhaus und dem architekturmodernen Tel Aviv tragfähig herleitet.[273] Im Gegenteil: Winfried Nerdinger nannte zum Beispiel

268 Ita Heinze-Greenberg: Die „Weiße Stadt“ von Tel Aviv. Anmerkungen zur Rezeption der Moderne im zionistischen Kontext. In: *Kunstchronik* 4 (2006), S. 158–169, hier S. 165.

269 Vgl. Bauhaus Dessau: Bauhausbiografien. Chanan Frenkel, Ricarda und Heinz Schwerin – Vom Bauhaus nach Palästina, 2013. https://www.bauhaus-dessau.de/chanan-frenkel-ricarda-und-heinz-schwerin-vom-bauhaus-nach-palaestina-1.html (Zugriff am 10.06.2018).

270 Nitza Szmuk stellte mir die verwendeten Biografien der Ausstellung in einer E-Mail vom 15.09.2014 zur Verfügung.

271 Bauhaus Center Tel Aviv: About Us. What Is Bauhaus. http://www.bauhaus-center.com/about.php (Zugriff am 10.06.2018).

272 Die Angaben in der Literatur zu Hütt sind ungenau. Während Kamp ihn wie im Folgenden noch dargestellt als Schüler des Bauhaus nennt, lässt Szmuk diese Information in den in Anm. 270 aufgeführten Biografien aus.

273 Eine Beziehung zwischen den Idealen des Bauhaus und dem Baugeschehen in Palästina / Israel stellte die Veröffentlichung Fiedler (Hrsg.): *Social Utopias* her.

bereits 1993 das Bauhaus zwar ebenfalls als „dritte Inspirationsquelle" nach Erich Mendelsohn und Le Corbusier, von einer „Bauhaus-Nachfolge" zu sprechen, sei ihm zufolge allerdings „architekturgeschichtlich sowieso abwegig".[274] Derartig konkrete Darstellungen ebenso wie Einsprüche gegen eine reflexhafte Verknüpfung von *Bauhaus* und Tel Aviv verhallen allerdings folgenlos.[275] Welche extremen Formen das Ausblenden wissenschaftlicher Befunde annehmen kann, zeigt ein Aufsatz von Annette Rudolf-Cleff, Professorin für Entwerfen und Stadtentwicklung an der Universität Darmstadt, die 2011 schrieb, dass „[m]ehr als hundert deutschsprachige jüdische Architekten [...] als Pioniere, Bauhaus-Schüler oder Flüchtlinge nach Palästina kamen [...]".[276] Während sie weder die Herkunft dieser quantitativen Angabe noch die Bedeutung der geografischen Herkunft der Architekt:innen für das Neue Bauen erläutert, bleibt ihre Aussage einerseits so vage, dass sich mit ihr verschiedene Bezüge herstellen lassen. Andererseits kann sie den Eindruck einer überwältigenden Mehrheit erzeugen, die demnach das Baugeschehen dominiert haben müsste.

Die Verwendung des Begriffs *Bauhaus* dient so nicht allein der Werbung und Aufwertung, sondern vielmehr werden Bedeutungen zugeschrieben und ein Narrativ konstruiert, das eine enge, positive Beziehung zwischen Tel Aviv und Deutschland herstellt. Konstruiert wird eine spezifische Geschichte, ohne dass sie an tatsächliche Ereignisse, Kontexte und/oder Entwicklungen angebunden ist. Dem entgegen ließe sich aber ebenso eine ganz andere Erzählung etablieren: Irmel Kamp trug 65 Biografien von Architekt:innen zusammen, die in Tel Aviv zwischen 1930 und 1939 bauten. Deren Studienorte befanden sich in 21 europäischen Städten, darunter in Paris, Rom, Venedig, Brüssel und Gent, Warschau, St. Petersburg, Charkiw, Czernowitz oder Wien. Allein dieser skizzenhafte Überblick gibt einen Eindruck von der Vielfalt der Herkunftsorte und prägenden Schulen. Er zeigt daneben, dass ein Umzug zu Studienzwecken über Ländergrenzen durchaus üblich war. Lediglich 12 Personen genossen eine Ausbildung an einer deutschen Bildungseinrichtung, zwei von ihnen – Arieh Sharon und Philip (Pinchas) Hütt (1888–1949) – am Bauhaus in Weimar. Die meisten der von ihr vorgestellten Architekt:innen waren außerdem bereits bis 1933 nach Palästina emigriert.[277]

274 Nerdinger: Architektur der Hoffnung, S. 12.

275 Darauf verweist u. a. Heinze-Greenberg: Die „Weiße Stadt", S. 160.

276 Vgl. Annette Rudolf-Cleff: Übertrag und Neuanfang. Der Internationale Baustil in Tel Aviv. In: Andreas Hoppe (Hrsg.): *Raum und Zeit der Städte. Städtische Eigenlogik und jüdische Kultur seit der Antike.* Frankfurt am Main: Campus 2011, S. 167–186, hier S. 167.

277 Die Forschung zu den Biografien jüdischer Architekt:innen in Palästina / Israel steckt noch in den Anfängen. In den letzten Jahren entstanden einige wegweisende Veröffentlichungen, darunter Ines Sonder: *Lotte Cohn. Baumeisterin des Landes Israel. Eine Biographie.* Berlin: Jüdischer Verlag 2010. Edina Meyer-Maril forscht aktuell zum Leben und Wirken des aus Österreich stammenden Architekten Rudolf Reuven Trostler, der 1938 nach Palästina emigrieren musste und nach der Staatsgründung Israels u. a. zahlreiche Industriebauten und öffentliche Einrichtungen realisierte.

Dies verweist auf zionistische Ambitionen der Protagonist:innen und weniger auf konkret erfahrene Verfolgungsmaßnahmen durch Nationalsozialist:innen[278] – vor dem Hintergrund, dass die systematische antisemitische Ausgrenzung außerhalb des Deutschen Reiches mit dem sogenannten Anschluss Österreichs im März 1938 und dem Beginn des Zweiten Weltkriegs im September 1939 begannen. Nimmt man also die Biografien dieser Architekt:innen als Ausgangspunkt für eine Architekturgeschichtsschreibung der *White City*, müsste jene als Ergebnis komplexer biografischer Verläufe und Kontexte, vielfältiger Einflüsse und zionistischer Ideen gelesen werden. Und obwohl dies den biografischen Erfahrungen und Familiengeschichten der meisten heute in Israel lebenden Juden:Jüdinnen entspricht, eignet es sich offensichtlich nicht, einen eingängigen Begriff und eine Erzählung zu etablieren, die dieser Vielfalt gerecht werden.

Die Zuschreibung *Bauhaus* bedeutete schließlich eine Transformation von der Ausbildungsstätte und ihren ideellen und materiellen Produkten hin zu der Behauptung eines einheitlichen Stils, bei dem die tatsächliche Geschichte in ihrer Komplexität und mit ihren Brüchen nicht mehr erzählt werden kann.[279] Es gibt keinen ‚Bauhaus-Stil‘. Die Lehrer, Meister und Studierenden der Ausbildungsstätte hätten einen solchen Stilbegriff abgelehnt, und zwar aus theoretischen wie aus praktischen Erwägungen. Darüber hinaus stellt sich die Frage, was ihn kennzeichnen soll: Eine originäre, allein dem Bauhaus zuzuschreibende Gestaltung kann es kaum sein. Es ist hier zugleich zu bedenken, dass der Stilbegriff, der sich erst im Zuge des Historismus im 19. Jahrhundert als Instrument der Kunstgeschichtsschreibung etablierte, mittlerweile als methodisch-normatives Konstrukt verstanden wird, und so bestehen grundsätzlich und unabhängig davon, welche Architekturen wie gelabelt werden, Vorbehalte gegenüber seiner Verwendung.[280]

Sinnvollerweise ließe sich mit Blick auf die Architekturmoderne der 1920er Jahre von gestalterischen Prinzipien sprechen, die an zahlreichen Orten entwickelt und

---

278  Dass die „jungen europäischen Architekten [...] vor allem nach der Machtergreifung der Nazis in Deutschland 1933" nach Palästina emigrierten, ist gängiger Bestandteil vieler Erzählungen. Hier exemplarisch Rottscheidt: Wie das Bauhaus nach Tel Aviv kam.

279  Obwohl dies nicht als repräsentative Erhebung gelten kann, gibt es auf dem Bewertungsportal *Tripadvisor* doch einen Einblick in die Rezeption, welcher die Folgen derartig enger und vereinfachter Begriffsverwendungen ahnen lässt: Die Personen sprechen durchgängig vom „Bauhaus" als Stil der Architektursprache. Vgl. Tripadvisor Deutschland: Bauhaus Center Tel Aviv. https://www.tripadvisor.de/Attraction_Review-g293984-d2368691-Reviews-Bauhaus_Center_Tel_Aviv-Tel_Aviv_Tel_Aviv_District.html (Zugriff am 30.05.2018).

280  Eindrucksvoll legte dies Wolfgang Sonne für die Architektur der Nachkriegsjahrzehnte und den Begriff der „Postmoderne" dar. Vgl. Wolfgang Sonne: Welche Moderne? Richtungen der Architektur der 1960er, 70er und 80er Jahre in Deutschland. In: Ders. / Frank Eckardt / Hans-Rudolf Meier / Ingrid Scheurmann (Hrsg.): *Welche Denkmale welcher Moderne? Zum Umgang mit den Bauten der 1960er und 1970er Jahre.* Berlin: Jovis 2017, S. 14–39.

50

praktiziert wurden. So wird, wer zum Beispiel je durch Gdynia oder einige Viertel von Warschau spaziert ist, dort mehr Tel Aviv entdecken als in Dessau und jeder anderen deutschen Stadt. (Abb. 50) Hinzu kommen der Einfluss und die Bedeutung, die zum Beispiel Le Corbusier und Mendelsohn für die Architekturmoderne hatten, die einbezogen werden müssten, ebenso wie beispielsweise die sowjetischen Konstruktivist:innen, die in den Darstellungen (nicht nur) zu Tel Aviv gänzlich unerwähnt bleiben.[281] Die Begriffszuschreibung *Bauhaus* steht in der Konsequenz also vor

281 Auf die Geschichte dieser Strömung und ihre Bedeutung kann hier nicht angemessen eingegangen werden. Hingewiesen werden soll aber zumindest auf die staatliche Kunsthochschule WChUTEMAS (ab 1927 WChUTEIN), die zwischen 1920 und 1930 in Moskau bestand und sich den Ideen der russischen Avantgarde verschrieben hatte. Ihr, ihren Lehrer:innen und ihren Absolvent:innen war zwischen Dezember 2014 und April 2015 die Ausstellung *WChUTEMAS – Ein russisches Labor der Moderne. Architekturentwürfe 1920 – 1930* im Martin Gropius Bau in Berlin gewidmet (Kuratorin: Irina Chepkunova). Der Katalog erschien als Berliner Festspiele – Martin Gropius Bau (Hrsg.): *wchutemas. Ein russisches Labor der Moderne. Architekturentwürfe 1920–1930.* Ausstellungskatalog. Berlin: Martin Gropius Bau 2014.

allem für Ausschluss und Unsichtbarmachung – (1) des Einflusses anderer namhafter Architekt:innen, der Erfahrungen und Vorstellungen, die Architekt:innen aus ganz Europa mit in das damalige britische Mandatsgebiet Palästina brachten und die sie unabhängig vom Bauhaus als Institution entwickelten, (2) der Bedeutung des Bauhauses als Schule (und nicht als Stil), die unter anderem in der Zusammenführung von Künstler:innen und Handwerker:innen lag und die heute nahezu vergessen scheint, sowie nicht zuletzt (3) der sozialen Aspekte, die das Denken und Entwerfen im Neuen Bauen wesentlich prägten.

Das stete Sprechen vom *Bauhaus* deutet darauf hin, dass eine Geschichte erzählt werden soll, die sich auf eine Verbindung mit Deutschland konzentriert. Aus der Sicht Tel Avivs ergibt sich so ein fokussierter Referenzpunkt für eine israelische Identität. Für die Sicht aus Deutschland entsteht eine Tradition, die die hiesige Geschichte moderner Architektur zu einem guten Ende führt und die der Vertreibung der deutschen Juden:Jüdinnen einen positiven Sinn verleiht. Ausgeblendet werden kann dabei, dass Mies van der Rohe als letzter Direktor das Bauhaus im nationalsozialistischen Deutschland weiter betreiben wollte – ein Vorhaben, das den Ausschluss aller jüdischen Student:innen nach sich gezogen hätte – und dass zumindest einige der nicht-jüdischen Absolventen hier ‚erfolgreich‘ tätig wurden. So arbeitete zum Beispiel der Bauhaus-Student Fritz Ertl als stellvertretender Leiter der SS-Zentralbauleitung im KZ Auschwitz.[282] Unabhängig von der Frage, inwieweit sie als Einzelne in die verbrecherischen Strukturen eingebunden waren, gilt: Blieben sie als Architekten in Deutschland, profitierten sie davon, dass ihre jüdischen Kolleg:innen bereits seit 1933 nicht mehr bauen durften, denunziert, gedemütigt, ausgegrenzt, in die Emigration gezwungen oder deportiert und ermordet wurden. Nennenswerte Proteste oder solidarische Handlungen sind nicht bekannt. Der Mythos des guten und anderen Deutschlands ist auch für Mitglieder des Bauhauses bereits hinreichend widerlegt worden.[283] Mit der Verknüpfung Bauhaus-Tel Aviv, an der deutsche Autor:innen, Journalist:innen und andere Akteur:innen maßgeblichen Anteil haben, werden diese Tatsachen aktiv verschleiert.

282  Vgl. u. a. Roland Stimpel: Architekten in Auschwitz. Tiefpunkt der Architekturgeschichte. In: *Deutsches Architektenblatt*, 01.12.2011. https://dabonline.de/2011/12/01/tiefpunkt-der-architekturgeschichte/ (Zugriff am 27.07.2018); Adina Seeger: *Vom Bauhaus nach Auschwitz*. Diplomarbeit, Universität Wien, Historisch-Kulturwissenschaftliche Fakultät, 2013.
283  Winfried Nerdinger: *Bauhaus-Moderne im Nationalsozialismus. Zwischen Anbiederung und Verfolgung*. München: Prestel 1999.

# Quellen

## Literatur

Abel, Günter: Das Prinzip Rekonstruktion. In: Uta Hassler / Winfried Nerdinger (Hrsg.): *Das Prinzip Rekonstruktion*. Zürich: VDF 2010, S. 64–75.

Altrock, Uwe: *Stadtplanung in Israel und Palästina. Der Friedensprozeß als Neubeginn?* Berlin: Institut für Stadt- und Regionalplanung 1998.

/ Bertram Grischa / Henriette Horni: Bürgergesellschaftliches Engagement als Katalysator für Rekonstruktionen. In: Winfried Nerdinger (Hrsg.): *Geschichte der Rekonstruktion – Konstruktion der Geschichte*. München: Prestel 2010, S. 148–157.

Amnesty International / Forensic Architecture: Saydnaya. Inside a Syrian Torture Prison, 2016. https://saydnaya.amnesty.org/ (Zugriff am 21.03.2019).

Architektenkammer des Saarlandes: Bauhaus – Mythos und Wirklichkeit. In: *1965–2015. 50 Jahre Diplomatische Beziehungen Israel-Deutschland*, 11/2015. https://www.de50il.org/blank-69 (Zugriff am 02.06.2018).

Assmann, Aleida: *Erinnerungsräume. Formen und Wandlungen des kulturellen Gedächtnisses*. München: Beck 2006.

Arad, Shlomo: *Paul Goldman. Press Photographer. 1943–1961*. Tel Aviv: Eretz Israel Museum 2004.

Assmann, Jan: Kollektives Gedächtnis und kulturelle Identität. In: Ders. / Tonio Hölscher (Hrsg.): *Kultur und Gedächtnis*. Frankfurt am Main: Suhrkamp 1988, S. 9–19.

*Das kulturelle Gedächtnis. Schrift, Erinnerung und politische Identität in frühen Hochkulturen*. München: Beck 2013.

Bar Or, Amnon / Tal Gazit: 10 Rothschild St. Compound, Tel Aviv. http://www.amnon-baror. co.il/?projectpt1=רוטשילד-10-תל-אביב&lang=en (Zugriff am 05.08.2018).

2 Herzl St., Tel Aviv-Yaffa – Akiva Arieh Weiss House. http://www.amnon-baror.co.il/? projectpt1=רח-הרצל-2-תל-אביב-בית-עקיבא-אריה-ויס&lang=en (Zugriff am 01.02.2019).

Nahmani Street 43, Tel Aviv-Jaffa – Lodzia House. http://www.amnon-baror.co.il/? projectpt1=רחוב-נחמני-43-תל-אביב-יפו-בית-לודזיה&lang=en (Zugriff am 01.02.2019).

Bar Or, Galia / Nicole Minten-Jung / Werner Möller / Yuval Yasky / Katja Lehmann et al.: *Kibbuz und Bauhaus. Pioniere des Kollektivs*. Leipzig: Spector 2012.

Bartetzky, Arnold (Hrsg.): *Geschichte bauen. Architektonische Rekonstruktion und Nationenbildung vom 19. Jahrhundert bis heute*. Köln / Weimar / Wien: Böhlau 2017.

Bauhaus Center Tel Aviv: About Us. What Is Bauhaus. http://www.bauhaus-center.com/about. php (Zugriff am 10.06.2018).

Bauhaus Center Gallery. Exhibitions. http://www.bauhaus-center.com/gallery/ (Zugriff am 06.08.2018).

Preservation and Renewal. Bauhaus and International Style Buildings in Tel Aviv. In: Ebd., 2015. https://www.bauhaus-center.com/gallery-art-exhibition/preservation-renewal-bauhaus-international-style-tel-aviv/ (Zugriff am 23.04.2017).

Bauhaus Dessau: Kibbuz und Bauhaus. Ausstellung über Kollektivbauten, 2011. http://www. bauhaus-dessau.de/kibbuz-7.html (Zugriff am 04.08.2018).

Bauhausbiografien. Chanan Frenkel, Ricarda und Heinz Schwerin – Vom Bauhaus nach Palästina, 2013. https://www.bauhaus-dessau.de/chanan-frenkel-ricarda-und-heinz-schwerin-vom-bauhaus-nach-palaestina-1.html (Zugriff am 10.06.2018).

Bauhaus Kooperation Berlin Dessau Weimar: 100 Jahre – 100 News | Berlin, Sachsen-Anhalt, Thüringen. Migration des Materials. In: *100 Jahre Bauhaus*, 27.07.2018. https://www.bauhaus100.de/de/heute/180709_Triennale-der-Moderne-2019.html (Zugriff am 29.09.2018).

Baus, Ursula: Facetten einer Begriffsgeschichte. Rekonstruktion. In: Dies. / Michael Braum (Hrsg.): *Rekonstruktionen in Deutschland. Positionen zu einem umstrittenen Thema*. Basel / Berlin / Boston: Birkhäuser 2009, S. 98–105.

Berliner Festspiele – Martin Gropius Bau (Hrsg.): *wchutemas. Ein russisches Labor der Moderne. Architekturentwürfe 1920 – 1930*. Ausstellungskatalog. Berlin: Martin Gropius Bau 2014.

Bild der Woche. Grüße aus der Weißen Stadt. In: *Bauhaus 100*, 26.05.2017. https://www.bauhaus100.de/de/heute/Bild_der_Woche/Bild_der_Woche_2017_KW21.html (Zugriff am 02.06.2018).

Boness, Stefan: Stories. http://www.iponphoto.com/en/topic/10.reportage.html (Zugriff am 27.07.2018).

Brand, Roy / Ori Scialom (Hrsg.): *The Urburb. Pattern of Contemporary Living*. Ausstellungskatalog. Montreal / Tel Aviv: Sternthal 2014.

Chaimowicz, Sascha: Weiße Stadt. Der Schatz von Tel Aviv. In: *Die Zeit*, 09.04.2018. https://www.zeit.de/zeit-magazin/2018/15/weisse-stadt-tel-aviv-bauhaus (Zugriff am 01.06.2018).

Cheshin, Leora: *Befriend Your Demon. Tel Aviv Street Art*. Jerusalem: Bajit HaOmanim 2009.

Dachs, Gisela: Das deutsche Dorf in Tel Aviv. In: *Die Zeit*, 08.01.2008. http://www.zeit.de/2007/52/Tel-Aviv-Templer (Zugriff am 24.09.2014).

Davidi, Sigal: Architektinnen aus Deutschland und Österreich im Mandatsgebiet Palästina. In: Mary Pepchinski / Christina Budde / Wolfgang Voigt / Peter Cachola Schmal (Hrsg.): *Frau Architekt. Seit mehr als 100 Jahren: Frauen im Architekturberuf*. Ausstellungskatalog Deutsches Architekturmuseum. Tübingen: Wasmuth 2017, S. 49–58.

Die Bundesregierung: Bauhaus-Erbe in Tel Aviv, 22.03.2018. https://www.bundesregierung.de/breg-de/aktuelles/bauhaus-erbe-in-tel-aviv-845418 (Zugriff am 10.04.2019).

*Docomomo Journal* 40 (2009): Tel Aviv. A Century of Modern Buildings.

Donna, Batya: From Gymnasium to Tower. In: *Ariel* 77/78 (1989), S. 93–98.

Droste, Magdalena: *Bauhaus 1919–1933*. Köln: Taschen 1998.

Dursthoff, Wiebke: *Kibbutz und Bauhaus. Arieh Sharon und die Moderne in Palästina*. Berlin: Critic 2016.

Dvir, Ori (Hrsg.): *Rudi Weissenstein. Israel Early Photographs*. Ben-Shemen: Modan 2008.

Dvir, Noam: The Party Is Over. In: *Haaretz*, 15.02.2011. https://www.haaretz.com/israel-news/culture/1.5122626 (Zugriff am 27.07.2018).

Efrat, Zvi: *The Object of Zionism. The Architecture of Israel*. Leipzig: Spector 2017.

eg/kbm (dpa, ARD): Saving the World's Largest Bauhaus Settlement. In: *Deutsche Welle*, 15.05.2015. http://www.dw.com/en/saving-the-worlds-largest-bauhaus-settlement/a-18451387 (Zugriff am 02.06.2018).

Eidelman, Ronen: Manshiyya. In: Zochrot (Hrsg.): *Remembering al-Manshiyya – Jaffa*, April 2010. https://zochrot.org/uploads/uploads/b8bdf0b4112050a26b63b3972974e7bc.pdf (Zugriff am 21.05.2018), S. 38–46.

ElAl: Sehenswürdigkeiten und Interessantes in Tel Aviv. https://www.elal.com/de/Elal-Destinations/Israel/Tel-Aviv/Pages/Attractions.aspx (Zugriff am 27.07.2018).

Erde, Ran: *Tel Aviv Views. Photos by Avraham Soskin and Ran Erde 1909–2009*. Tel Aviv: Bauhaus Center 2009.

Fakultät Architektur und Urbanistik: Erfurt-Haifa-Projekt zum Dialog der Architekturen der Moderne macht wichtigen Schritt. In: *Bauhaus-Universität Weimar*, 01.02.2018. https://www.uni-weimar.de/de/architektur-und-urbanistik/aktuell/aktuell/titel/erfurt-haifa-projekt-zum-dialog-der-architekturen-der-moderne-macht-wichtigen-schritt/ (Zugriff am 02.06.2018).

Feindt, Gregor / Félix Krawatzek / Daniela Mehler / Friedemann Pestel et al.: Entangled Memory. Toward a Third Wave in Memory Studies. In: *History and Theory* 53,1 (2014), S. 24–44.

Fiedler, Jeannine (Hrsg.): *Social Utopias of the Twenties. Bauhaus, Kibbutz and the Dream of the New Man*. Wuppertal: Müller + Busmann 1995.

Fischer, Manfred F.: Rekonstruktionen. Ein geschichtlicher Überblick. In: Deutsches National-komitee für Denkmalschutz (Hrsg.): *Rekonstruktion in der Denkmalpflege. Überlegungen, Definitionen, Erfahrungsberichte*. Bonn: Deutsches Nationalkomitee für Denkmalschutz. Bundes-ministerium des Innern 1998, S. 7–15.

Fischer, Thomas: Irmel Kamp. Neues Bauen in Tel Aviv and Brussels, 2017. http://www.galerie thomasfischer.de/exhibitions/irmel-kamp-neues-bauen-in-tel-aviv-and-brussels (Zugriff am 21.04.2017).

Forensic Architecture: Saydnaya. Inside a Syrian Torture Prison, 2016. http://www.forensic-architecture.org/case/saydnaya/ (Zugriff am 07.08.2018).

Galerie Bärbel Grässlin: Current. Günther Förg. Fotografien. Bauhaus Tel Aviv – Jerusalem 2001, 2004. http://galerie-graesslin.de/exhibitions/fotografien-bauhaus-tel-aviv-jerusalem-2001-guenther-foerg/131/images (Zugriff am 27.07.2018).

Geppert, Alexander C. T.: *Fleeting Cities. Imperial Expositions in Fin-de-Siècle Europe*. Basingstoke: Palgrave Macmillan 2010.

Geschäftsstelle des BMUB für das Projekt „Netzwerk Weiße Stadt Tel Aviv": Netzwerk. https://www.netzwerk-weisse-stadt.de/netzwerk/ (Zugriff am 02.06.2018).

    Zentrum. https://www.netzwerk-weisse-stadt.de/zentrum/ (Zugriff am 05.08.2018).

Glenk, Helmut: *From Desert Sands to Golden Oranges. The History of the German Templer Settle-ment of Sarona in Palestine 1871–1947*. Bloomington: Trafford 2005.

Göckede, Regina: Das Bauhaus nach 1933. Migrationen und semantische Verschiebungen. In: Anja Baumhoff / Magdalene Droste (Hrsg.): *Mythos Bauhaus. Zwischen Selbstfindung und Enthistori-sierung*. Berlin: Reimer 2009, S. 276–291.

Gross, Micha: *Preservation and Renewal. Bauhaus and International Style Buildings in Tel Aviv*. Tel Aviv: Bauhaus Center 2015.

Hanselmann, Jan Friedrich: Vorwort. In: Ders. (Hrsg.): *Rekonstruktion in der Denkmalpflege. Texte aus Geschichte und Gegenwart*. Stuttgart: Fraunhofer-IRB 2009, S. 5–18.

Harpaz, Nathan: *Zionist Architecture and Town Planning. The Building of Tel Aviv (1919–1929)*. West Lafayette: Purdue UP 2013.

Herbert, Gilbert / Saul Sosnowsky: *Bauhaus on the Carmel and the Crossroads of Empire. Architecture and Planning in Haifa During the British Mandate*. Jerusalem: Yad Izhak Ben-Zvi 1993.

Heinze-Mühleib, Ita: *Erich Mendelsohn. Bauten und Projekte in Palästina (1934–1941)*. München: Scaneg 1986.

Die „Weiße Stadt" von Tel Aviv. Anmerkungen zur Rezeption der Moderne im zionistischen Kontext. In: *Kunstchronik* 4 (2006), S. 158–169.

*Europa in Palästina. Die Architekten des zionistischen Projekt 1902–1903*. Zürich: gta 2011.

Publikationen. In: *ETH Zürich*. https://www.gta.arch.ethz.ch/personen/ita-heinze-greenberg/curriculum/publikationen (Zugriff am 04.08.2018).

Hocquél, Wolfgang / Peter Leonhardt / Ulrich Knufinke / Loreen Schiede: *Wilhelm Haller. Ein Leipziger Architekt in Tel Aviv. / Wilhelm Ze'ev Haller. Modern Architecture between Leipzig and Tel Aviv*. Leipzig: Kulturstiftung 2009.

Hoffmann, Jeremie / Hadas Nevo-Goldberst: אפוריה – ארכיטקטורה של עצמאות. הסגנון הברוטליסטי של תל-אביב-יפו 1948–1977 [*Aphoria – Architecture of Independence. The Brutalist Style in Tel Aviv, Yaffa 1948–1977*]. Haifa: Technion 2017.

Hohfeld, Miriam / Gereon Lindlar: *Weiße Stadt Tel Aviv. Zur Erhaltung von Gebäuden der Moderne in Israel und Deutschland*. Bonn: Bundesinstitut für Bau-, Stadt- und Raumforschung 2015.

Holmes, Jean / Reed Holmes: Jaffa American Colony. In: *Jaffa American Colony*. https://www.jaffacolony.com/index.html (Zugriff am 06.02.2019).

ICOMOS: Tel Aviv. No. 1096. In: *UNESCO / WHC*, 03/2003. https://whc.unesco.org/document/151735 (Zugriff am 03.08.2018).

JTA: Germany Giving $3.2M to Help Tel Aviv Preserve Bauhaus Buildings. In: *The New York Jewish Week*, 13.07.2015. http://jewishweek.timesofisrael.com/germany-giving-3-2m-to-help-tel-aviv-preserve-bauhaus-buildings/ (Zugriff am 02.06.2018).

Johnson, Philip C. / Henry-Russell Hitchcock: *The International Style. Architecture since 1922*. New York: Norton 1932.

Kadman, Noga: *Erased from Space and Consciousness. Israel and the Depopulated Palestinian Villages of 1948*. Bloomington: Indiana UP 2015.

Klei, Alexandra: Gedächtnis und Erinnerung, Orte und Architektur. In: Dies.: *Der erinnerte Ort: Geschichte durch Architektur. Zur baulichen und gestalterischen Repräsentation der nationalsozialistischen Konzentrationslager*. Bielefeld: Transcript 2011.

Kleilein, Doris / Martina Priessner: Bauen für ein neues Land. Eine Ausstellung in Berlin würdigt den Architekten Erich Mendelsohn. In: *Jungle World*, Dschungel 10, 03.03.2004. https://jungle.world/artikel/2004/10/bauen-fuer-ein-neues-land (Zugriff am 06.02.2019).

Knufinke, Ulrich: *Bauhaus Jerusalem*. Tel Aviv: Bauhaus Center 2012.

Krauss, Nicole: *Waldes Dunkel*. Reinbek: Rowohlt 2018.

Lamberti, Annarita: Preserving the Recent and the Most Recent Memories of Tel Aviv. In: *Linköping University*, 10/2006. http://www.ep.liu.se/ecp/020/019/ecp072019.pdf (Zugriff am 08.04.2017).

White City Mediterranean Medina. Tel Aviv. In: Ludovico Micara / Attilio Petrucciolo / Ettore Vadini (Hrsg.): *The Mediterranean Medina. International Seminar*. Rom: Gangemi 2011, S. 427–432.

Le Corbusier / Pierre Jeanneret: Fünf Punkte zu einer neuen Architektur. In: *Die Form. Zeitschrift für gestaltende Arbeit* 2 (1927), S. 272–274.

Lerer, Tami: *Sand and Splendor. Eclectic Style Architecture in Tel Aviv*. Tel Aviv: Bauhaus Center 2013.

Levin, Michael: *White City. International Style Architecture in Israel. A Portrait of an Era*. Tel Aviv: Tel Aviv Museum of Art 1984.

LeVine, Mark: *Overthrowing Geography. Jaffa, Tel Aviv, and the Struggle for Palestine. 1880–1948*. Berkeley: U of California P 2005.

Lipski, Aura Levin: Ir Levana. In: *Hebrew Songs*. http://www.hebrewsongs.com/?song=irlevana (Zugriff am 04.08.2018).

Lüpke, Marc von: Israel-Fotograf Rudi Weissenstein Chronist des Neubeginns. In: *Spiegel Online*, 07.02.2017. http://www.spiegel.de/einestages/israel-fotograf-rudi-weissenstein-chronist-des-neubeginns-a-1121763.html (Zugriff am 22.04.2017).

Luz, Nimrod: The Politics of Scared Places. Palestinian Identity, Collective Memory, and Resistance in the Hassan Bek Mosque Conflict. In: *Environment and Planning: Society and Space* 26 (2008), S. 1036–1052. http://sacredplaces.huji.ac.il/sites/default/files/default_images/luzepd.pdf (Zugriff am 21.05.2018).

Markus, Elena: Wohnturm à la Bauhaus. Richard Meier baut in Tel Aviv. In: *Detail. Zeitschrift für Architektur + Baudetail*, 20.09.2017. https://www.detail.de/blog-artikel/wohnturm-a-la-bauhaus-richard-meier-baut-in-tel-aviv-30869/ (Zugriff am 03.06.2018).

Mattissek, Annika: *Die neoliberale Stadt. Diskursive Repräsentationen im Stadtmarketing deutscher Großstädte*. Bielefeld: Transcript 2008.

Mayor, Federico: Address. In: *UNESCO*, 22.05.1994. http://unesdoc.unesco.org/images/0009/000973/097383E.pdf (Zugriff am 27.07.2018).

Metzger-Szmuk, Nitza: *Dwelling on the Dunes. Tel Aviv. Modern Movement and Bauhaus Ideals*, aus d. Hebr. v. Vivanne Barsky. Paris: L'Éclat 2004.

Meyer-Maril, Edina: Alexander Levy – ein jüdischer Architekt zwischen Berlin, Tel Aviv, Paris und Auschwitz. In: *Menora. Jahrbuch für deutsch-jüdische Geschichte* 9 (1998), S. 315–337.

Monke, Fritz (Red.): *Schüler des Bauhauses, der Technischen Hochschule, der Akademie der Künste und ihre Einflüsse auf die Architektur und Stadtplanung in Israel*. Ausstellungskatalog. Berlin (West): Technische Hochschule / Akademie der Künste 1980.

Municipality of Tel Aviv-Yafo (Hrsg.): *Tel-Aviv's Modern Movement. The White City of Tel-Aviv. A World Heritage Site*. Tel Aviv: Selbstverlag 2004.

Nagel, Britta: Wie Deutschland hilft, Tel Avivs Weiße Stadt zu retten. In: *Die Welt,* 22.11.2017. https://www.welt.de/finanzen/immobilien/article170834415/Wie-Deutschland-hilft-Tel-Avivs-Weisse-Stadt-zu-retten.html (Zugriff am 01.06.2018).

Nerdinger, Winfried: Architektur der Hoffnung. Neues Bauen in Tel Aviv. In: Ders. (Hrsg.): *Tel Aviv – Neues Bauen, 1930–1939*. Ausstellungskatalog Architekturmuseum TU München. Tübingen: Wasmuth 1993.

    *Bauhaus-Moderne im Nationalsozialismus. Zwischen Anbiederung und Verfolgung*. München: Prestel 1999.

    (Hrsg.): *Munio Weinraub und Amos Gitai. Architektur und Film in Israel*. Ausstellungskatalog Architekturmuseum TU München. München: Minerva 2009.

    Zur Einführung. Konstruktion und Rekonstruktion historischer Kontinuität. In: Ders. (Hrsg.): *Geschichte der Rekonstruktion – Konstruktion der Geschichte*. München: Prestel 2010, S. 10–14.

Neve Schechter: About Us. http://neve-schechter.org.il/en/about-us/ (Zugriff am 29.05.2017).

Nightlight Tel Aviv. In: *Facebook*, 12/2018. https://www.facebook.com/nightlightfestivaltelaviv/ (Zugriff am 11.02.2019).

Nitza-Shiftan, Alona: Contested Zionism – Alternativ Modernism. Erich Mendelsohn and the Tel Aviv Chug in Mandate Palestine. In: Haim Jacobi (Hrsg.): *Constructing a Sense of Place. Architecture and the Zionist Discourse*. Aldershot / Burlington: Ashgate 2004, S. 17–51.

Nocke, Alexandra (Hrsg.): *Boris Carmi. Photographs from Israel*. München / Berlin / London / New York: Prestel 2004.

    60 Jahre Pressefotografie aus Israel – Paul Goldman und David Rubinger. http://www.alexandranocke.de/site/?AUSSTELLUNGEN:60_Jahre_Pressefotografie_aus_Israel_-_Paul_Goldman_und_David_Rubinger (Zugriff am 09.04.2019).

Noll, Cornelia: Rückschau. Bauhaus Tel Aviv. Ausstellung und Vortrag von Johannes Peter. In: *Architektenkammer des Saarlandes*, 11/2015. http://www.aksaarland.de/aktuelles/aktivitaeten-der-aks/rueckschau-bauhaus-tel-aviv-ausstellung-und-vortrag-von-johannes-peter (Zugriff am 02.06.2018).

Paraszczuk, Joanna: Reviving Tel Aviv's Valhalla. In: *Jerusalem Post*, 05.05.2010. http://www.jpost.com/Features/Front-Lines/Reviving-Tel-Avivs-Valhalla (Zugriff am 29.05.2018).

Peter, Johannes: *Bauhaus Tel Aviv. Mythos und Wirklichkeit*. Berlin: Artshop 2011.

Politischer Club Colonia Köln / Weimar (Hrsg.): *Günther Förg. Bauhaus Tel Aviv – Jerusalem*. Ostfildern-Ruit: Hatje Cantz 2002.

Raz, Guy (Hrsg.): *Soskin. A Retrospektive. Photographs. 1905–1945*. Tel Aviv: Tel Aviv Museum of Art 2003.

rekonstruieren. In: *Duden*. http://www.duden.de/rechtschreibung/rekonstruieren (Zugriff am 04.08.2018).

Rößler, Hans-Christian: Tel Aviv. Der Kampf um die Weiße Stadt. In: *Frankfurter Allgemeine Zeitung*, 08.05.2013. http://www.faz.net/aktuell/gesellschaft/tel-aviv-der-kampf-um-die-weisse-stadt-12175774.html (Zugriff am 01.06.2018).

    Ein deutsches Dorf in Tel Aviv. In: *Frankfurter Allgemeine Zeitung*, 23.12.2014. http://www.faz.net/aktuell/gesellschaft/israels-templer-kolonien-ein-deutsches-dorf-in-tel-aviv-13337614.html (Zugriff am 25.04.2018).

Rohde, Norbert: *Historische Militärobjekte der Region Oberhavel*, Bd. 1: Das Heinkel-Flugzeugwerk Oranienburg. Legende und Wirklichkeit. Velten: Veltener Verlagsgesellschaft 2006.

Rotbard, Sharon: History of South Tel Aviv. In: *Youtube*, 05.02.2012. https://www.youtube.com/watch?v=3mXUpDeb_Hk (Zugriff am 05.08.2018).

    *White City, Black City. Architecture and War in Tel Aviv and Jaffa* [hebr. 2005]. London: Pluto 2015.

Rottenscheid, Ina: Wie das Bauhaus nach Tel Aviv kam. In: *Deutsche Welle*, 30.03.2009. http://www.dw.com/de/wie-das-bauhaus-nach-tel-aviv-kam/a-4138786 (Zugriff am 15.06.2018).

Rudolf-Cleff, Annette: Übertrag und Neuanfang. Der Internationale Baustil in Tel Aviv. In: Andreas Hoppe (Hrsg.): *Raum und Zeit der Städte. Städtische Eigenlogik und jüdische Kultur seit der Antike*. Frankfurt am Main: Campus 2011, S. 167–186.

Ruhl, Carsten / Chris Dähne (Hrsg.): *Architektur ausstellen. Zur mobilen Anordnung des Immobilen*. Berlin: Jovis 2015.

Sarona. In: *Israelmagazin*. http://www.israelmagazin.de/israel-orte/tel-aviv-telaviv/sarona (Zugriff am 24.09.2014).

Schlöffel, Frank: *Heinrich Loewe: Zionistische Netzwerke und Räume*. Berlin: Neofelis 2018.

Schlör, Joachim: *Tel Aviv. Vom Traum zur Stadt*. Frankfurt am Main / Leipzig: Insel 1999.

Schüler, Ronny / Jörg Stabenow (Hrsg.): *Vermittlungswege der Moderne. Neues Bauen in Palästina 1923–1948. / The Transfer of Modernity. Architectural Modernism in Palestine 1923–1948*. Berlin: Gebr. Mann 2018.

Schweizer, Stefan: Mythenbildung im Medium der Fotografie. Die „White City" von Tel Aviv und ihre architekturfotografische Inszenierung. In: Hubert Locher / Rolf Sachsse (Hrsg.): *Architektur Fotografie. Darstellung – Verwendung – Gestaltung*. München: Deutscher Kunstverlag 2016, S. 210–224.

Seeger, Adina: *Vom Bauhaus nach Auschwitz*. Diplomarbeit, Universität Wien, Historisch-Kulturwissenschaftliche Fakultät, 2013.

Sharon, Arieh: *Kibbuz + Bauhaus. An Architect's Way in a New Land*. Stuttgart: Krämer 1976.

Shoham, Hizky: Tel Aviv's Foundation Myth. A Constructive Perspective. In: Maoz Azaryahu / S. Ilan Troen (Hrsg.): *Tel Aviv. The First Century. Visions, Designs, Actualities*. Bloomington: Indiana UP 2012, S. 34–59.

Siegemund, Anja (Hrsg.): *Deutsche und zentraleuropäische Juden in Palästina und Israel. Kulturtransfers, Lebenswelten, Identitäten. Beispiele aus Haifa*. Berlin: Neofelis 2016.

Sollich, Jo: *Herbert Rimpl (1902–1978). Architekturkonzern unter Hermann Göring und Albert Speer. Architekt des Deutschen Wiederaufbaus*. Berlin: Reimer 2013.

Sonder, Ines: Wilhelm Stiassny und der Bebauungsplan für Tel Aviv (1909). In: *David* 58 (2003). http://www.david.juden.at/kulturzeitschrift/57-60/58-WS.htm (Zugriff am 15.06.2018).

> *Gartenstädte für Erez Israel. Zionistischen Stadtplanungsvisionen von Theodor Herzl bis Richard Kauffmann*. Hildesheim / Zürich / New York: Olms 2005.

> *Lotte Cohn. Baumeisterin des Landes Israel. Eine Biographie*. Berlin: Jüdischer Verlag 2010.

> „Habinyan Bamisrach Hakarov". Der Bau im Nahen Osten. Die erste hebräische Architekturzeitschrift im Lande Israel (1934–1938). In: *David* 90 (2011). http://www.davidkultur.at/ausgabe.php?ausg=90&artikel=248 (Zugriff am 25.01.2019).

> *Carmel. The International Style in Haifa*. Tel Aviv: Bauhaus Center 2015.

> Bauhaus Architecture in Israel. De-Constructing a Modernist Vernacular and the Myth of Tel Aviv's "White City". In: Eliezer Ben-Rafael / Julius H. Schoeps / Yitzhak Sternberg / Olaf Glöckner (Hrsg.): *Handbook of Israel. Major Debates*. Berlin: de Gruyter Oldenbourg 2016, S. 87–101.

Sonne, Wolfgang: Welche Moderne? Richtungen der Architektur der 1960er, 70er und 80er Jahre in Deutschland. In: Ders. / Frank Eckardt / Hans-Rudolf Meier / Ingrid Scheurmann (Hrsg.): *Welche Denkmale welcher Moderne? Zum Umgang mit den Bauten der 1960er und 1970er Jahre*. Berlin: Jovis 2017, S. 14–39.

Stanek, Julia: Oase zwischen Wolkenkratzern. In: *Spiegel Online*, 02.04.2014. http://www.spiegel.de/reise/staedte/zu-besuch-in-tel-avivs-gruendungsviertel-neve-tzedek-a-821788.html (Zugriff am 04.06.2017).

Stein, Claudia: *Tel Aviv*. Norderstedt: BoD 2012.

Stimpel, Roland: Architekten in Auschwitz. Tiefpunkt der Architekturgeschichte. In: *Deutsches Architektenblatt*, 01.12.2011. https://dabonline.de/2011/12/01/tiefpunkt-der-architekturgeschichte/ (Zugriff am 27.07.2018).

Świątkowska, Bogna (Hrsg.): *Adrichalim / Architekci. Leksykon pochodzących z Polski architektów działających w Palestynie i Izraelu w XX wieku*. Warschau: Fundacja Nowej Kultury Bęc Zmiana 2016.

Szmuk, Nitza: *Houses from the Sands. International Style Architecture in Tel Aviv 1931–1948*. Tel Aviv: MOD 1994.

The Mosaics of Migdal Shalom (Shalom Tower) Tel Aviv. In: *Israel in Photos*, 2012. http://www.israelinphotos.com/2012/11/the-mosaics-of-migdal-shalom-shalom.html (Zugriff am 03.02.2018).

The PhotoHouse: Exhibitions. http://www.thephotohouse.co.il/exhibitions/ (Zugriff am 27.07.2018).

Town Planning and Construction Department Tel Aviv: Tel Aviv Buildings Listed for Conservation. Instructions for Care and Conservation of Listed Buildings. In: Municipality of Tel Aviv-Yafo: *Nomination of the White City of Tel Aviv for the World Heritage List*, January 2002. http://meyda.education.gov.il/files/unesco/1096.pdf (Zugriff am 09.05.2017), App. 2.

Tripadvisor Deutschland: Bauhaus Center Tel Aviv. https://www.tripadvisor.de/Attraction_Review-g293984-d2368691-Reviews-Bauhaus_Center_Tel_Aviv-Tel_Aviv_Tel_Aviv_District.html (Zugriff am 30.05.2018).

Trüby, Stephan: Wir haben das Haus am rechten Fleck. In: *Frankfurter Allgemeine Zeitung, 16.04.2018.* https://www.faz.net/aktuell/feuilleton/neue-frankfurter-altstadt-durch-rechtsradikalen-initiiert-15531133.html (Zugriff am 06.02.2019).

Turner, Judith: *White City. International Style Architecture in Israel. Photographs.* Tel Aviv: Tel Aviv Museum of Art 1984.

　　Statement. In: *PhotoArts.* http://www.photoarts.com/gallery/judithturner/turnerbio.html (Zugriff am 19.04.2017).

UNESCO. World Heritage Centre: White City of Tel-Aviv – the Modern Movement, 2003. https://whc.unesco.org/en/list/1096 (Zugriff am 08.08.2018).

　　Berlin Modernism Housing Estates, 2008. http://whc.unesco.org/en/list/1239/documents (Zugriff am 04.08.2018).

Veser, Thomas: Sanierung der „Weißen Stadt". Instrument Baurechtstransfer. Tel Aviv. In: *Bauwelt* 4 (2005), S. 2.

Visscher, Jochen (Hrsg.): *Stefan Boness. Tel Aviv – The White City.* Berlin: Jovis 2012.

Warhaftig, Myra: Berlin 750 – Tel Aviv 75. In: *Bauwelt* 47 (1984), S. 2012–2013.

　　*Sie legten den Grundstein.* Tübingen: Wasmuth 1996.

　　*Deutsche jüdische Architekten vor und nach 1933 – Das Lexikon. 500 Biographien.* Berlin: Reimer 2005.

Wawrzyn, Heidemarie: *Nazis in the Holy Land 1933–1948.* Berlin: de Gruyter 2013.

Weiße Stadt (Tel Aviv). In: *Wikipedia*, 23.03.2018. https://de.wikipedia.org/wiki/Weiße_Stadt_(Tel_Aviv) (Zugriff am 21.05.2018).

Weizman, Ines: Lehre Wintersemester 2017/18. Erfurt – Haifa. In: *Bauhaus-Universität Weimar*, 2017. https://www.uni-weimar.de/de/architektur-und-urbanistik/professuren/architekturtheorie/lehre/wintersemester-201718/erfurt-haifa/ (Zugriff am 27.07.2018).

whitecitytelaviv. In: *Instagram*, 17.10.2017. https://www.instagram.com/p/BaXU7ivD6u4/ (Zugriff am 27.07.2018).

Woelke, Miriam: HaTachanah – der alte Bahnhof von Tel Aviv, Teil 1. In: *Leben in Jerusalem*, 02.10.2011. http://lebeninjerusalem.blogspot.de/2011/10/hatachanah-der-alte-bahnhof-von-tel.html (Zugriff am 05.11.2014).

Wokoeck, Ursula: Hundertjahrfeier in Tel Aviv-Jaffa. In: *Heinrich Boell Stiftung*, 30.05.2005. http://il.boell.org/sites/default/files/downloads/Tel_Aviv_centennial_May_2009.pdf (Zugriff am 04.06.2017).

World Monuments Fund: 1996 World Monuments Watch. https://www.wmf.org/project/white-city (Zugriff am 04.08.2018).

Will, Thomas: Projekte des Vergessens? Architektur und Erinnerung unter den Bedingungen der Moderne. In: Hans-Rudolf Meier / Marion Wohlleben (Hrsg.): *Bauten und Orte als Träger von Erinnerung. Die Erinnerungsdebatte und die Denkmalpflege.* Zürich: VDF 2000, S. 113–132.

Yaron, Gil: Bauhaus in Tel Aviv. Eine Stadt kämpft um ihr Erbe. In: *Heinrich Böll Stiftung*, 19.06.2013. https://www.boell.de/de/2013/06/19/bauhaus-tel-aviv-eine-stadt-kaempft-um-ihr-erbe (Zugriff am 01.06.2018).

Yavin, Shmuel: *Revival of the Bauhaus in Tel Aviv. Renovation of the International Style in the White City.* Tel Aviv: Bauhaus Center 2003.

Zaun-Goshen, Heike: Die Deutsche Kolonie in Jerusalem. In: *All About Jerusalem.* http://allaboutjerusalem.com/de/article/die-deutsche-kolonie-jerusalem (Zugriff am 25.04.2018).

Zochrot: al-Jammasin al-Gharbi. http://zochrot.org/en/village/49093 (Zugriff am 12.05.2018).
al-Manshiyya Neighborhood (Yaffa). https://zochrot.org/en/village/56077 (Zugriff am 21.05.2018).
al-Mas'udiyya (Summayl). http://zochrot.org/en/village/49275 (Zugriff am 12.05.2018).
al-Shaykh Muwannis. https://zochrot.org/en/village/49480 (Zugriff am 21.05.2018).
Fisherman's Village. https://zochrot.org/en/village/56066 (Zugriff am 21.05.2018).
Jaffa. Karte. In: http://zochrot.org/en/site/districtView/1 (Zugriff am 12.05.2018).

### Filme

*Disapperances* (IL/F 2017, R: Anat Even).

*Life in Stills* (IL/D 2011, R: Tamar Talin).

### Interviews (im Besitz der Autorin)

Interview mit Amnon Bar Or, 22.05.2017.

Interview mit Marina Epstein-Pliouchtch, 28.03.2017.

Interview mit Sharon Golan, 04.10.2013.

Interview mit Micha Gross, 29.05.2017.

Interview mit Jeremie Hoffmann, 04.05.2017.

Interview mit Irmel Kamp, 17.06.2017.

Interview mit Dani Karavan, 09.08.2017.

Interview mit Michael Levin, 27.04.2017.

Interview mit Edina Meyer-Maril, 05.04.2017.

Interview mit Sharon Rotbard, 28.05.2017.

# Abbildungen

## I Einleitung

Abb. 1    Werbeplakat für den Umbau des Wohn- und Geschäftshauses Shenkin St. 22, Tel Aviv, Mai 2015 (Foto: Alexandra Klei). Der Claim „Bauhaus" findet sich in zahlreichen und verschiedenartigen Anzeigen für Immobilien, derartig übergroß auf einem Plakat ist er bisher aber eine Ausnahme.

Abb. 2    Mosaik mit einer Abbildung des Herzl-Gymnasiums, Herzl St. 2, Tel Aviv, April 2019 (Foto: Alexandra Klei). Das Mosaik befindet sich an einem schmalen Anbau des Gebäudes. Dieses wurde als eines der ersten – zunächst eingeschossig – in Achusat Bajit errichtet. Der Anbau gehört zu einer in den 1920er Jahren erfolgten Erweiterung. Die Schule war der Mittelpunkt der neu gegründeten Nachbarschaft und befand sich bis in die 1960er Jahre gegenüber auf der anderen Straßenseite.

Abb. 3    *Palm Tree Haus*, Nachalat Binyamin St. 8, Tel Aviv, April 2019 (Foto: Alexandra Klei). Das Gebäude ist einer der prominentesten Vertreter eklektizistischer Architektur in der Stadt und wurde 1922 von Yehoshua Zvi Tabanik entworfen. Die zur Straße ausgerichtete Fassade nahm auch jüdische Motive auf, so unter anderem Davidsterne im Stuck oder ein Menorah-Design in den Balkongeländern. Am auffälligsten und bekanntesten ist aber die in die Fenster der beiden oberen Geschosse eingearbeitete Palme, die den Orient symbolisieren soll und den dahinterliegenden Treppenaufgang betont.

Abb. 4    *Haus Engel*, Rothschild Blvd. 84, Tel Aviv, April 2019 (Foto: Alexandra Klei). Der Architekt Ze'ev Rechter entwarf das auf einer u-förmigen Grundfläche realisierte Gebäude 1933 und setzte dabei die von Le Corbusier entwickelten fünf Merkmale moderner Architektur – Stützen, Dachgarten, freie Grundriss- und Fassadengestaltung, Langfenster – um. Zugleich gilt der Bau als der erste der Stadt, der auf Pilotis errichtet wurde. Der in der Ukraine geborene Rechter war 1919 nach Eretz Israel ausgewandert und 1929 nach Paris gegangen, um an der Ècole Nationale des Ponts et Chaussées zu studieren. Später eröffnete er in Tel Aviv ein Büro.[1]

Abb. 5    Informationstafel, Rothschild Blvd. Ecke Herzl St., Tel Aviv, April 2019 (Foto: Alexandra Klei). Die linke Informationstafel zeigt auf dieser Seite neben Richtungsangaben für einzelne Straßen zwei Lagepläne. Der obere gibt einen Überblick zur Innenstadt, der untere zeigt – ergänzt um eine Legende – die unmittelbare Umgebung und ihre Sehenswürdigkeiten. Auf der rückwärtigen Seite wird der Rothschild Blvd. mit einem kleinen Text und einer historischen Fotografie als eine der ersten Straßen der Stadt vorgestellt, die bereits in Achusat Bajit existierte. Derartig aufgebaute und gestaltete Tafeln finden sich in der gesamten Innenstadt. Dabei sind die Lagepläne jeweils an die unmittelbare Umgebung angepasst und der Text und das Foto heben eine Sehenswürdigkeit, die sich dort befindet, sowie ein Thema der Stadtgeschichte hervor. Die rechte Tafel verweist auf den sogenannten

---

1   Im Folgenden sind die Angaben zu Architekten den kurzen biografischen Texten entnommen, die Nitza Szmuk mir in einer E-Mail vom 15.09.2014 zur Verfügung stellte. Sie waren Teil der Ausstellung *Tel Aviv's Modern Movement* und werden heute noch im Shalom Meir Tower gezeigt. Eine Ausnahme bilden die Ausführungen zu Alexander Levy. Sie finden sich in Edina Meyer-Maril: Alexander Levy – ein jüdischer Architekt zwischen Berlin, Tel Aviv, Paris und Auschwitz. In: *Menora. Jahrbuch für deutsch-jüdische Geschichte* 9 (1998), S. 315–337.

Independence Trail, eine beleuchtete Metallschiene, die zehn als historisch relevant definierte Orte zwischen der Stadtgründung 1909 und der Unabhängigkeitserklärung 1948 miteinander verbindet. Der Text auf der Tafel stellt hier seine erste Station vor: den ersten in Tel Aviv eröffneten Kiosk, der nur wenige Meter entfernt auf der linken Seite steht, aber nicht im Bild ist.

Abb. 6    Wohn- und Geschäftsgebäude, King Georg St. 56, Tel Aviv, April 2019 (Foto: Alexandra Klei). Das bisher unsanierte Gebäude ist einer der wenigen Vertreter der Architekturmoderne mit einer symmetrischen Fassade. Im ersten und im zweiten Obergeschoss führten die baulichen Veränderungen zu einer Schließung der Balkone. Die drei darüber liegenden Balkone lassen die ursprüngliche Struktur noch deutlich erkennen.

Abb. 7    *Haus Aharonowitsch*, Rothschild Blvd. 117, Tel Aviv, April 2019 (Foto: Alexandra Klei). Das 1933 von Yitzhak Rapoport entworfene Gebäude zeichnet sich durch seine geschwungene Fassade aus. Als kennzeichnende Merkmale der Architekturmoderne sei hier zudem auf die Betonung der Treppenaufgänge verwiesen, die das Gebäude gliedern, sowie auf das Flachdach. Der in der Ukraine geborene Rapoport war 1914 mit seinen Eltern nach Eretz Israel ausgewandert. 1923 beendete er in Berlin-Charlottenburg sein Zivilingenieursstudium, fünf Jahre später dann seine Architekturausbildung an der École Spéciale des Travaux Publics in Paris. *Haus Aharonowitsch* wurde nach 2010 umfangreich saniert. Dabei galten strenge Auflagen des Denkmalschutzes, nach denen keine Veränderungen an der äußeren Erscheinung vorgenommen werden durften. Lediglich 180 architekturmoderne Bauten in Tel Aviv fallen unter diese Vorgaben.

## II  Phasen und Medien. Die Entwicklung der White City vom Bild zur Stadt

Abb. 8    Aroser Allee, Berlin-Reinickendorf, April 2019 (Foto: Alexandra Klei). Zu den markantesten Bauten der zwischen 1929 und 1931 realisierten „Weißen Stadt" Berlin gehört ein Laubengangbau, der die zweispurige Allee überspannt und so ein Brückenmotiv ausbildet. Links und rechts sind zwei Riegel als Teil der charakteristischen Blockrandbebauung der Siedlung zu sehen. Daneben lassen sich verschiedene Zeilenbauten in dem Areal finden. Charakteristisches und verbindendes Element sind unter anderem die weißen Fassaden.

Abb. 9    Vughter Str., Oranienburg, April 2019 (Foto: Alexandra Klei). Entlang von insgesamt sieben nahezu parallel verlaufenden Straßen sind die Zeilenbauten der „Weißen Stadt" Oranienburg angeordnet. Sie sind bis auf einige wenige gestalterische Elemente – so finden sich an zwei Stellen als kleine Tore gestaltete Durchführungen in den Blocks – identisch. Aufgebrochen wird die starre Struktur lediglich im Süden der Anlage, wo die Riegel der leichten Biegung der Straßen folgen. Bei einer Sanierung erhielten die Fassaden der westlich gelegenen Häuser einen Farbanstrich in unterschiedlichen Pastelltönen.

Abb. 10   Skulptur *Kikar Levana*, Edith Wolfson Park, Tel Aviv, April 2019 (Foto: Alexandra Klei). Die Abbildung zeigt den zentralen Platz der von Dani Karavan entworfenen und 1988 eröffneten Anlage, die sich auf einem kleinen Hügel innerhalb der Parkanlage befindet.

Abb. 11   Wohnhaus, Yehuda HaLevi St. 97, Tel Aviv, April 2019 (Foto: Alexandra Klei). Die mit der Sanierung addierten Geschosse sind an der linken und an der rechten Seite des Hauses deutlich an der Fassade abzulesen. Die verbindende Ecke wurde dagegen in Farbe und Struktur an das ursprünglich bestehende Gebäude angepasst.

Abb. 12   *Haus Engel*, Rothschild Blvd. 84, Ecke Mazeh St. 41–43, Tel Aviv, April 2019 (Foto: Alexandra Klei). Die Sanierung des Gebäudes konnte 2019 abgeschlossen werden. Auch hier durften an der äußeren Erscheinung keine Veränderungen vorgenommen werden. Die Informationstafel ist neben dem Eingang in einem kleinen Hof angebracht. Der Text verweist unter anderem auf die Bedeutung der Pilotis und auf den Einfluss von Le Corbusier.

## III  Das Bild entwickeln. Fotografien und Ausstellungen

Abb. 13    Judith Turner: *International Style Architecture in Israel. Photographs.* Tel Aviv: Tel Aviv Museum of Art 1984, S. 36–37.[2] Die linke Aufnahme zeigt Elemente eines Hauseingangs sowie angeschnittene Balkone, die rechte die Brüstung eines Balkons und dabei die in den Beton eingebrachten Öffnungen, die eine bessere Belüftung unterstützen sollten. Thematisiert wird so ein besonderes Merkmal der (Tel Aviver) Architekturmoderne. Allein aus den Fotografien sind keine Rückschlüsse auf die eigentlichen Gebäude zu ziehen.

Abb. 14    Winfried Nerdinger (Hrsg.): *Tel Aviv – neues Bauen, 1930–1939.* Tübingen: Wasmuth 1993, S. 158–159. Vorgestellt wird das zwischen August 1935 und Februar 1936 an der Frug St. errichtete *Haus Shami*, das für seine auffällige Gestaltung des vertikalen Fensters im Bereich des Treppenaufgangs bekannt ist, die ihm auch den Namen *Thermometer-Haus* eingebracht hat. Neben der Fotografie ergänzt ein kleiner Grundriss die Erläuterungen des Texts.

Abb. 15    Winfried Nerdinger (Hrsg.): *Tel Aviv – neues Bauen, 1930–1939.* Tübingen: Wasmuth 1993, S. 104–105. Vorgestellt wird das heute nicht mehr erhaltene, zwischen September 1937 und März 1938 erbaute *Haus Habkind* in der Trumpeldor St. 4. Die Fotografie unterscheidet sich von den meisten anderen der Publikation dadurch, dass hier die umgebende Bebauung einbezogen und auf Zeitschichten in der Entwicklung der Stadt verwiesen wird, die sowohl vor als auch nach der Architekturmoderne liegen.

Abb. 16    Winfried Nerdinger (Hrsg.): *Tel Aviv – neues Bauen, 1930–1939.* Tübingen: Wasmuth 1993, S. 90–93. Das im Oktober 2017 abgerissene *Haus Shlosburg / Rimon Cinema* in der Allenby St. 58 gehört zu den wenigen Gebäuden in der Publikation, denen vier Seiten und drei Abbildungen gewidmet sind. Gezeigt werden zwei Fassaden. Eine der Fotografien bezieht im Hintergrund umliegende Bauten ein.

Abb. 17    Nitza Metzger-Szmuk: *Dwelling on the Dunes. Tel Aviv. Modern Movement and Bauhaus Ideals*, aus d. Hebr. v. Vivanne Barsky. Paris: L'Éclat 2004, S. 282–283. Vorgestellt wird das 1935 von Philip (Pinchas) Hütt entworfene *Haus Mirenburg* mit einer Ansicht der zur Straße ausgerichteten Fassaden von 1993 und aus den 1930er Jahren sowie mit einer Detailaufnahme und dem Grundriss eines „typischen" Geschosses. Hütt wurde in Lwów geboren und betrieb hier ein eigenes Architekturbüro, nachdem er sein Studium am Polytechnikum in Czernowitz absolviert hatte. Einige Quellen geben an, dass er neben der Arbeit in seinem Büro zeitweise das Bauhaus in Dessau besucht habe. 1925 wanderte Hütt nach Eretz Israel aus.

Abb. 18    Ausstellung *Tel Aviv's Modern Movement*, Shalom Meir Tower, Tel Aviv, April 2019 (Foto: Alexandra Klei). Die historischen Schwarz-Weiß-Aufnahmen von besonders prominenten Einzelbauten werden entlang eines Büroflurs gezeigt. Auf der ersten Fotografie auf der linken Seite ist zum Beispiel das *Haus Engel* am Rothschild Blvd. zu sehen. Der Hauptteil der Ausstellung befindet sich in einem öffentlicheren Teil des Gebäudes und präsentiert neben dem Modell der Stadt weitere Fotografien von Einzelbauten, Biografien von Architekt:innen, Stadtpläne und eine filmische Dokumentation.

Abb. 19    Politischer Club Colonia Köln / Weimar (Hrsg.): *Günther Förg. Bauhaus Tel Aviv – Jerusalem.* Ostfildern-Ruit: Hatje Cantz 2002, S. 98–99. Gezeigt werden zwei, nur leicht verschobene Perspektiven des *Haus Shami*, bei denen der Fotograf seinen Standort minimal gewechselt hat und so unterschiedliche Blickwinkel auf zwei der wesentlichen Elemente der Fassade – das Fenster des Treppenaufgangs und die Balkone – ermöglicht.

Abb. 20    Johannes Peter: *Bauhaus Tel Aviv. Mythos und Wirklichkeit.* Berlin: Artshop 2011, o. P. Gezeigt werden Ausschnitte von Fassaden zweier Gebäude, links ein von Shani Steinbock

---

2  Ich danke Dominic Strieder, der für mich im Februar 2019 die Seiten der Kataloge reproduziert und dabei sehr viel Geduld bewiesen hat.

1934 entworfenes Haus am Rothschild Blvd., rechts ein von Dov Karmi errichtetes Haus in der Gordon St. Vorgestellt werden zwei Balkon-Typologien; sie erhalten in der linken Aufnahme durch die Schatten an der Wand noch eine zusätzliche Perspektive. Steinbock wurde in Łódź geboren und studierte zwischen 1921 und 1925 am Polytechnikum in Danzig Architektur. 1926 wanderte er nach Eretz Israel ein, fünf Jahre nach dem in Odessa geborenen Karmi. Dieser studierte ab 1925 Architektur an der Académie Royale des Beaux-Arts in Gent; er lebte und arbeitete ab 1930 wieder im Mandatsgebiet Palästina.

Abb. 21  Jochen Visscher (Hrsg.): *Stefan Boness. Tel Aviv – The White City*. Berlin: Jovis 2012, S. 18–19. Die beiden Abbildungen zeigen Straßenszenen in der Stadt; links am Übergang zwischen der Bograshov St. und dem Strand im Bereich des *Aliya-Bet-Memorial*-Gartens und rechts an der Ecke der King George St. und der Rashi St. Bei beiden Bildern ist die Architektur präsent, bleibt aber im Hintergrund.

Abb. 22  Guy Raz (Hrsg.): *Soskin. A Retrospective. Photographs. 1905–1945*. Tel Aviv: Tel Aviv Museum of Art 2003, Cover. Die Fotografie zeigt die Versammlung der Baugesellschaft Achusat Bajit, bei der 60 Grundstücke an 60 Familien verlost wurden. Standpunkt der Teilnehmer:innen und Blickrichtung des Fotografen ermöglichten einen Ausschnitt, in dem existierende Nachbarschaften ausgeblendet werden konnten.

Abb. 23  Guy Raz (Hrsg.): *Soskin. A Retrospective. Photographs. 1905–1945*. Tel Aviv: Tel Aviv Museum of Art 2003. S. 89–90. Die Abbildungen zeigen fertige Einzelbauten (links) – *Feingold Haus* in der Nachalat Binyamin St., ein Wohnhaus in der Montefiore St. und das *Mordechai Visser Haus* in der Lilienblum St. – und den Prozess der Entstehung der Stadt (rechts). Hierfür wählte Soskin Bildausschnitte, die unbebaute Sandflächen einbezogen und/oder Protagonist:innen, die in tatsächliche Bautätigkeiten involviert waren.

Abb. 24  Ori Dvir (Hrsg.): *Rudi Weissenstein. Israel Early Photographs*. Ben-Shemen: Modan 2008, o. P. Die Aufnahme des *Gordon Swimming Pool* am Strand von Tel Aviv ist eine von insgesamt drei zweiseitig abgebildeten Fotografien des Bandes. Sie verbindet einen Blick in das Leben der städtischen Bewohner:innen mit einer Sicht auf die neue, moderne Architektur im Hintergrund.

Abb. 25  Alexandra Nocke (Hrsg.): *Boris Carmi. Photographs from Israel*. München / Berlin / London / New York: Prestel 2004, S. 66–67. Die Aufnahmen zeigen scheinbar zufällige Straßenszenen aus den 1950er und 1960er Jahren im städtischen Raum Tel Avivs. Dabei sind auf zwei der Abbildungen gleichzeitig wichtige Vertreter der eklektizistischen und der modernen Architektur der Stadt zu sehen: Links unten das von Alexander Levy entworfene und 1924 gebaute *Pagoden Haus*, rechts oben das von Shlomo Liaskovsky und Yaakov Orenstein 1934 errichtete *Polishuk Haus* am Magen David-Platz. Der in Zürich geborene Liaskovsky studierte in Winterthur und Paris; er kam 1933 in das britische Mandatsgebiet, wo er mit dem Ingenieur Orenstein ein Büro eröffnete. Levy studierte an verschiedenen Architekturschulen und arbeitete ab 1907 in Berlin. 1920 kam er nach Eretz Israel, musste 1927 aber wieder zurück gehen und 1933 nach Paris emigrieren. 1939 wurde er in verschiedenen Lagern interniert, aus dem Camp de Noé deportierten ihn die Deutschen im August 1942 nach Auschwitz, wo er wahrscheinlich kurz darauf ermordet wurde.

Abb. 26  Shlomo Arad: *Paul Goldman. Press Photographer. 1943–1961*. Ausstellungskatalog. Tel Aviv: Eretz Israel Museum 2004, S. 80–81. Die Abbildungen auf der linken Seite stellen eine Ausnahme im Zusammenhang mit den Katalogen dar: Sie zeigen zwei Fotografien des von der nationalen Militärorganisation Irgun im Zuge des Unabhängigkeitskrieges 1948 zerstörten arabischen Viertels al-Manshiyya (Menashiya, in der Bildunterschrift Manishiya genannt) nördlich von Jaffa. Auf der linken Aufnahme sind ein Mann bei der Minensuche und ein mit geplünderten Gegenständen beladener Truck zu sehen, auf der rechten die Ruinen der zerstörten Gebäude. Die Fotografie auf der rechten Seite zeigt Menachem Begin bei einer Rede vor Mitgliedern der von ihm mitgegründeten Partei Cherut. Die Fotografie ist ein Beispiel für Goldmans Arbeit zu politischen Ereignissen.

# IV Geschichte finden. Das Patchwork der Stadt

Abb. 27    *Founders Square*, Rothschild Blvd., Tel Aviv, April 2019 (Foto: Alexandra Klei). Das *Founders Monument* ist Teil einer kleinen Platzanlage mit einem Wasserbassin. Die ihm zugewandte Seite des Denkmals zeigt ein Relief mit in Dünen arbeitenden Menschen und mit Gebäuden, die für den Erfolg des Aufbaus der Stadt stehen. Auf der rückwärtigen Seite sind die Namen der Familien der Gründer:innen veröffentlicht. Das zweite Gebäude auf der linken Seite war ursprünglich das Haus von Meir Dizengoff, dem ersten Bürgermeister von Tel Aviv. Am 14. Mai 1948 verlas David Ben-Gurion hier die Unabhängigkeitserklärung des Staates Israel. Mit der unmittelbaren Nähe zwischen dem Denkmal und dem Haus kann eine Beziehung zwischen diesen Ereignissen hergestellt werden. Rechts neben dem Bassin auf dem Boden verläuft der Independence Trail.

Abb. 28    Gebäude Rothschild Blvd. 12, Tel Aviv, April 2017 (Foto: Alexandra Klei). Das Haus entstand in den Gründerjahren Tel Avivs. Die Anlage der Terrasse und des Balkons auf der rechten Seite lassen darauf schließen, dass das Gebäude im Zuge der ursprünglichen Anlage von Achusat Bajit / Tel Aviv als Gartenstadt Teil einer großzügigeren Parzelle war. Der Anbau, der sich in diesem Bild unmittelbar anschließt und die Aussicht und Nutzung von Balkon und Terrasse damit einschränkt, war in den 1930er Jahren ergänzt worden und wurde Anfang 2018 im Zuge von Sanierungsarbeiten abgerissen.

Abb. 29    *Josef Rudy Haus,* Lilienblum St. 14, Tel Aviv, April 2017 (Foto: Alexandra Klei). Über dem Eingang in das Wohnhaus stehen sein Name und die Jahreszahl 1913, die den Zeitpunkt seiner Errichtung angibt. Jene bezieht sich auf die ersten beiden Geschosse. Das Haus wird mit einer an einem Anbau angebrachten Informationstafel als eklektizistisches Gebäude ausgewiesen. Es würde sich demnach um einen sehr frühen Vertreter dieses Stils handeln. Ursprünglich besaß das Haus mit seiner symmetrischen Straßenfassade ein Walmdach, das zugunsten von zwei neuen Geschossen bei der Sanierung entfernt wurde.

Abb. 30    *Haus Weiss*, Herzl St. 2, Tel Aviv, April 2019 (Foto: Alexandra Klei). Das Erdgeschoss des an der Ecke Herzl St. und Ahad Ha'am St. stehenden, vergleichsweise kleinen Gebäudes ist 1909 vom damaligen Vorsitzenden der Baugesellschaft Achusat Bajit, Akiva Arieh Weiss, und seiner Familie errichtet worden. Das sichtbare Ziegelmauerwerk hebt sich deutlich von der verputzten Fassade des Obergeschosses ab, das, gemeinsam mit einem Anbau im hier nicht sichtbaren rückwärtigen Teil des Gebäudes, zu einem späteren Zeitpunkt errichtet wurde. Das Haus steht so nicht nur für die erste Epoche der Stadtgründung und ist eines der wenigen heute noch erhaltenen Gebäude dieser Zeit, sondern zeigt die Entwicklung ebenfalls an. Neben der Eingangstür an der linken Seite sind kleine Informationstafeln angebracht. Das in Abb. 2 gezeigt Mosaik des Herzl-Gymnasiums befindet sich auf der Rückseite am Durchgang, der rechts zwischen den Häusern zu sehen ist.

Abb. 31    *Haus Mani*, Yehuda HaLevi St. 36, Tel Aviv, April 2019 (Foto: Alexandra Klei). Das zwischen 1910 und 1913 errichtete vormalige Wohnhaus ist ebenfalls ein früher Vertreter der Gründungsphase der Stadt. Es wird seit einigen Jahren gerahmt von einem Hochhaus der Leumi Bank, zu der es gehört und die für seine Sanierung verantwortlich war. Ob und ggf. wie es genutzt wird, ist nicht ersichtlich. Neben der Eingangstür ist eine Informationstafel angebracht. Alt- und Neubau gehen eine enge räumliche Beziehung ein. Der Komplex steht hier exemplarisch für die städtische Vorgabe, dass Grundstücke für Neubauprojekte genutzt werden können, wenn die Bauherren die Sanierung historischer Bauten ermöglichen.

Abb. 32    Gebäude Lilienblum St. 26, Ecke Herzl St. 13, Tel Aviv, April 2019 (Foto: Alexandra Klei). Auf dem Grundstück wurde 1909 zunächst ein eingeschossiger Wohnbau errichtet, der 1924 um zwei Etagen ergänzt und dabei den Vorstellungen einer zeitgenössischen Architektursprache angepasst wurde. Die strenge geradlinige und reduzierte Ornamentik sowie die sichtbare Beton- und Erkerkonstruktion machen es zu einem Vertreter des

Art Déco, einer Richtung der Architektur, die in den ersten zwei Jahrzenten des 20. Jahrhunderts ihren Hoch- und Mittelpunkt in Frankreich hatte. In Tel Aviv lassen sich einige Beispiele finden. Es ist davon auszugehen, dass durch Umbauarbeiten und Funktionswechsel die Aufteilung der Räume im Erdgeschoss und damit die Gestaltung der Fassaden verändert wurde, sie also nicht mehr der Zeit zwischen 1909 und 1924 entsprechen.

Abb. 33    Lageplan am Gebäude Lilienblum St. 26, Ecke Herzl St. 13, Tel Aviv, April 2019 (Foto: Alexandra Klei). Neben einem Eingang an der rückwärtigen Seite des Haues ist ein Lageplan in die Fassade eingebracht. Er stellt das Areal vor, das 1909 als Achusat Bajit gegründet wurde, sowie den östlich angrenzenden Straßenzug der Nachalat Binyamin bis zur Allenby St. Die grünen, von dünnen Linien umrahmten Flächen zeigen die ursprünglichen Größen der vergebenen Grundstücke und sollen – der Legende zufolge – die Namen der Gründer(-familien) beinhalten; dies ist im Plan selbst aber nicht nachvollziehbar. Die dunklen Rechtecke mit Punkten stehen für die Grundflächen der Gebäude, die 1919 existierten. Die schraffierten Flächen symbolisieren die Bebauung, wie sie 2009 vorhanden war. Dabei sind Hochhäuser im Bereich der Lilienblum St. und der Yehuda HaLevi St. durch heller eingebrachte Rechtecke noch einmal extra hervorgehoben.

Abb. 34    HaTachanah, Tel Aviv, April 2019 (Foto: Alexandra Klei). Die noch erhaltenen Bauten der ehemaligen Bahnstation Jaffa und einer angrenzenden vormaligen Templersiedlung werden kommerziell genutzt. Im Bild zu sehen ist ein saniertes Templer-Gebäude, das an den Bahnhof im Eingangsbereich angrenzt. Der sich rechts anschließende Trakt ist mit seiner unsanierten Fassade eine Ausnahme. Die kleinen Bogenfenster lassen vermuten, dass er ursprünglich vom arabischen Teil der Bevölkerung errichtet und/oder genutzt wurde. Zudem sind das Gelände und seine Bauten in ihrer Geschichte ausgestellt: Neben Lageplänen wie links in der Fotografie gibt es einige Tafeln mit Angaben zur Geschichte des Orte.

Abb. 35    Schechter Institute for Jewish Studies, Aharon Chelouche St. 42, Tel Aviv, April 2019 (Foto: Alexandra Klei). Das zweigeschossige, sanierte Gebäude mit einem Walmdach und mit Fensterläden befindet sich direkt an der Eilat St., die Tel Aviv mit Jaffa verbindet. Die schmale Straße, die vor dem Haus abbiegt, führt in das vormalige Areal der Siedlung Valhalla und – durch die ehemalige Bahnlinie zwischen Jaffa und Jerusalem getrennt – weiter nach Neve Tzedek. Während das Eckgebäude seine heutige Funktion mittels Inschriften deutlich kennzeichnet und eine Informationstafel auf seiner Rückseite zudem ausgewählte Informationen zu seiner Geschichte vermittelt, ist die Siedlung in ihrer Existenz und Nutzung weder markiert noch vorgestellt.

Abb. 36    Sarona, Eliezer Kaplan St., Tel Aviv, April 2019 (Foto: Alexandra Klei). Einige der Bauten auf dem Areal der vormaligen Templersiedlung sind seit der Sanierung mittels Tafeln gekennzeichnet, die Angaben zu damaligen Nutzungen von Gebäuden sowie zu einzelnen Bewohner:innen beinhalten. Die historischen Gebäude werden heute kommerziell genutzt oder sind – wie links im Bild hinter den Palmen zu sehen – nach wie vor Teil eines Militärgebiets. Umrahmt wird Sarona zunehmend von Büro- und Wohnhochhäusern.

Abb. 37    *Main Friendship Haus*, Auerbach St. 10, Tel Aviv, April 2019 (Foto: Alexandra Klei). Das sanierte Doppelhaus ist Teil der ehemaligen Jaffa American Colony und nimmt unter anderem ein kleines, privat geführtes Museum zur Geschichte des Ortes auf. Die Bauten der Siedlung werden seit einigen Jahren renoviert und neben kommerziellen Nutzungen wieder für Wohnzwecke verwendet.

Abb. 38    Neve Tzedek, Tel Aviv, April 2019 (Foto: Alexandra Klei). Die historische Bebauung der 1887 gegründeten jüdischen Siedlung ist in einigen Teilen noch sehr gut nachvollziehbar. Neben den engen, parallel verlaufenden Straßen zeichnen sich die Häuser durch kleine private, einsehbare ebenso wie verschlossene Innenhöfe und durch verwinkelte, teilweise ineinander übergehende Wohnhäuser aus.

Abb. 39  Kerem HaTeimanim, Tel Aviv, April 2019 (Foto: Alexandra Klei). Die Wohnhäuser sind unmittelbar an den schmalen Straßen situiert. Manchmal nutzen die Bewohner:innen diese an den Rändern für privat aufgestellte Pflanzenkübel oder Bänke, die Straßen werden hier als Einladung zur Kommunikation gestaltet. Hinter den Zugängen befinden sich oft kleine Innenhöfe, die von außen nicht einsehbar sind und so intime Zwischenzonen für die Bewohner:innen schaffen. In zahlreichen Fällen ist historische Bebauung bereits abgerissen und durch Neubauten ersetzt worden. Wo sie noch erhalten ist, zeugt sie davon, wie die Häuser nach und nach ausgebaut wurden, so dass zum Teil verwinkelte Komplexe entstanden, in denen in den Obergeschossen gelegener Wohnraum manchmal nur über außenliegende Treppen erreicht werden kann.

Abb. 40  Bograshov St. 50, Tel Aviv, April 2019 (Foto: Alexandra Klei). Der eingeschossige Einzelbau ist eines von mehreren kleinen Gebäuden, die sich in dem Areal zwischen Bograshov St., Bar Kochba St. und entlang der Tverya St. befinden. Dabei ist er insofern eine Ausnahme, als er, ohne eine aktuelle Nutzung erkennen zu lassen, vor einigen Jahren renoviert wurde. Besonders die Häuser entlang der Bar Kochba St. sind dagegen dem Verfall preisgegeben. Eine Erläuterung im städtischen Raum in Form von Texten auf Tafeln zur Geschichte dieser Bebauung wird an keiner Stelle gegeben.

Abb. 41  Vormaliges Areal von al-Jammasin al-Gharbi, hier HaNesi'im St., Tel Aviv, April 2019 (Foto: Alexandra Klei). Das Gebäude dient(e) als Synagoge. Im Hintergrund sind die in den letzten Jahren errichteten Wohnhochhäuser zu sehen, die zunehmend das Erscheinungsbild der Umgebung dominieren. Das gesamte Areal der ehemaligen arabischen Siedlung, auf dem sich zahlreiche bewohnte Häuser befinden, ist von Zäunen durchzogen; Abriss- und Bauarbeiten deuten auf die massiven Veränderungen hin, die perspektivisch zu einem Verlust der hier noch vorhandenen kleinteiligen Bebauung führen werden.

Abb. 42  Vormaliges Areal von al-Mas'udiyya (Summayl), hier oberhalb der Arlozorov St., Tel Aviv, April 2019 (Foto: Alexandra Klei). Noch zeugt das Areal der ehemaligen arabischen Siedlung von den unterschiedlichen Nutzungen der Vergangenheit: Weite Bereiche der Nachbarschaft sind abgerissen, das Gelände als Parkfläche verwendet oder – wie mit dem Turm des Büro- und Geschäftshauses – seit den 1970er Jahren bebaut. Das noch erhaltene, niedrige, eingeschossige Haus bildet den Rest einer früheren Wohnnutzung. Inwieweit es sich hier um ein ursprünglich arabisches Haus handelt oder ob es nach 1948 errichtet wurde, konnte nicht festgestellt werden.

Abb. 43  Vormaliges Areal von al-Manshiyya, heute Charles Clore Park, Tel Aviv, April 2019 (Foto: Alexandra Klei). Der Charles Clore Park erstreckt sich entlang des Mittelmeeres auf Teilen der ehemaligen arabischen Nachbarschaft. Andere Bereiche sind überbaut worden, nachdem ab den 1960er Jahren Planungen für einen zentralen Büro-, Kongress- und Geschäftsbezirk zum Teil umgesetzt wurden. Die rechts im Bild stehenden Hochhäuser sind Zeugnis dieses Vorhabens. Die links in der Aufnahme sichtbare *Hassan Bek Moschee* ist vermutlich der eindeutigste bauliche Hinweis auf die vormalige Existenz einer arabischen Siedlung an dieser Stelle.

Abb. 44  *Tanchum Feldman / Israel Hellman Haus*, Merkaz Ba'alei Melaha St. 13, Tel Aviv, April 2019 (Foto: Alexandra Klei). Bei der Sanierung des 1926 von Moshe Lubranitzky entworfenen zweigeschossigen eklektizistischen Wohngebäudes wurden drei weitere Geschosse addiert. Sie nehmen nicht die Proportionen des ursprünglichen Gebäudes auf, folgen aber den Vorgaben von Symmetrie in der zur Straße ausgerichteten Fassade. Die kleine Informationstafel auf der rechten Seite neben dem Balkon gibt an, das Haus befinde sich in der von der UNESCO als Weltkulturerbe deklarierten Zone.

Abb. 45    Wohn- und Geschäftshaus, Matalon St. 45, Tel Aviv, April 2019 (Foto: Alexandra Klei). Das an der Ecke zur HaAliya St. gelegene Gebäude weist wesentliche Merkmale einer architekturmodernen Sprache auf, besonders sei auf das Flachdach und die Balkone verwiesen. Die Gestaltung betont die Ecke und gibt den Fassaden eine eigenständige Dynamik, die im ersten Geschoss durch den mutmaßlich später geschlossenen Eckbalkon unterbrochen ist. Das leicht zurückgesetzte Erdgeschoss sorgt dafür, dass die darüber liegenden Etagen zu schweben scheinen, ein Eindruck, der durch die grünen Markisen allerdings gemindert wird. Das Gebäude ist in die für Florentin typische Blockrandbebauung eingebunden. Es ist damit ein Beispiel für die Umsetzung der Bauaufgabe innerhalb einer vorgegebenen Struktur.

Abb. 46    Wohn- und Geschäftshaus, Yesud HaMa'ala St. 56, Tel Aviv, April 2019 (Foto: Alexandra Klei). In dem Viertel Neve Sha'anan lassen sich zahlreiche Bauten der Architekturmoderne finden, die ganz unterschiedliche gestalterische Qualitäten aufweisen. Unter ihnen sind viele kleine Einzelhäuser wie das hier gezeigte Beispiel, das neben dem Geschäft im Erdgeschoss maximal zwei Wohnungen darüber aufnimmt. Das Gebäude verfügt über ein Flachdach; besonders fällt aber die Betonung des Treppenaufgangs auf. Die Fassade ist nicht wie sonst üblich glatt verputzt, sondern gefliest. Die Tür ist vermutlich zu einem späteren Zeitpunkt leicht nach rechts versetzt worden. Rechts grenzt ein eingeschossiges Gebäude mit einem Walmdach an. Die Anfang der 1920er Jahre gegründete Siedlung bestand zunächst mehrheitlich aus derartig kleinen Wohnhäusern. Sie sind heute noch zahlreich in der Nachbarschaft erhalten und verweisen auf die ursprüngliche Anlage.

## V  White City beschreiben. Wie das Bauhaus von Deutschland nach Tel Aviv kam

Abb. 47    Bauhausgebäude Dessau, Juli 2018 (Foto: Ronny Schüler). Die unterschiedliche Gestaltung der einzelnen Gebäudeteile geht auf die in ihnen jeweils untergebrachten Funktionen zurück: Links befindet sich der Trakt mit den Werkstätten, rechts das Atelierhaus. Verbunden sind sie mit einem Riegel, der unter anderem die Aula mit einer Bühne aufnahm. Der an die Werkstätten anschießende Trakt ist aufgeständert und beherbergt auf zwei Geschossen die Verwaltung. Zudem bildet er die Verbindung zur nebenliegenden gewerblichen Berufsschule (nicht im Bild).

Abb. 48    Wohn- und Geschäftshaus, Allenby St. 60, Tel Aviv, April 2019 (Foto: Alexandra Klei). Über dem Eingang in das prominent situierte und auffällige eklektizistische Gebäude wirbt ein Schild für die Ferienwohnungen, die hier eingerichtet sind, und bezeichnet sie als „Bauhaus Apartments", den Umstand ignorierend, dass das Haus kein Vertreter der Architekturmoderne ist. Ein gleich gestaltetes Schild befindet sich über einem zweiten Eingang an der Gedera St.

Abb. 49    Titelbild und Teaser des Beitrags: Die Bundesregierung: Bauhaus-Erbe in Tel Aviv, 22.03.2018. https://www.bundesregierung.de/breg-de/aktuelles/bauhaus-erbe-in-tel-aviv-845418 (Zugriff am 10.04.2019).

Abb. 50    Gebäude Francuska 2, Warschau (Saska Kępa), April 2019 (Foto: Katrin Stoll). Das schlichte, zweigeschossige Haus wurde 1935 von den Architekten Lucjan Korngold und Piotr Lubiński entworfen. Es verfügt in der dem Garten zugewandten Seite unter anderem über einen auffälligen Balkon, zu dem eine außenliegende Wendeltreppe führt. Hier findet sich ein Element, das viele der gleichzeitig in Tel Aviv errichteten Gebäude kennzeichnet: Die Brüstungen der Balkone erhielten im unteren Bereich Schlitze, um eine bessere Luftzirkulation zu ermöglichen. Das ist eine Funktion, die in Warschau möglicherweise eine weniger bedeutende Rolle in der Gestaltung spielte. Allerdings zeigt das Bild zwei andere Effekte: Der Balkon erhält zum einen trotz des geschlossenen Geländers eine gewisse Leichtigkeit. Zum zweiten wird die Vertikale betont, ein Merkmal, das architekturmoderne Bauten auszeichnet. Heute befindet sich in dem Haus das Restaurant Biała Zjedz i Wypij.

# Danksagung

Ich danke denen, die mit mir so ausführlich und offen gesprochen haben, dass sie wesentlich zu meinem besseren Verständnis von Tel Aviv und seiner sowie der (Architektur-)Geschichte Israels beitrugen: Edina Meyer-Maril, Irmel Kamp, Ulrich Knufinke, Amnon Bar Or, Marina Epstein-Pliouchtch, Sharon Golan, Micha Gross, Jeremie Hoffmann, Dani Karavan, Michael Levin, Ines Sonder, Sharon Rotbard.

Ich danke denen, die mir zugehört haben und damit wesentlich dazu beitrugen, dass ich meine Überlegungen entwickeln konnte: Yonatan Ber, Fritz Burschel, Daled Dotan, May-Britt Frank-Grosse, Janine Fubel, Cordula Gdaniec, Oren Green, Albrecht von Grünhagen, Silja Harel, Lars Hornemann, Michaela Klei-Sack, Tanja Seider, Ronny Schüler, Tali Levanon, Oren Magen, Edina Meyer-Maril, Michael Nattke, Stef Ostheimer, Frank Schlöffel, Katrin Stoll, Dominic Strieder, Jörg Waßmer, Annika Wienert und Denise Winter.

Ich danke Alexander Janetzko für seine Geduld und seine Unterstützung bei der Fertigstellung des Manuskripts.

Und ich danke Johanna-Mari dafür, dass ich mit ihr so viel über das Schreiben selbst nachdenken konnte.

# Außerdem im Neofelis Verlag erschienen

### *Jüdisches Bauen in Nachkriegsdeutschland*
### *Der Architekt Hermann Zvi Guttmann*

– Von den Anfängen jüdischer Gemeinden
in der bundesrepublikanischen Nachkriegsgesellschaft –

von Alexandra Klei
*Jüdische Kulturgeschichte in der Moderne*, Bd. 12
ISBN: 978-3-95808-116-1
mit 34 Farb- u. 3 S/W-Abbildungen
450 S., 29 €

### *Leerstelle(n)?*
### *Der deutsche Vernichtungskrieg 1941–1944 und*
### *die Vergegenwärtigungen des Geschehens nach 1989*

– Kritische Blicke auf eine selektive Erinnerungskultur:
Der deutsche Vernichtungskrieg in der Sowjetunion (1941–1944) –

hrsg. von Alexandra Klei / Katrin Stoll
ISBN: 978-3-95808-227-4
mit 25 Farb- u. 20 S/W-Abbildungen
266 S., 25 €

### *8. Mai 1945*
### *Internationale und interdisziplinäre Perspektiven*

– Über die Widersprüche und Konflikte der Erinnerung an den 8. Mai –

hrsg. von Alexandra Klei / Katrin Stoll / Annika Wienert
ISBN: 978-3-95808-112-3
mit 28 Farb- u. 4 S/W-Abbildungen
280 S., 24 €

*Lotte Cohn*
*Eine schreibende Architektin in Israel*
**Bd. 1:** *Ausgewählte Schriften (1934–1982)*
**Bd. 2:** *Ausgewählte Briefe (1921–1982)*

– Eine Architekturpionierin und Zionistin reflektiert ihre Berufspraxis und Emigration –

hrsg. von Ines Sonder
*Jüdische Kulturgeschichte in der Moderne*, Bd. 14.1 / 14.2
ISBN: 978-3-95808-118-5 / 978-3-95808-125-3
188 S., 24 € / 202 S., 24 €

**Deutsche und zentraleuropäische Juden in Palästina und Israel**
**Kulturtransfers, Lebenswelten, Identitäten – Beispiele aus Haifa**

– Die ‚Jeckes' neu verhandelt: Plädoyer für ein vielfarbiges Mosaik –

hrsg. von Anja Siegemund
*Jüdische Kulturgeschichte in der Moderne*, Bd. 11
ISBN: 978-3-95808-027-0
mit 17 Farb- u. 161 S/W-Abbildungen
514 S., 34 €

**Stadt als Palimpsest**
**Zur Wechselwirkung von Materialität und Gedächtnis**

– Wie beeinflussen sich Gedächtnis und Materialität
an ehemaligen Orten von Diktaturen wechselweise? –

von Julia Binder
ISBN: 978-3-95808-024-9
mit 40 Farb- u. 2 S/W-Abbildungen
222 S., 24 €

Leseproben zu all unseren Titeln unter: www.neofelis-verlag.de

Die Publikation des Buches wurde durch die großzügige Unterstützung
folgender Institutionen ermöglicht:

*Irène Bollag-Herzheimer Stiftung*

**Bibliografische Information der Deutschen Nationalbibliothek**
Die Deutsche Nationalbibliothek verzeichnet diese
Publikation in der Deutschen Nationalbibliografie;
detaillierte bibliografische Daten sind im Internet
über http://dnb.d-nb.de abrufbar.

2., überarbeitete Auflage, 2021

Umschlaggestaltung: Marija Skara
Vorlage für die Coverabbildung ist das *Landa Haus*, George Eliot St. 16–18, das von Avraham
Berger und Yitzhak Mandelbaum errichtet wurde. Der 1904 in Berdichew (Ukraine) geborene
Berger wanderte 1924 nach Eretz Israel aus und arbeitete zunächst im Baugewerbe. 1930 been-
dete er sein Zivilingenieursstudium in Caen (Frankreich) und arbeitete anschließend in Paris.
Nach seiner Rückkehr 1933 eröffnete er mit Mandelbaum ein Büro, das bis 1936 rund 75 Bauten
im Zentrum von Tel Aviv plante.

Lektorat & Satz: Neofelis Verlag (fs / ae / mn)
Druck: Drusala s.r.o., Frýdek-Místek (CZ)
Gedruckt auf FSC-zertifiziertem Papier.
ISBN (Print): 978-3-95808-244-1
ISBN (PDF): 978-3-95808-294-6